Verteidigung Leo Trotzkis

David North

Verteidigung Leo Trotzkis

Mehring Verlag

Bibliografische Information der Deutschen Nationalbibliothek
Die Deutsche Bibliothek verzeichnet diese Publikation in der
Deutschen Nationalbibliografie; detaillierte bibliografische
Daten sind im Internet über http://dnb.ddb.de abrufbar.

Titel der englischen Originalausgabe (2010):
»In Defense of Leon Trotsky«

© MEHRING Verlag GmbH, Essen, 2010
www.mehring-verlag.de

Satz und Gestaltung:
Klartext Medienwerkstatt GmbH, Essen

Druck und Bindung:
Beltz Druckpartner GmbH Co. KG, Hemsbach

ISBN 978-3-88634-085-9

Inhalt

Über den Autor

David North spielt seit fast vierzig Jahren eine führende Rolle in der internationalen sozialistischen Bewegung. Er hat gegenwärtig den Vorsitz der Internationalen Redaktion der *World Socialist Web Site* inne. Er ist eine Autorität auf dem Gebiet von Leben und Werk Leo Trotzkis. Zu seinen zahlreichen Veröffentlichungen zählt »Das Erbe, das wir verteidigen«, eine Geschichte der Vierten Internationale.

Leo Trotzki in Coyoacán, Mexiko, 1940.

Einführung

Man wird im 20. Jahrhundert oder in der Geschichte überhaupt schwerlich eine Persönlichkeit finden, deren Leben wie das Leo Trotzkis bis zum heutigen Tage so hartnäckig in den Schmutz gezogen und verfälscht wird. Die Vehemenz des Hasses gegen seine Person, an der sich auch 70 Jahre nach seinem Tod nichts geändert hat, ist eng mit Trotzkis einzigartiger Rolle in der Geschichte verknüpft. Trotzki spielte eine führende Rolle in der ersten sozialistischen Revolution und war der unversöhnliche Gegner des stalinistischen Regimes, das diese später verriet. Die Sowjetunion gibt es inzwischen nicht mehr und das stalinistische Regime ist auf dem »Müllhaufen der Geschichte« gelandet. Trotzki aber bleibt bis heute eine politische Gestalt von brennender Aktualität. Die weltgeschichtliche Bedeutung seines Lebens ist noch höher zu bewerten als seine Rolle in der russischen Revolution. In erster Linie war Trotzki der herausragende Führer und Theoretiker der sozialistischen Weltrevolution. Die leidenschaftlichen Reaktionen, die sein Name auslöst, belegen die bleibende Bedeutung seiner Ideen. Diskussionen über Trotzki drehen sich niemals nur um die Vergangenheit; sie kreisen in gleichem Maße um heutige Ereignisse und die zukünftige Entwicklung.

Im Oktober 1917 spielte Trotzki neben Lenin die wichtigste Rolle bei der Machteroberung der Bolschewiki. Seine Beteiligung am Sturz der bürgerlichen Provisorischen Regierung beschränkte sich nicht auf die praktische Leitung des revolutionären Aufstands in Petrograd. Zwar war es Lenin, der zwischen April und Oktober 1917 die bolschewistische Partei politisch auf die Eroberung der Staatsmacht einstimmte, doch stützte er seine strategische Linie in hohem Maße auf die von Trotzki formulierte Theorie der permanenten Revolution. Das Überleben der Sowjetmacht und ihr Sieg im Bürgerkrieg, der zwischen 1918 und 1921 wütete, ist wiederum großenteils Trotzkis Wirken als Oberkommandierender der Roten Armee zu verdanken.

Das Ende des Bürgerkriegs war ein Wendepunkt in der Geschichte der Sowjetunion und für Trotzkis Stellung im Führungskreis der bolschewistischen Partei. Der Übergang zur marktorientierten Neuen Ökonomischen Politik im Jahr 1921, eine notwendige Antwort der Sowjetregierung auf die verheerenden Zustände im Land nach sieben Jahren Weltkrieg, Revolution und Bürgerkrieg, stärkte die eher konservativen politischen Kräfte innerhalb der Kommunistischen Partei Russlands, auch wenn dies nicht auf den ersten Blick erkennbar war. Die Beanspruchung großer Teile des Parteikaders, darunter viele »Alte Bolschewiki«, durch die sich schnell ausdehnende Staats- und Parteibürokratie leistete dieser Entwicklung zusätzlich Vorschub. Die Rückschläge revolutionärer Bewegungen in Mittel- und Westeuropa zwischen 1919 und 1923, insbesondere in Deutschland, verhinderten die Entstehung sozialistischer Staaten, die den Bolschewiki bei der Linderung der gewaltigen sozialen und ökonomischen Probleme freundschaftlichen Beistand hätten leisten können.

Der permanente innenpolitische und internationale Druck stärkte die Zahl derer in der Partei, die dafür eintraten, die grundlegenden Ziele der Sowjetregierung neu zu definieren – zugunsten einer Abkehr von der Perspektive der Weltrevolution, die die Oktoberrevolution inspiriert hatte und mit der der Name Trotzki untrennbar verbunden war. Vor 1923 galt die Auffassung, dass die Entwicklung des Sozialismus in Russland auf nationaler Basis undenkbar war, als ein Leitgedanke der marxistischen Theorie. Russland, mit seiner überwiegend bäuerlichen Bevölkerung und begrenzten industriellen Kapazität, fehlten die für eine sozialistische Umgestaltung notwendigen Ressourcen. Während die sowjetische Regierung gefordert war, weiterhin geduldig an der Entwicklung der ökonomischen Grundlagen einer sozialistischen Wirtschaft zu arbeiten, hing das Gelingen der Revolution doch vom Sieg der Arbeiterklasse in den fortgeschrittenen Zentren des Weltkapitalismus ab. Diese internationalistische Position wurde nun von der Auffassung abgelöst, dass die UdSSR die Weiterentwicklung ihrer Wirtschaft im Wesentlichen aus eigener Kraft erreichen könne. Die neue Sichtweise fand im Programm des »Sozialismus in einem Land« ihren Ausdruck, das 1924 von Stalin und Bucharin aufgestellt wurde. Diese nationalistische, rückwärtsgewandte Orientierung fiel damit zusammen, dass die Bürokratie ihre eigene privilegierte gesellschaftliche Stellung mehr und mehr mit der Ausübung der Staatsmacht gleichsetzte.

Trotzkis Bemühungen im Herbst 1923, auf die Bürokratisierungstendenzen in der Kommunistischen Partei und dem sowjetischen Staat aufmerksam zu machen, folgte sofort eine heftige politische Reaktion – ein sicheres Zeichen, dass seine Kritik wichtige materielle Interessen berührte. Mit Lenins Tod im Januar 1924 verlor Trotzki einen unersetzlichen politischen Bundesgenossen. Die Kampagne gegen Trotzki nahm umgehend die Form der Geschichtsfälschung an. Seine internen Gegenspieler im Politbüro entstellten politische Differenzen, die es vor 1917 zwischen Lenin und Trotzki gegeben hatte. Trotzkis Theorie der permanenten Revolution, von der jeder Parteiführer wusste, dass sie die Grundlage der bolschewistischen Machteroberung gebildet hatte, wurde als erster Sündenfall seines Abweichlertums kritisiert. Im Verlauf des Kampfs gegen Trotzki und den »Trotzkismus« wurde jeder Beitrag Trotzkis zum Sieg der Oktoberrevolution geleugnet. 1918 hatte Stalin noch geschrieben:

»Die gesamte praktische Organisationsarbeit für den Aufstand wurde unter direkter Anleitung des Vorsitzenden des Petrograder Sowjets, des Genossen Trotzki durchgeführt. Mit Gewissheit lässt sich sagen, dass die Partei den schnellen Übergang der Garnison auf die Seite des Sowjets und die kühne Vorgehensweise des Revolutionären Militärkomitees in allererster Linie dem Genossen Trotzki verdankt.«[1]

---

1   Zitiert in Leon Trotsky, The Stalin School of Falsification. London, 1974, S. 69–70.

Doch nur sechs Jahre darauf, im November 1924, behauptete Stalin, dass »Trotzki, ein in der Periode des Oktober für unsere Partei verhältnismäßig neuer Mann, ... weder in der Partei noch beim Oktoberaufstand irgendeine besondere Rolle gespielt (hat), noch er sie spielen konnte«.[2] Solche unverfrorenen Lügen waren nicht politischer Rivalität oder kleinlichen Eifersüchteleien geschuldet. Hinter ihnen verbargen sich die materiellen und politischen Interessen der neuen bürokratischen Elite. Das stalinistische Regime musste die Geschichte umschreiben, um den Widerspruch zwischen den nach außen hin bekundeten revolutionären Bestrebungen und ihrer tatsächlichen Verteidigung von materiellen Interessen, die mit dem Sozialismus unvereinbar waren, zu verbergen. Wie Trotzki später schrieb, bildeten die Lügen der Stalinisten »den wichtigsten ideologischen Zement der Bürokratie«.[3]

Trotzki wurde Ende 1927 aus der Kommunistischen Partei und der stalinisierten Kommunistischen Internationale ausgeschlossen und ins Exil nach Alma Ata nahe der sowjetisch-chinesischen Grenze verbannt. Im Januar 1929 wurde er aus der Sowjetunion ausgewiesen. Stalins Absicht, den beträchtlichen politischen Einfluss Trotzkis einzudämmen und sein ungebrochenes Ansehen bei den sowjetischen Massen zu zerstören, erforderte die systematische Fälschung der Geschichte der Revolution. Schon nach wenig mehr als zehn Jahren hatten sich die frühen, gegen Trotzki gerichteten Fälschungen von 1923–1924 zu den monströsen Moskauer Schauprozessen ausgewachsen, bei denen ungeheuerliche Anschuldigungen gegen Trotzki und alle weiteren wichtigen Führer der Oktoberrevolution Stalin den Vorwand lieferten, Hunderttausende der herausragendsten Vertreter der revolutionären sozialistischen Intelligenz und Arbeiterklasse in der Sowjetunion zu ermorden. Keine Beschuldigung war dem stalinistischen Regime zu verlogen oder zu weit hergeholt. Trotzki wurde bezichtigt, der Erzfeind des sowjetischen Volks zu sein, ein mordlüsterner Verschwörer, der Sabotageakte und Terror gegen die UdSSR organisierte. Passend zum jewei-

---

2   J. W. Stalin, Werke Bd. 6. Berlin 1952, S. 171.
3   Trotsky, The Stalin School of Falsification, S. xiii.

ligen politischen Bündnispartner wurde Trotzki als Agent des faschistischen Deutschland oder des britischen Imperialismus angeprangert.

Im Exil in Mexiko setzte Trotzki seinen Kampf gegen Stalins totalitäres Regime unbeugsam fort. Als er Anfang 1937 eine Untersuchungskommission zu den Moskauer Prozessen forderte, erklärte Trotzki, worum es bei der Widerlegung von Stalins Lügen gehe:

»Das Verbrechen der Moskauer Prozesse wird unter dem Banner des Sozialismus begangen. Wir werden dieses Banner nicht den schlimmsten Lügnern überlassen! Sollte es unserer Generation nicht gelingen, den Sozialismus auf der Welt zu verwirklichen, werden wir dieses makellose Banner an unsere Kinder weitergeben. In dem Kampf, der vor uns liegt, geht es um weitaus mehr als um Individuen, Fraktionen und Parteien. Es geht um die Zukunft der Menschheit. Dieser Kampf wird hart und langwierig sein. Wer Ruhe und seelisches Wohlbehagen sucht, möge beiseitetreten. In Zeiten der Reaktion ist es einfacher, sich auf die Bürokratie als auf die Wahrheit zu stützen. Doch alle, für die das Wort *Sozialismus* keine leere Phrase ist, sondern den Inhalt ihres sittlichen Lebens ausdrückt – vorwärts! Drohungen, Verfolgung und Gewalt können uns nicht aufhalten! Die Wahrheit wird siegen, und sei es erst nach unserem Tode! Wir werden ihr den Weg bahnen! Sie wird sich durchsetzen! Allen Schicksalsschlägen zum Trotz bin ich glücklicher als in den schönsten Tagen meiner Jugend. Denn, meine Freunde, das höchste menschliche Glück besteht nicht im Ausnutzen der Gegenwart, sondern in der Vorbereitung der Zukunft.«[4]

Drei Jahre später, im August 1940, wurde Trotzki von einem Agenten der sowjetischen Geheimpolizei ermordet. Doch die vom sowjetischen Staat geförderte systematische Geschichts-

---

4   Rede von Leo Trotzki am 9. Februar 1937: Leon Trotsky, I Stake My Life. New York, 1977, S. 26.

fälschung, an der sich die stalinistischen Satellitenparteien des Kreml beflissen beteiligten, hielt noch Jahrzehnte an. Selbst als Chruschtschow 1956 die Verbrechen Stalins verurteilte, hob die Sowjetunion ihren Bann gegen Trotzki nicht auf. Als Reaktion auf die Radikalisierung von Arbeitern und Jugendlichen in den 1960er-Jahren, mit der das Interesse am Leben und den Ideen Trotzkis neu erwachte, verstärkte die Kreml-Bürokratie vielmehr ihren politischen und ideologischen Feldzug gegen den Trotzkismus. So ging es fast bis zur Auflösung der Sowjetunion weiter. Erst in den letzten ereignisreichen Jahren unter Gorbatschow brach die offizielle Darstellung Trotzkis als Erzfeind des Sozialismus unter einer Flut von erstmals veröffentlichten historischen Dokumenten zusammen. Seine entscheidende Rolle für den Sieg der Oktoberrevolution wurde, wenn auch zähneknirschend und mit vielen Vorbehalten, anerkannt. Im Gegensatz zu allen anderen bolschewistischen Führern, die in den Moskauer Prozessen zum Tode verurteilt worden waren, wurde Trotzki jedoch von der sowjetischen Regierung niemals offiziell rehabilitiert. Ungeachtet der anhaltenden, wenn auch etwas zurückhaltenderen offiziellen Feindschaft seitens der Regierung nahm das Interesse an Trotzkis Leben und Schriften in der Sowjetunion rapide zu. Zum ersten Mal konnten sowjetische Historiker in jahrzehntelang geschlossenen sowjetischen Archiven forschen und zu Trotzki schreiben. Das hervorragendste Ergebnis dieser neuen Lage war das Werk des mittlerweile verstorbenen sowjetischen Soziologen und Historikers Wadim Rogowin (1937–1998), dessen sieben Bände über die trotzkistische Opposition gegen den Stalinismus zwischen 1923 und 1940 ein Meisterwerk der sowjetisch-russischen Geschichtsschreibung sind.

Viele nahmen wohl an, mit der Auflösung der Sowjetunion 1991 kämen die jahrzehntelang verbreiteten Verleumdungen gegen Trotzki zum Verstummen. Schließlich war Trotzkis Anklage gegen den Stalinismus praktisch in jedem Punkt bestätigt worden. Selbst die Begleitumstände der Auflösung der UdSSR, bei der die herrschende Bürokratie die Wiedereinführung des Kapitalismus vorantrieb und dabei hochrangigen Parteifunktionären zu großem Reichtum verhalf, deckten sich in vieler Hinsicht mit dem politischen und ökonomischen Szenario, das Trotzki mehr als ein halbes Jahrhundert zuvor in seinem prophetischen Werk »Verratene Revolution« entworfen hatte.

Doch die neue politische Lage stand einer wahrheitsgetreuen Bewertung der historischen Rolle Trotzkis entgegen. Im »neuen« Russland verwandelten sich nicht wenige Funktionäre – die zuvor Trotzki als Feind der Oktoberrevolution beschimpft hatten – in wütende Antikommunisten. Jetzt verurteilten sie Trotzki dafür, dass er die Oktoberrevolution geführt hatte. Hinzu kam, dass die Auflösung der Sowjetunion frühere Staats- und Parteifunktionäre davon befreite, Lippenbekenntnisse zum marxschen Sozialismus abgeben zu müssen. Ideologie und Weltanschauung des Stalinismus vollendeten ihre natürliche Entwicklung zu einem stramm rechtsgerichteten, nationalistischen russischen Chauvinismus. Das Bindeglied zwischen der früheren und aktuellen Politik der Demonstrationsteilnehmer, die heute in Moskau Stalin-Porträts neben Transparenten mit dem faschistischen Hakenkreuz hochhalten, ist der Hass auf Trotzki und den sozialistischen Internationalismus.

Das vorliegende Buch befasst sich mit einem verwandten, aber andersgearteten Phänomen: dem Einsetzen einer neuen, gegen Trotzki gerichteten Kampagne der Geschichtsfälschung außerhalb der früheren Sowjetunion. Im Zeitraum von knapp über fünf Jahren haben drei bekannte britische Historiker – Ian Thatcher vom Brunel College, Geoffrey Swain von der Universität Glasgow und Robert Service vom St. Antony College in Oxford – Biografien über Trotzki vorgelegt. Wären sie in ihren Büchern auf der Grundlage einer objektiven Darstellung gesicherter Tatsachen zu ihren Schlussfolgerungen gelangt, so gäbe es nichts daran zu deuteln. Doch die Biografien sprechen den geschichtlichen Fakten Hohn. Keines dieser Werke genügt den Ansprüchen wissenschaftlicher Seriosität. Dieser erschreckende und unentschuldbare Mangel resultiert aus der unbestreitbaren Zielsetzung dieser Bücher, Trotzki als historische Persönlichkeit vollständig zu diskreditieren.

In einem kurzen Aphorismus beklagt Tschechow die Rechtfertigungshaltung, die den Fortbestand insbesondere jener Lügen ermöglicht, die seit Langem in Umlauf sind. Ein ehrlicher Mensch erklärt frei heraus: »Das ist eine Lüge, sie muss aus der Welt geschafft werden.« Eine solche Einstellung ist besonders vonnöten, wenn es um Lügen über die wichtigsten Ereignisse des 20. Jahrhunderts geht. Selbst wenn der Inhalt dieser Bücher das fehlgeleitete Werk schlecht ausgebildeter Historiker wäre, müsste man die historische Wahrheit gegen ihre Herabwürdigung in Schutz nehmen. Es geht hier aber um mehr. Die Historiker sind keine Neulinge in ihrem Metier, sondern bekannte Wissenschaftler, die an bedeutenden britischen Institutionen angesehene Positionen bekleiden. Maßgebliche Verlage in England und den USA haben ihre Trotzki-Biografien verlegt und beworben. Rezensionen dieser Bücher fielen größtenteils anerkennend, wenn nicht überschwänglich aus. Dieser Beifall ist, ganz offen gesagt, vor allem politisch motiviert. Die Gleichsetzung des Stalinismus mit dem Marxismus, eine unverzichtbare Waffe in den Händen derer, die den Sozialismus und eine Alternative zum Kapitalismus in Verruf bringen wollen, wird durch das Leben und die Ideen Leo Trotzkis widerlegt. Daher müssen sie sein Leben und seine Ideen notgedrungen verfälschen. Auf Originalität kommt es bei dieser Schmutzkampagne gegen die geschichtliche Wahrheit nicht an. Die Biografen, deren Bücher hier behandelt werden, bedienen sich hemmungslos der uralten antitrotzkistischen Lügen der stalinistischen Bürokratie. Sie wärmen die Verleumdungen der Vergangenheit auf im Wissen darum, dass sie im gegebenen, von geistiger Reaktion geprägten Klima nicht an wissenschaftlichen Maßstäben gemessen werden.

Einige Worte zum Aufbau dieses Buchs. Teil I enthält zwei Vorträge von 2001 und 2008 über die historische Bedeutung Trotzkis. Teil II, geschrieben 2007, untersucht die Trotzki-Biografien von Thatcher und Swain. Als ich diese Kritik geschrieben hatte, rechnete ich nicht damit, dass ich in den folgenden beiden Jahren schon wieder ein geschichtsfälschendes Werk widerlegen müsste. Doch genau dieser leidigen Aufgabe musste ich mich stellen, als Professor Service im Herbst 2009 seine Trotzki-Biografie herausbrachte. Die Analyse dieses Buchs nahm mehrere Monate in Anspruch. Die erste Rezension erschien im November 2009 auf der World Socialist Web Site. Ihr folgten drei Vorträge: in London (Dezember 2009), Sydney (Februar 2010) und am St.

Catherine College in Oxford (Mai 2010). Die Rezension und die drei Vorträge bilden den dritten Teil des Buchs. Ein gewisses Maß an Redundanz ließ sich dabei nicht vermeiden; da aber Service reichlich aus seinem unerschöpflichen Reservoir an Geschichtslügen schöpft, konnte ich über diese Biografie ausführlich schreiben und sprechen, ohne dass Wiederholungen überhandnahmen.

Leo Trotzki in Coyoacán, Mexiko, 1940.

Teil I:
Zwei Vorträge
über das Leben und die
Ideen Leo Trotzkis

Trotzki im Jahre 1919, Aufnahme von dem namhaften Porträtfotografen Moisej Nappelbaum (David King Collection).

Zum Stellenwert Leo Trotzkis in der Geschichte des 20. Jahrhunderts[1]

Vor sechzig Jahren, am 21. August 1940, erlag Leo Trotzki den Verletzungen, die ihm ein Agent des sowjetischen Geheimdiensts am Tag zuvor zugefügt hatte. Das stalinistische Regime hoffte, dass dieser Mord nicht nur der politischen Tätigkeit ihres größten Gegners ein Ende setzen, sondern ihn auch gänzlich aus der Geschichte tilgen würde. Der totalitäre Pragmatismus erwies sich als kurzsichtig. Der Mörder beendete das Leben des großen Revolutionärs, aber seine Ideen und Schriften lebten fort. Die politische Arbeit der Weltbewegung, die Trotzki gegründet hatte, endete nicht durch den Mord an seiner Person. Die Vierte Internationale sollte schließlich den Zusammenbruch des stalinistischen Regimes erleben. Somit ist es auch seinen Mördern nicht gelungen, Trotzki aus der Geschichte zu streichen. Für Historiker, die das zwanzigste Jahrhundert studieren und interpretieren, gewinnt die Person Leo Trotzkis immer mehr an Bedeutung. In nur wenigen Biografien spiegeln sich die Kämpfe, Hoffnungen und Tragödien des letzten Jahrhunderts so grundlegend und edel wie in Trotzkis Leben. Von Thomas Mann stammt die Einsicht, dass sich das Schicksal der Menschheit heute politisch ausdrückt. In diesem Sinne kann man durchaus sagen, dass dieses Schicksal in Trotzkis sechzig Lebensjahren seinen bewusstesten Ausdruck

---

1 Vortrag vom 21. Januar 2000, gehalten im Rahmen eines internationalen Seminars der australischen Socialist Equality Party in Sydney, erstmals veröffentlicht auf der World Socialist Web Site (www.wsws.org) am 29. Juni 2001, deutsch am 6. Juli 2001 [http://www.wsws.org/de/2001/jul2001/trot-j06.shtml].

fand. In der Biografie Leo Trotzkis konzentrieren sich die Wechselfälle der sozialistischen Weltrevolution während der ersten Hälfte des zwanzigsten Jahrhunderts.

Drei Jahre vor seinem Tod erklärte Trotzki im Gespräch mit einem skeptischen amerikanischen Journalisten, er fasse sein Leben nicht als Kette verwirrender und letztlich tragischer Episoden auf, sondern als verschiedene historische Entwicklungsstadien der revolutionären Bewegung. Sein Aufstieg zur Macht im Jahr 1917 war das Ergebnis eines Aufschwungs der Arbeiterklasse. Sechs Jahre bildeten die sozialen und politischen Beziehungen, die aus dieser Offensive entstanden waren, die Grundlage seiner Machtstellung. Ebenso ergab sich Trotzkis Verlust an Macht und Einfluss aus dem Abebben der revolutionären Welle. Trotzki verlor die Macht nicht deshalb, weil er als Politiker weniger fähig gewesen wäre als Stalin, sondern weil die soziale Kraft, auf der seine Macht beruhte – die russische und internationale Arbeiterklasse – den politischen Rückzug antrat. Gerade Trotzkis historisch bewusstes Herangehen an Politik, das in den revolutionären Jahren so wirksam war, erwies sich in Zeiten des wachsenden politischen Konservativismus im Vergleich mit seinen skrupellosen Gegnern als nachteilig. Die Erschöpfung der russischen Arbeiterklasse nach dem Bürgerkrieg, die zunehmende politische Macht der sowjetischen Bürokratie und die Niederlagen der europäischen – insbesondere der deutschen – Arbeiterklasse waren letzten Endes die Faktoren, die den Ausschlag gaben und Trotzki die Macht nahmen.

Die Niederlagen der internationalen Arbeiterklasse hinterließen Spuren in Trotzkis persönlichem Leben: die politische Demoralisierung, die durch die Niederlage der chinesischen Revolution 1927 ausgelöst wurde, bot Stalin die Möglichkeit, die Linke Opposition aus der Kommunistischen Internationale auszuschließen und Trotzki zunächst nach Alma-Ata und kurz darauf aus der UdSSR insgesamt zu verbannen. Der Sieg Hitlers 1933 – ermöglicht durch die Politik der stalinistisch geführten Kommunistischen Partei Deutschlands – löste eine Ereigniskette aus, die schließlich zu den Moskauer Prozessen, den politischen Katastrophen der stalinistischen Volksfrontpolitik und zu Trotzkis endgültiger Vertreibung aus Europa führte. So verschlug es ihn ins weit entfernte Mexiko.

In Coyoacán, einem Vorort von Mexico City, wurde Trotzki von einem stalinistischen Agenten, Ramon Mercader, ermordet. Sein Tod erfolgte auf dem Höhepunkt der faschistischen und stalinistischen Konterrevolution. 1940 waren die alten Genossen Trotzkis in der Sowjetunion nahezu ausnahmslos liquidiert. Seine vier Kinder waren alle tot. Die älteren Töchter waren infolge der Notlagen, in die sie die Verfolgung ihres Vaters gebracht hatte, beide früh gestorben. Die beiden Söhne, Sergej und Leon, wurden vom stalinistischen Regime ermordet. Leon Sedow war zum Zeitpunkt seines Tods – er starb im Februar 1938 in Paris – neben seinem Vater die wichtigste Person in der Vierten Internationale. Weitere herausragende Mitglieder des Sekretariats der Vierten Internationale – Erwin Wolf und Rudolf Klement – wurden 1937 und 1938 ermordet.

Im Jahr 1940 hielt Trotzki seine eigene Ermordung für praktisch unvermeidbar. Dies heißt nicht, dass er sich in sein Schicksal ergeben hätte. Er tat alles, was ihm möglich war, um den Schlag zu verzögern, den Stalin und seine Agenten im Apparat der GPU und des NKWD vorbereiteten. Er war sich jedoch darüber im Klaren, dass Stalins Schritte von den Bedürfnissen der Sowjetbürokratie bestimmt waren. »Ich lebe auf dieser Erde«, schrieb er, »nicht im Einklang mit der Regel, sondern als ihre Ausnahme.«² Er sagte voraus, dass Stalin den offenen Kriegsausbruch in Westeuropa im Frühjahr und Sommer 1940 für einen Anschlag ausnutzen werde. Trotzki sollte Recht behalten.

Der erste groß angelegte Mordanschlag fand am Abend des 24. Mai 1940 statt, als die Aufmerksamkeit der Weltöffentlichkeit auf Hitlers Vormarsch gegen die französische Armee gerichtet war. Der zweite, erfolgreiche Anschlag erfolgte während der Schlacht um England im Spätsommer desselben Jahres.

Weshalb war Trotzki so gefürchtet, obwohl er sich im Exil befand und augenscheinlich isoliert war? Weshalb hielt Stalin seinen Tod für notwendig? Trotzki selbst hatte dafür eine politische Erklärung. Im Herbst 1939, mehrere Wochen nach der Unter-

---

2   Leon Trotsky, Writings 1939–1940. New York, 2001, S. 298, aus dem Englischen.

zeichnung des Stalin-Hitler-Pakts (den er vorhergesagt hatte) und dem Ausbruch des Zweiten Weltkriegs, verwies Trotzki auf ein Gespräch zwischen Hitler und dem französischen Botschafter Robert Coulondre, über das eine Pariser Zeitung berichtete. Hitler brüstete sich, dass sein Abkommen mit Stalin ihm freie Hand verschaffen werde, Deutschlands Feinde im Westen zu besiegen. Coulondre unterbrach ihn mit der Warnung: »Der wirkliche Sieger (im Kriegsfall) wird Trotzki sein. Haben Sie darüber nachgedacht?« Hitler erklärte sich mit der Einschätzung des französischen Botschafters einverstanden, warf aber seinen Gegnern vor, ihm keine andere Wahl zu lassen. Trotzki kommentierte diesen erstaunlichen Bericht mit den Worten: »Diese Herren ziehen es vor, dem Gespenst der Revolution einen Namen zu geben ... Beide, Coulondre und Hitler, vertreten die Barbarei, die sich über Europa ausbreitet. Gleichzeitig zweifelt keiner von ihnen daran, dass ihre Barbarei von der sozialistischen Revolution besiegt werden wird.«[3]

Auch Stalin hatte nicht vergessen, dass die Niederlagen der russischen Armee während des Ersten Weltkriegs die zaristische Regierung diskreditiert und die Massen in Bewegung gebracht hatten. Würde diese Gefahr nicht wiederkehren, wenn trotz des Abkommens mit Hitler ein Krieg ausbräche? Solange Trotzki am Leben blieb, blieb er die große revolutionäre Alternative zur bürokratischen Diktatur, die Verkörperung von Programm, Idealen und Geist des Oktober 1917. Deshalb musste Trotzki sterben.

Doch selbst im Tod ließ die Furcht vor Trotzki nicht nach. Welche andere Persönlichkeit verfügt nicht nur zu Lebzeiten, sondern noch Jahrzehnte nach seinem Tod über die Macht, die Herrschenden in Angst und Schrecken zu versetzen? Das historische Vermächtnis Trotzkis widersteht jedem Vereinnahmungsversuch. Zehn Jahre nach Marx' Tod war es den Theoretikern der Sozialdemokratie gelungen, seine Schriften der Perspektive der Sozialreform anzupassen. Lenin ereilte ein noch schlimmeres Schicksal: Seine sterblichen Überreste wurden einbalsamiert; sein theoretisches Vermächtnis wurde gefälscht und in eine bürokratisch sanktionierte Staatsreligion umgemodelt. Bei Trotzki war so

---

3   Leo Trotzki, Verteidigung des Marxismus. Essen, 2006, S. 36.

etwas nicht möglich. Seine Schriften und sein Handeln waren zu präzise in ihren revolutionären Implikationen. Außerdem blieben die von Trotzki analysierten politischen Probleme, die von ihm definierten sozio-politischen Beziehungen und selbst die Parteien, die er so treffend und erbarmungslos charakterisiert hatte, noch fast das gesamte Jahrhundert hindurch bestehen.

Im Jahr 1991 veröffentlichte die Duke University eine tausend Seiten umfassende Arbeit von Robert J. Alexander zur internationalen trotzkistischen Bewegung. In seiner Einführung trifft Alexander folgende Einschätzung:

> Bis Ende der 1980er Jahre sind die Trotzkisten in keinem Land jemals an die Macht gelangt. Obwohl der internationale Trotzkismus im Unterschied zu den Erben des Stalinismus nicht von einem fest etablierten Regime unterstützt wird, muss doch aus der Dauerhaftigkeit der Bewegung in einer Vielzahl unterschiedlicher Länder in Verbindung mit der Instabilität des politischen Lebens in den meisten Nationen der Welt geschlossen werden, dass der Machtantritt einer trotzkistischen Partei für die absehbare Zukunft nicht ausgeschlossen werden kann.[4]

Das »fest etablierte Regime« hat sich kurz nach dem Erscheinen von Alexanders Buch verflüchtigt. Die Sowjetbürokratie hatte Leo Trotzki niemals rehabilitiert. Die Geschichte steckt bekanntlich voller Ironien. Jahrzehntelang hatten die Stalinisten Trotzki unterstellt, er wolle die Sowjetunion vernichten und habe sich zu diesem Zweck mit den Imperialisten verschworen. Für diese vorgeblichen Verbrechen war Trotzki in Abwesenheit zum Tode verurteilt worden. Doch am Ende war es die Sowjetbürokratie selbst, die, wie Trotzki warnend vorausgesehen hatte, die UdSSR liquidierte. Und dies geschah, ohne dass sie jemals offen und geradeheraus die Vorwürfe gegen Trotzki und seinen Sohn Leon Sedow widerrufen hätte. Es fiel Gorbatschow und Jelzin leichter, das Todesurteil gegen die UdSSR zu unterschreiben als die

---

4 Robert J. Alexander, International Trotskyism 1929–1985: A documented Analysis of the Movement. Durham, 1991, S. 32, aus dem Englischen.

vollkommene Verlogenheit sämtlicher Anklagen gegen Trotzki einzugestehen.

Trotz der ökonomischen und sozialen Veränderungen der vergangenen sechzig Jahre sind wir heute nicht allzu weit entfernt von den Problemen, Fragen und Themen, mit denen sich Trotzki auseinandersetzte. Auch nach dem Zusammenbruch der Sowjetunion zeichnen sich Trotzkis Schriften ein erstaunliches Maß an Aktualität aus. Das Studium seiner Schriften ist eine wesentliche Voraussetzung nicht nur für ein Verständnis der Politik des zwanzigsten Jahrhunderts, sondern auch für die politische Orientierung in der äußerst komplexen Welt des einundzwanzigsten Jahrhunderts.

Will man die Größe einer politischen Figur an Umfang und bleibender Bedeutung ihres Vermächtnisses messen, dann nimmt Trotzki unter den Führern des zwanzigsten Jahrhunderts den ersten Rang ein. Werfen wir einen kurzen Blick auf die politischen Persönlichkeiten, die in den 1940er Jahren die Weltbühne beherrschten. Die totalitären Führer jener Ära – Hitler, Mussolini, Stalin, Franco – kann man kaum erwähnen, ohne ihre Namen zu verfluchen. Außer der Erinnerung an ihre unsäglichen Verbrechen haben sie nichts hinterlassen. Was die »großen« Führer der imperialistischen Demokratien angeht, Roosevelt und Churchill, so lässt sich nicht bestreiten, dass sie interessante Persönlichkeiten waren und im Rahmen des klassischen Parlamentarismus gewandt agierten. Churchill, der den amerikanischen Präsidenten überragte, war ein talentierter Redner und verfügte auch über gewisse schriftstellerische Fähigkeiten. Doch kann man wirklich von einem Vermächtnis dieser beiden Männer sprechen? Churchills Lobreden über das altersschwache britische Empire wurden selbst von vielen, die ihn bewunderten, als anachronistisch angesehen. Seine Schriften sind als historische Dokumente von Interesse, aber heute kaum noch aktuell. Roosevelt seinerseits war der vollendete Pragmatiker, der mit einer Mischung aus List und Intuition auf aktuelle Probleme reagierte. Kann man ernstlich behaupten, dass die Reden oder Schriften Churchills und Roosevelts (wobei Letzterer kein Buch verfasste) Analysen und Einsichten enthielten, die zu einem Verständnis der politischen Probleme zu Beginn des 21. Jahrhunderts beitrügen?

Schon zu Lebzeiten überragte Trotzki seine politischen Zeitgenossen. Der Einfluss all seiner Gegner war direkt bedingt und abhängig von ihrer Kontrolle über die Instrumente der Staatsmacht. Losgelöst von dieser Macht hätten sie schwerlich die Aufmerksamkeit der Welt auf sich gezogen. Getrennt vom Kreml und seinem Terrorapparat wäre Stalin nur das gewesen, was er vor dem Oktober 1917 war:»ein grauer Fleck«.

Im Jahr 1927 hatte man Trotzki formal jede Macht genommen. Dennoch war er niemals machtlos. Trotzki zitierte gern den berühmten Satz, mit dem Ibsen seinen Doktor Stockmann den »Volksfeind« abschließen lässt:»Der ist der stärkste Mann auf dieser Welt, der allein steht.« Diese Einsicht des großen norwegischen Stückeschreibers verwirklichte sich im Leben des größten aller russischen Revolutionäre. Die Stärke von Ideen und Idealen, die dem menschlichen Fortschrittsstreben entsprechen und es zum Ausdruck bringen, zeigte sich nirgends zeitloser als im Leben Leo Trotzkis.

Trotzki als Schriftsteller

Wenn man über Trotzkis Ansichten spricht, kann man nur schwer der Versuchung widerstehen, lange Passagen aus seinen Schriften zu zitieren. Zumindest würde man damit dem Publikum zu einer außergewöhnlichen ästhetischen Erfahrung verhelfen. Kein Leser, der eines objektiven Urteils fähig ist, könnte – unabhängig von seinen politischen Sympathien – bestreiten, dass Trotzki zu den größten Schriftstellern des zwanzigsten Jahrhunderts gehört.

Es ist etwa dreißig Jahre her, seit ich zum ersten Mal ein Buch von Trotzki las: seine monumentale Geschichte der russischen Revolution. Ich bin sicher nicht der Einzige, der sich lebhaft an die emotionale und intellektuelle Wirkung dieser ersten Begegnung mit Trotzkis Prosa erinnert. Da ich Trotzki in einer Übersetzung las, fragte ich mich, wie Leser des russischen Originals seine Statur als Schriftsteller bewerten würden. Es ergab sich eine unerwartete Gelegenheit, meine Neugier zu befriedigen. Ich besuchte einen Vortrag über russische Literatur von einem bejahrten Experten, der nach der Oktoberrevolution aus seiner Heimat geflohen war. Dieser Mann war gänzlich unverdächtig, mit Trotzki zu sympathisieren. Zum Abschluss seines Vortrags, der einen Überblick über die russische Literatur des zwanzigsten Jahrhunderts gegeben hatte, fragte ich ihn nach seiner Meinung über die schriftstellerischen Qualitäten Trotzkis. Ich erinnere mich lebhaft sowohl an seine Antwort, wie auch an den starken Akzent, der ihr Nachdruck verlieh:»Trotzki«, antwortete er,»war der größte Meister der russischen Prosa seit Tolstoi.«

Viele Jahre später, während meines ersten Besuchs in der Sowjetunion 1989, hörte ich dieselbe Einschätzung von einem Studenten. Die Lektüre Trotzkis, bekannte er, bereite ihm große Mühe. Weshalb?»Wenn ich Trotzki lese«, erläuterte er,»muss ich ihm einfach zustimmen – obwohl ich es nicht möchte!«

Die Themenvielfalt in Trotzkis Schriften – Kunst, Literatur und Kultur, wissenschaftliche Entdeckungen, Probleme des Alltagslebens und natürlich Politik – ist nahezu unfassbar. Wir gewöhnliche Sterbliche, die wir mit weitaus bescheideneren Talenten zurechtkommen müssen, stehen staunend vor dem Umfang von Trotzkis literarischer Arbeit. Wie hat er das nur geschafft – vor der Erfindung der Textverarbeitung und der automatischen Rechtschreibprüfung? Ein Teil der Antwort liegt vielleicht in Trotzkis bemerkenswerter Fähigkeit, seine freie Rede ebenso schön und formvollendet zu gestalten wie sein Schreiben. Seine Diktate sind zweifellos eine ansprechendere Lektüre als die ausgefeiltesten Entwürfe selbst hervorragender Schriftsteller.

Viel verdankte Trotzki als herausragende literarische Figur des zwanzigsten Jahrhunderts den großen russischen Meistern des neunzehnten Jahrhunderts, besonders Turgenjew, Tolstoi, Herzen und Belinski. Derselbe Mann, der in martialischer Prosa Proklamationen und Kampfbefehle schrieb, die Millionen in Bewegung versetzten, konnte auch Absätze von bezaubernder Schönheit verfassen, wie beispielsweise folgende Erinnerung an einen Augenblick seiner Flucht aus dem sibirischen Exil im Jahr 1907:

> Gleichmäßig und geräuschlos, gleich einem Kahn auf der Spiegelfläche eines Teiches, glitten wir über den Schnee. In der tiefen Dämmerung nahm der Wald noch gigantischere Dimensionen an. Ich sah den Weg nicht und empfand auch nicht die Vorwärtsbewegung unseres Schlittens. Es schien, als

ob die verzauberten Bäume rasch auf uns zueilten, die Sträucher wichen vor uns zur Seite und die alten, schneebedeckten Baumstümpfe, sowie die schlanken Birken blieben weit hinter uns zurück. Alles schien geheimnisvoll ... Tschu ... tschu ... tschu ... hörte man das häufige und gleichmäßige Atmen der Rentiere in der lautlosen Stille der Waldnacht, und im Rahmen dieses Rhythmus tauchten im Gedächtnis Tausende längst vergessene Laute auf ...[5]

Trotzki besaß ein außerordentliches Gespür für politische Paradoxa und Widersprüche. In einer Beschreibung seines eigenen Gerichtsprozesses nach der besiegten Revolution von 1905 schildert Trotzki den Gegensatz zwischen der düsteren und bedrohlichen Örtlichkeit des Gerichtsgebäudes, in dem es von »Gendarmen mit blanken Säbeln« wimmelte, und den »Blumen ohne Ende«, welche die Bewunderer und Anhänger der angeklagten Revolutionäre in den Gerichtssaal gebracht hatten:

In den Knopflöchern, in den Händen, auf den Knien, endlich auf der Anklagebank selber – Blumen. Und der Vorsitzende hat nicht den Mut, diese duftende Unordnung zu entfernen. Zu guter Letzt überbringen sogar Gendarmerieoffiziere und Gerichtsbeamte, ganz und gar »demoralisiert« von der im Gerichtssaale herrschenden Atmosphäre, den Angeklagten die Blumen vom Publikum.[6]

Kein Geringerer als Bernard Shaw bemerkte einmal, dass Trotzki, wenn er einem Gegner mit seiner Feder den Kopf abgetrennt hatte, der Versuchung nicht widerstehen konnte, ihn aufzuheben, um allen zu zeigen, dass kein Hirn darin war. Die eigentliche Kraft von Trotzkis Polemik lag allerdings in der Brillanz, mit der er die Kluft zwischen den subjektiven Zielen eines Politikers und der objektiven Entwicklung der gesellschaftlichen Gegensätze in einer revolutionären Epoche aufdeckte. Als Maßstab diente ihm

---

5   Leo Trotzki, Die russische Revolution 1905. Berlin, 1923, S. 322.
6   Ebd. S. 246.

die zwangsläufige Entfaltung des historischen Prozesses, sodass Trotzkis Kritik bei aller Schärfe niemals grausam, sondern einfach angemessen war. So schrieb er über den wichtigsten Führer der bürgerlichen provisorischen Regierung im Jahr 1917:

> Kerenski war kein Revolutionär, er hatte sich nur an der Revolution gerieben ... Er besaß weder theoretische Vorbereitung, noch politische Schulung, noch Fähigkeit zu verallgemeinerndem Denken, noch politischen Willen. Alle diese Eigenschaften ersetzten flüchtige Aufnahmefähigkeit, leichte Entzündbarkeit und jene Rednergabe, die nicht auf Verstand oder Willen wirkt, sondern auf die Nerven.[7]

Und über den Führer der Sozialrevolutionäre, Wiktor Tschernow:

> Mit bedeutenden, aber nicht zu einer Einheit verbundenen Kenntnissen, eher ein Bücherkundiger als ein gebildeter Mensch, hatte Tschernow stets eine unbeschränkte Auswahl passender Zitate zu seiner Verfügung, die lange auf die Fantasie der russischen Jugend gewirkt hatten, ohne sie viel zu lehren. Nur auf eine einzige Frage hatte dieser redselige Führer keine Antwort: Wen und wohin führt er? Die eklektischen Formeln Tschernows, aufgeputzt mit Moral und Verschen, vereinigten bis zu einer bestimmten Zeit das bunteste Publikum, das in allen kritischen Stunden nach verschiedenen Richtungen hin zerrte. Es ist nicht weiter verwunderlich, wenn Tschernow seine Methode der Parteibildung selbstzufrieden dem leninschen »Sektierertum« gegenüberstellte.[8]

Und schließlich über den verblassten Theoretiker der deutschen Sozialdemokratie:

> Kautsky hat einen klaren und einzigen Rettungsweg: *Die Demokratie.* Es sei nur nötig, dass alle sie anerkennen und sich ihr

---

7   Leo Trotzki, Geschichte der Russischen Revolution, Band 1, Februarrevolution. Essen, 2010, S. 158 f.
8   Ebd. S. 197.

unterordnen. Die rechten Sozialisten müssten die blutigen Gewalttaten aufgeben, die sie dem Willen der Bourgeoisie gemäß ausführen. Die Bourgeoisie selbst müsse dem Gedanken entsagen, mit Hilfe ihrer Noske und Leutnant Vogel ihre privilegierte Stellung bis zu Ende zu verteidigen. Endlich müsse das Proletariat ein für alle Mal dem Gedanken entsagen, die Bourgeoisie durch andere Mittel zu stürzen als diejenigen, die von der Verfassung vorgesehen sind. Bei der Befolgung der aufgezählten Bedingungen werde die soziale Revolution sich schmerzlos in Demokratie auflösen. Für den Erfolg genügt es, wie wir sehen, dass unsere stürmische Geschichte sich eine Nachtmütze auf den Kopf setze und die Weisheit der Tabakdose Kautskys entnehme.[9]

Man könnte ohne Weiteres den ganzen Tag damit zubringen, Absätze zu zitieren, in denen sich Trotzkis literarisches Genie auf glänzende Weise zeigt. Doch dieses Genie lag nicht nur oder in erster Linie in seinem Stil. Ein tiefer liegendes Element in Trotzkis gesamtem literarischen Werk lässt ihn jeden anderen politischen Denker seiner Zeit überragen. Wenn es möglich ist, dass Geschichte im Augenblick ihrer Entfaltung bewussten Ausdruck findet, dann tat sie dies in den Schriften Leo Trotzkis. Im Allgemeinen gibt es nichts Flüchtigeres als einen politischen Kommentar. Die Halbwertszeit selbst einer gut geschriebenen Zeitungskolumne ist für gewöhnlich nicht länger als die Zeit, die man braucht, um eine Tasse Kaffee zu trinken; dann wandert sie direkt vom Frühstückstisch ins Altpapier.

Bei Trotzkis Schriften ist dies anders – und damit beziehe ich mich nicht nur auf seine großen Werke, sondern auch auf seine Kommentare für die Tagespresse. Die Schriften und die Reden Leo Trotzkis scheinen bisweilen der erste Versuch der Geschichte selbst zu sein, sich über ihre Taten und Bestrebungen Rechenschaft abzulegen, so gut es irgend geht. Der Zweck von Trotzkis größten politischen Schriften, den Stellenwert der jüngsten Ereignisse in der welthistorischen Entwicklung der sozialistischen

9   Leo Trotzki, Terrorismus und Kommunismus. Berlin, 1920, S. 16.

Revolution zu bestimmen, schlug sich in den von ihm gewählten Titeln nieder: »Wo stehen wir?«, »Wohin treibt England?«, »Wohin geht Frankreich?«, »Kapitalismus oder Sozialismus?« Lunatscharski sagte einmal über Trotzki: Er ist sich stets über seine Stellung in der Geschichte bewusst. Darin lag Trotzkis Stärke. Dies war die Quelle seiner politischen Widerstandskraft gegen den Opportunismus und gegen jeglichen Druck. Trotzki verstand den Marxismus als »Wissenschaft der Perspektive«.

Die Vernichtung des revolutionären Kaders durch den Stalinismus und die daraufhin einsetzende Erosion des Marxismus als theoretischer Waffe im Befreiungskampf der Arbeiterklasse hatte unter anderem zur Folge, dass alle möglichen Leute, die mit diesem Kampf überhaupt nichts zu tun hatten, als große Marxisten gefeiert wurden: marxistische Ökonomen, marxistische Philosophen, marxistische Ästhetiker, usw. Wenn sie allerdings versuchten, ihre angebliche Beherrschung der Dialektik auf die politische Analyse der Tagesereignisse anzuwenden, zeigte sich ihre Inkompetenz. Trotzki war der letzte große Vertreter einer Schule des marxistischen Denkens – nennen wir sie die klassische Schule – deren Beherrschung der Dialektik sich vor allem in der Fähigkeit äußerte, eine politische Situation einzuschätzen, eine politische Prognose zu entwickeln, eine strategische Orientierung auszugeben.

Eine Neubewertung Trotzkis

Eine der wichtigsten Aufgaben, der sich die Vierte Internationale in ihrer Geschichte verschrieben hatte, war die Verteidigung der historischen Rolle Trotzkis angesichts der Niedertracht der Stalinisten. Dies bedeutete nicht einfach die Verteidigung eines Individuums, sondern auch die Verteidigung des gesamten programmatischen Erbes des internationalen Marxismus und der Oktoberrevolution. Mit der Verteidigung Trotzkis bewahrte die Vierte Internationale die historische Wahrheit vor Fälschungen und vor dem Verrat an den Prinzipien, die der bolschewistischen Revolution zugrunde gelegen hatten.

Doch ist die Vierte Internationale mit dieser unnachgiebigen Verteidigung Trotzkis dem politischen und historischen

Vermächtnis des »Alten« tatsächlich in vollem Umfang gerecht geworden? Nun, da das Jahrhundert, in dem Trotzki lebte, hinter uns liegt, ist wohl eine grundlegendere Würdigung seines politischen Vermächtnisses und seiner historischen Statur möglich geworden. Beginnen wir dabei mit einer kritischen Neubewertung einer bekannten Passage, in der Trotzki seinen eigenen Beitrag zum Erfolg der Oktoberrevolution von 1917 einschätzte. In einem Tagebucheintrag mit Datum vom 25. März 1935 schrieb Trotzki:

Wäre ich 1917 nicht in Petersburg gewesen, so würde die Oktoberrevolution dennoch ausgebrochen sein – unter der Voraussetzung, dass Lenin anwesend gewesen wäre und die Führung übernommen hätte. Wären aber sowohl Lenin als auch ich von Petersburg abwesend gewesen, so hätte es keine Oktoberrevolution gegeben: Die Führung der bolschewistischen Partei hätte ihren Ausbruch verhindert (daran zweifle ich nicht im Geringsten!). Wäre Lenin damals nicht in Petersburg gewesen – ich würde den Widerstand der bolschewistischen Spitze wohl kaum gemeistert haben, der Kampf gegen den »Trotzkismus« (d. h. also gegen die proletarische Revolution) hätte bereits im Mai 1917 begonnen, und der Ausgang der Revolution wäre infrage gestellt gewesen. Ich wiederhole aber, dass angesichts Lenins die Oktoberrevolution sowieso zum Siege geführt hätte. Dasselbe lässt sich im Großen und Ganzen vom Bürgerkrieg behaupten, obwohl in dessen erster Phase, und besonders nach dem Verlust von Simbirsk und Kasan, Lenin wankend wurde und zu zweifeln begann; doch war das sicherlich nur eine vorübergehende Anwandlung, und er hat es sogar wohl kaum jemandem außer mir gestanden. So gesehen, kann ich nicht einmal hinsichtlich der Zeitspanne von 1917 bis 1921 von der »Unersetzlichkeit« meiner Arbeit sprechen.[10]

Trifft diese Einschätzung zu? Trotzki bezieht sich in diesem Absatz in erster Linie auf den politischen Kampf innerhalb der

10   Leo Trotzki, Tagebuch im Exil. Köln, 1979, S. 72 f.

bolschewistischen Partei. Als Ausgangspunkt nimmt er berechtigterweise die entscheidende Bedeutung, die der Umorientierung der bolschewistischen Partei im April 1917 zukam. Lenins größte Leistung des Jahres 1917, von welcher der Erfolg der Revolution abhing, bestand darin, dass er den Widerstand alter bolschewistischer Führer, besonders Kamenews und Stalins, gegen eine strategische Wende in der bolschewistischen Politik überwand.

Die entscheidende Bedeutung dieses Kampfs innerhalb der bolschewistischen Partei unterstreicht nur die weitreichenden Implikationen der programmatischen Auseinandersetzungen, die früher innerhalb der Sozialdemokratischen Arbeiterpartei Russlands stattgefunden hatten. Selbst wenn es in erster Linie Lenin war, der den Widerstand gegen die Machteroberung und gegen die Errichtung einer proletarischen Diktatur innerhalb der bolschewistischen Partei überwand, so kämpfte er doch in Wahrheit gegen die Anhänger einer politischen Linie, die er selbst zuvor im Gegensatz zur Perspektive Leo Trotzkis vertreten hatte.

Als Lenin im April 1917 nach Russland zurückkehrte und die Perspektive der »demokratischen Diktatur des Proletariats und der Bauernschaft« widerrief, wurde dies weithin so interpretiert, dass er – wenn er es auch nicht offen zugab – die politische Linie übernahm, mit der Trotzki seit mehr als zehn Jahren assoziiert wurde: die permanente Revolution.

Die Theorie der permanenten Revolution

Ich möchte kurz auf die grundlegenden Fragen eingehen, mit denen die russische revolutionäre Bewegung in den letzten Jahrzehnten der zaristischen Herrschaft konfrontiert war. Um den Verlauf der gesellschaftlich-politischen Entwicklung Russlands vorherzusehen, entwickelten die Schulen des russischen Sozialismus drei mögliche, einander entgegengesetzte Varianten.

Plechanow, der Vater des russischen Marxismus, sah die gesellschaftliche Entwicklung Russlands in Begriffen einer formal-logischen Abfolge, in der die historischen Entwicklungsstadien von einem gegebenen ökonomischen Entwicklungsstand vorgezeichnet waren. Erst sollte der Feudalismus vom Kapitalismus abgelöst werden, und Letzterer würde seinerseits, sobald die erforderlichen Voraussetzungen der ökonomischen Entwicklung erreicht wären, dem Sozialismus weichen. Das theoretische Modell, dem nach Plechanow die russische Entwicklung folgen sollte, war dem historischen Muster der bürgerlich-demokratischen Evolution in Westeuropa nachgebildet. Die Möglichkeit, dass Russland vor den stärker entwickelten Ländern im Westen den Weg des Sozialismus einschlagen könnte, war nicht vorgesehen. An der Wende zum zwanzigsten Jahrhundert, so Plechanow, stand Russland die Aufgabe der bürgerlich-demokratischen Revolution noch bevor. Darunter verstand er den Sturz des Zarenregimes und die Schaffung der politischen und ökonomischen Voraussetzungen für eine künftige, noch weit entfernte, soziale Revolution. Aller Wahrscheinlichkeit nach standen Russland viele Jahrzehnte bürgerlich-demokratischer Entwicklung bevor, erst dann würde seine ökonomische und gesellschaftliche Struktur eine sozialistische Umwandlung tragen können. Dieses formale Konzept der russischen Entwicklung war in den ersten Jahren des zwanzigsten Jahrhunderts die vorherrschende Lehrmeinung unter breiten Schichten der russischen sozialdemokratischen Bewegung. Plechanows Position war jedoch mit einem ungelösten Widerspruch behaftet, der das besondere Wesen der Gesellschaftsentwicklung in Russland widerspiegelte. Schon 1889 hatte Plechanow vorausgesehen, dass die russische Arbeiterklasse in der bevorstehenden Revolution die führende Rolle spielen würde. Er erklärte auf dem Gründungskongress der Zweiten Internationale, dass die russische Revolution nur als Arbeiterrevolution gelingen könne. Aber wie vertrug sich diese Einsicht mit einer Perspektive, die davon ausging, dass nach der Revolution die russische Bourgeoisie die Macht ausüben müsse? Auf diese Frage gab Plechanow niemals eine zufrieden stellende Antwort.

Die Ereignisse von 1905 – der Ausbruch der ersten russischen Revolution – stellten die Gültigkeit von Plechanows theoretischem Modell in Frage. Der wichtigste Aspekt der russischen Revolution war die dominierende politische Rolle des Proletariats im Kampf gegen den Zarismus. Vor dem Hintergrund von Generalstreik und Aufstand nahmen sich die Manöver der politischen Führer der russischen Bourgeoisie kleinlich und verräterisch aus. Sie brachte keinen Robespierre oder Danton hervor. Die Kadettenpartei (Konstitutionelle Demokraten) hatte keinerlei Ähnlichkeit mit den Jakobinern.

Lenins Analyse war tiefer und weitgehender als die Plechanows. Er akzeptierte den bürgerlich-demokratischen Charakter der russischen Revolution. Doch mit dieser Definition war die Frage nach den Beziehungen zwischen den Klassen und nach der Machtverteilung in der Revolution noch nicht beantwortet. Lenin beharrte darauf, dass die Aufgabe der Arbeiterklasse darin bestand, durch ihre unabhängige Organisation und ihren unabhängigen Einsatz für eine möglichst umfassende und radikale Entwicklung der bürgerlich-demokratischen Revolution zu sorgen. Er setzte sich also für die kompromisslose Vernichtung aller ökonomischen, politischen und sozialen Überbleibsel des zaristischen Feudalismus ein. Auf diese Weise sollten die günstigsten Voraussetzungen für eine wirklich progressive demokratische Verfassung geschaffen werden, damit sich in diesem Rahmen die russische Arbeiterbewegung entfalten könne. Im Zentrum dieser demokratischen Revolution stand für Lenin die Lösung der »Agrarfrage«. Darunter verstand er die Zerschlagung aller ökonomischen und rechtlichen Überreste des Feudalismus. Die ausgedehnten Ländereien des Adels bildeten ein enormes Hindernis für die Demokratisierung des russischen Lebens und für die Entwicklung einer modernen kapitalistischen Wirtschaft.

Lenins Auffassung der bürgerlichen Revolution wurde – im Gegensatz zu jener Plechanows – nicht durch eine formelle Herangehensweise beschränkt. Er näherte sich der bürgerlich-demokratischen Revolution praktisch von innen heraus. Er ging nicht von einem formalen politischen Schema aus – dass eine parlamentarische Demokratie das unvermeidliche Ergebnis der bürgerlichen Revolution sein würde –, sondern bemühte sich darum, die politische Form der Revolution aus dem wesentlichen, ihr innewohnenden sozialen Inhalt abzuleiten.

Lenin erkannte zwar die enormen gesellschaftlichen Aufgaben, die mit Russlands bevorstehender demokratischer Revolution verbunden waren, beharrte aber – im Gegensatz zu Plechanow – darauf, dass diese nicht unter der politischen Führung der russischen Bourgeoisie verwirklicht werden konnten. Der Sieg der bürgerlich-demokratischen Revolution in Russland war nur dann möglich, wenn die Arbeiterklasse den Kampf um Demokratie unabhängig, ja sogar im Gegensatz zur Bourgeoisie führte. Doch aufgrund ihrer zahlenmäßigen Schwäche konnte die Arbeiterklasse allein keine ausreichende Massenbasis für die demokratische Revolution stellen. Das russische Proletariat musste für eine kompromisslose, radikaldemokratische Lösung der Landfrage eintreten, um die millionenköpfige russische Bauernschaft für sich zu gewinnen.

Welche staatliche Form würde also das Regime annehmen, das aus diesem revolutionären Bündnis der beiden großen Volksklassen hervorginge? Lenins Konzeption sah eine »demokratische Diktatur des Proletariats und der Bauernschaft« vor. Die beiden Klassen würden die Staatmacht teilen und gemeinsam über die möglichst umfassende Umsetzung der demokratischen Revolution wachen. Lenin äußerte sich nicht im Einzelnen zu den Arrangements der Machtteilung, zu denen es in einem solchen Regime käme, und definierte auch nicht die Staatsform, in der diese Diktatur von zwei Klassen ausgeübt werden könnte.

Ungeachtet des erwarteten politischen Radikalismus betonte Lenin, dass das Ziel der demokratischen Diktatur nicht in der sozialistischen Umgestaltung der Gesellschaft liegen würde. Die Revolution würde, was ihr ökonomisches Programm anging, notwendigerweise im Rahmen des Kapitalismus verbleiben. Selbst wenn Lenin für eine radikale Lösung der Landfrage eintrat, betonte er, dass die Verstaatlichung des Bodens, die sich gegen die russischen Großgrundbesitzer richtete, keine sozialistische, sondern eine bürgerlich-demokratische Maßnahme sei.

Zu diesem entscheidenden Punkt äußerte sich Lenin in seiner Polemik unmissverständlich. Im Jahr 1905 schrieb er:

Die Marxisten sind durchaus vom bürgerlichen Charakter der russischen Revolution überzeugt. Was heißt das? Das heißt, dass die demokratischen Reformen ..., die für Russland eine Notwendigkeit geworden sind, nicht nur als solche noch keinen Anschlag auf den Kapitalismus bedeuten, keinen Angriff auf die Vorherrschaft der Bourgeoisie, sondern dass sie im Gegenteil zum ersten Mal das Terrain bereinigen für eine breite und schnelle europäische und nicht asiatische Entwicklung des Kapitalismus, dass sie zum ersten Mal die Herrschaft der Bourgeoisie als Klasse möglich machen.[11]

Trotzkis Position unterschied sich völlig sowohl von jener der Menschewiki als auch von der Lenins. Trotz ihrer unterschiedlichen Schlussfolgerungen gründeten sowohl Plechanow als auch Lenin ihre Perspektiven auf das gegebene Entwicklungsstadium der russischen Wirtschaft und auf die Beziehungen zwischen den sozialen Kräften innerhalb des Landes. Dagegen war Trotzkis Ausgangspunkt nicht das bestehende Wirtschaftsniveau Russlands oder die Klassenbeziehungen im Lande, sondern der welthistorische Kontext, innerhalb dessen sich Russlands verspätete demokratische Revolution entfalten musste.

Trotzki zeichnete den historischen Werdegang der bürgerlichen Revolution nach: von ihrer klassischen Manifestation im achtzehnten Jahrhundert durch die Wechselfälle des neunzehnten Jahrhunderts und schließlich im modernen Kontext von 1905. Er erklärte, wie die Veränderungen der historischen Bedingungen – insbesondere die Entwicklung der Weltwirtschaft und die Herausbildung der internationalen Arbeiterklasse – die soziale und politische Dynamik der bürgerlich-demokratischen Revolution verwandelt hatte. Traditionelle politische Gleichungen, abgeleitet aus den Bedingungen, wie sie Mitte des neunzehnten Jahrhunderts vorgeherrscht hatten, waren in der neuen Situation von geringem Wert.

Trotzki erkannte die politische Beschränktheit von Lenins Formel. Sie war politisch unrealistisch: Sie löste das Problem der Staatsmacht nicht, sondern wich ihm aus. Trotzki akzeptierte nicht, dass das russische Proletariat sich mit Maßnahmen streng demokratischen Charakters begnügen würde. Die Realität der Klassenbeziehungen würde die Arbeiterklasse zwingen, ihre politische Diktatur gegen die ökonomischen Interessen der Bourgeoisie zu richten. Mit anderen Worten, der Kampf der Arbeiterklasse würde unweigerlich sozialistischen Charakter annehmen. Doch wie war dies angesichts der Rückständigkeit Russlands möglich?

---

11 Leo Trotzki, Stalin. Essen, 2001, S. 472 f.

Angesichts seiner beschränkten ökonomischen Entwicklung war das Land eindeutig nicht reif für den Sozialismus. Wenn man die russische Revolution nur aus sich heraus betrachtete, schien es keine Lösung für dieses Problem zu geben. Wenn man sie jedoch aus dem Blickwinkel der Weltgeschichte und der internationalen Entwicklung des Kapitalismus untersuchte, dann zeichnete sich eine überraschende Lösung ab. Schon im Juni 1905 stellte Trotzki fest, dass »der Kapitalismus die gesamte Welt in einen einzigen ökonomischen und politischen Organismus verwandelt hat«. Trotzki erfasste die Implikationen dieses Wandels in der Struktur der Weltwirtschaft:

Das verleiht den sich entwickelnden Ereignissen von Anfang an einen internationalen Charakter und eröffnet eine große Perspektive: Die politische Emanzipation, geleitet von der Arbeiterklasse Russlands, hebt diese ihre Führerin auf eine in der Geschichte bisher unbekannte Höhe, legt kolossale Kräfte und Mittel in ihre Hand, lässt sie die weltweite Vernichtung des Kapitalismus beginnen, für die die Geschichte alle objektiven Voraussetzungen geschaffen hat.[12]

Trotzkis Herangehensweise stellte einen wichtigen theoretischen Durchbruch dar. Sie führte zu einer Verschiebung der analytischen Perspektive, unter der revolutionäre Prozesse betrachtet wurden. Vor 1905 wurden Revolutionen als Resultat fortschreitender nationaler Ereignisse aufgefasst, deren Ergebnis von der Logik ihrer inneren sozio-ökonomischen Struktur und Beziehungen bestimmt wurde. Trotzki trat für eine andere Herangehensweise ein: Die Revolution sollte in der modernen Epoche als ein im Wesentlichen welthistorischer Prozess aufgefasst werden, ein Prozess des Übergangs von der Klassengesellschaft, die politisch in Nationalstaaten verwurzelt ist, zu einer klassenlosen Gesellschaft, die sich auf der Grundlage einer global integrierten Wirtschaft und der international vereinten Menschheit entwickelt.

---

12   Leo Trotzki, Die permanente Revolution. Essen, 1993, S. 268.

Trotzki entwickelte diese Konzeption des revolutionären Prozesses zu einem Zeitpunkt, als die sozialistische Bewegung mit einer Flut sozio-ökonomischer und politischer Daten konfrontiert war, die innerhalb des bestehenden theoretischen Rahmens nicht angemessen verarbeitet werden konnten. Wegen ihrer schieren Komplexität entzog sich die moderne Weltwirtschaft den alten, formalen Definitionen. Die Entwicklung der Weltwirtschaft wirkte mit bis dahin unbekannter Stärke auf jede nationale Wirtschaft ein. Selbst rückständige Ökonomien wiesen – infolge von Investitionen aus dem Ausland – einige hoch entwickelte Merkmale auf. Es gab feudalistische oder semi-feudalistische Regime, deren politische Strukturen in Überbleibseln des Mittelalters verhaftet waren, während die Wirtschaft der von ihnen beherrschten Länder stark von der Schwerindustrie geprägt war. Es war auch nicht ungewöhnlich, dass man in Ländern mit verspäteter kapitalistischer Entwicklung auf eine Bourgeoisie traf, die weniger Interesse am Erfolg »ihrer« demokratischen Revolution an den Tag legte als die einheimische Arbeiterklasse. Diese Anomalien passten nicht zu formalstrategischen Schemata, die in ihren Prognosen von gesellschaftlichen Verhältnissen ausgingen, die weniger von inneren Widersprüchen zerrissen waren.

Trotzkis große Leistung bestand in der Ausarbeitung eines Theorierahmens, der den modernen sozialen, ökonomischen und politischen Komplexitäten gerecht wurde. Es war nichts Utopisches an Trotzkis Ansatz. Er entsprang vielmehr einer tiefen Einsicht in die Auswirkungen der Weltwirtschaft auf das gesellschaftliche und politische Leben. Eine realistische Herangehensweise an die Politik und die Erarbeitung einer wirkungsvollen revolutionären Strategie hingen davon ab, dass die sozialistischen Parteien vom objektiv gegebenen Primat des Internationalen gegenüber dem Nationalen ausgingen. Dies erschöpfte sich nicht im Eintreten für internationale proletarische Solidarität. Ohne ein Verständnis ihrer wesentlichen, objektiven Grundlage in der Weltwirtschaft, und ohne die Realität der Weltwirtschaft zur Grundlage des strategischen Denkens zu machen, würde der proletarische Internationalismus ein utopisches Ideal bleiben, das keinen inneren Zusammenhang zu Programm und Praxis national basierter sozialistischer Parteien aufwies.

Trotzki analysierte die historische Entwicklung des Weltkapitalismus und die objektive Abhängigkeit Russlands von der internationalen ökonomischen und politischen Entwicklung. Auf dieser Basis sah er voraus, dass die russische Revolution unweigerlich eine sozialistische Richtung einschlagen musste. Die russische Arbeiterklasse würde gezwungen sein, die Macht zu erobern und Maßnahmen sozialistischen Charakters zu ergreifen. Doch auf dem einmal eingeschlagenen sozialistischen Kurs würde die Arbeiterklasse in Russland unvermeidlich an die Schranken der nationalen Umgebung stoßen. Wie würde sie dieses Dilemma lösen? Indem sie ihr Schicksal mit der europäischen und der Weltrevolution verknüpfte, deren Manifestation ihr eigener Kampf letztlich war.

Trotzkis Theorie der permanenten Revolution ermöglichte eine realistische Konzeption der Weltrevolution. Das Zeitalter der nationalen Revolutionen war zu Ende – oder, um genauer zu sein, nationale Revolutionen konnten nur noch im Rahmen der internationalen sozialistischen Revolution verstanden werden.

Trotzki und die Bolschewiki

Wenn man sich die Implikationen von Trotzkis Analyse vor Augen führt, gelangt man zu einem besseren Verständnis seiner Differenzen sowohl mit den Menschewiki als auch den Bolschewiki. Es ist nicht meine Absicht, in irgendeiner Weise die Bedeutung von Lenins großer Leistung herabzumindern. Tiefer als jeder andere verstand er die politische Bedeutung des Kampfs gegen den Opportunismus in der revolutionären Bewegung. Er führte ihn auf allen Ebenen der Parteiarbeit und der Organisation. Doch so wichtig und entscheidend die Fragen der revolutionären Organisation sind, die Erfahrung des zwanzigsten Jahrhunderts lehrt die Arbeiterklasse, bzw. sollte sie lehren, dass selbst die standhafteste Organisation zu einem Hindernis für die Revolution werden kann und wird, wenn sie sich nicht von einer korrekten revolutionären Perspektive leiten lässt.

Trotzki beurteilte sämtliche Tendenzen innerhalb der russischen Sozialdemokratischen Arbeiterpartei anhand ihrer Perspektive und ihres Programms. In welchem Maße, fragte Trotzki, basierte ihr politisches Programm auf einer zutreffenden Einschätzung der international wirksamen Kräfte, die Evolution und Schicksal der russischen Revolution bestimmen würden? Von diesem Standpunkt aus stand Trotzki Programm und Orientierung der bolschewistischen Partei zu Recht kritisch gegenüber. Ich möchte aus einem Artikel zitieren, in dem er 1909 die verschiedenen Positionen der unterschiedlichen Fraktionen innerhalb der Sozialdemokratischen Arbeiterpartei Russlands besprach. Er schrieb:

Lenin glaubt, die Widersprüche zwischen den Klasseninteressen des Proletariats und der objektiven Lage würden gelöst, indem sich das Proletariat eine politische Beschränkung setzt. Diese Selbstbeschränkung ergäbe sich aus der theoretischen Einsicht des Proletariats, dass die Revolution, in der es eine führende Rolle spielt, eine bürgerliche Revolution ist. Lenin verlagert den objektiven Widerspruch in das Bewusstsein des Proletariats und löst ihn mittels einer Klassenaskese, die nicht im religiösen Glauben, sondern in einem sogenannten wissenschaftlichen Schema wurzelt. Es genügt, dieses intellektuelle Konstrukt deutlich zu betrachten, um zu verstehen, wie hoffnungslos idealistisch es ist ...

Der Haken ist, dass sich die Bolschewiki den Klassenkampf des Proletariats nur bis zum Moment der Revolution und ihres Siegs vorstellen. Danach betrachten sie ihn als vorübergehend in der demokratischen Koalition aufgelöst. Erst nach der endgültigen Errichtung eines republikanischen Systems soll er wieder in reiner Form entstehen, diesmal als direkter Kampf für den Sozialismus. Wenn die Menschewiki, von der Abstraktion ausgehend, unsere Revolution sei bürgerlich, zu dem Gedanken kommen, die gesamte Taktik des Proletariats sei dem Verhalten der liberalen Bourgeoisie, einschließlich deren Eroberung der Staatsmacht, anzupassen, so kommen die Bolschewiki, ausgehend von derselben nackten Abstraktion der »demokratischen, nicht sozialistischen Diktatur«, zum Gedanken der bürgerlich-demokratischen Selbstbeschränkung des Proletariats, in dessen Händen sich die Staatsmacht befindet. Der Unterschied zwischen ihnen in dieser Frage ist allerdings recht bedeutend: Während die antirevolutionären Seiten des

Menschewismus sich in ihrer ganzen Kraft bereits jetzt äußern, drohen die antirevolutionären Züge des Bolschewismus als große Gefahr erst im Falle des revolutionären Siegs.[13]

Dies war eine scharfsinnige Vorwegnahme der russischen Revolution. Kaum war das zaristische Regime gestürzt, da zeigte sich auch schon die Beschränktheit von Lenins Perspektive der demokratischen Diktatur. Trotzki führte weiter aus, dass die russische Arbeiterklasse gezwungen sein werde, die Macht zu erobern, und »mit den objektiven Problemen des Sozialismus konfrontiert wird. Die Lösung dieser Probleme wird aber in einem gewissen Stadium durch die wirtschaftliche Rückständigkeit des Landes verhindert. Im Rahmen einer nationalen Revolution gibt es keinen Ausweg aus diesem Widerspruch.« Trotzki erkannte also, dass die Beschränktheit von Lenins Perspektive nicht nur in ihrer politischen Prognose lag, sondern dass diese Prognosen auf einer nationalen, nicht internationalen Sicht der Umstände beruhten, innerhalb derer sich die russische Revolution entfalten würde.

Trotzki fuhr fort:

Die Arbeiterregierung wird vor der Aufgabe stehen, ihre Kräfte mit jenen des sozialistischen Proletariats Westeuropas zu vereinen. Nur so wird ihre zeitweilige revolutionäre Vorherrschaft zum Prolog der sozialistischen Diktatur werden. So wird die permanente Revolution für das russische Proletariat zu einer Frage des Selbsterhalts als Klasse. Wenn sich die Arbeiterpartei nicht ausreichend für eine aggressive revolutionäre Taktik einsetzt, wenn sie sich auf die magere Diät einer rein demokratischen und rein nationalen Diktatur setzt, dann werden die reaktionären Kräfte Europas ohne Umschweife deutlich machen, dass eine Arbeiterklasse, die sich einmal an der Macht befindet, ihre ganze Kraft in den Kampf für die sozialistische Revolution stecken muss.[14]

---

13   Leon Trotsky, Our Differences, in: 1905. New York, 1971, S. 314–317, aus dem Englischen.

14   Ebd. S. 317 f.

Das war der entscheidende Punkt. Die unterschiedlichen Vorstellungen über die politische Form der künftigen Staatsmacht ergaben sich aus unterschiedlichen Einschätzungen bezüglich der Bedeutung des Internationalen als ausschlaggebendem Faktor für das politische Resultat der revolutionären Bewegung.

Das Folgende muss hinsichtlich der Entwicklung der bolschewistischen Partei festgehalten werden: Jedes Programm widerspiegelt den Einfluss und die Interessen sozialer Kräfte. In Ländern mit verzögerter bürgerlicher Entwicklung, in der die Bourgeoisie unfähig ist, die nationalen und demokratischen Aufgaben der Revolution konsequent zu verfechten, fließen bestimmte Elemente dieser Aufgaben in das Programm der Arbeiterklasse ein. Die Arbeiterklasse muss jene demokratischen und nationalen Forderungen, denen noch eine progressive Bedeutung zukommt, aufgreifen. Im Laufe des zwanzigsten Jahrhunderts war die sozialistische Bewegung häufig gezwungen, die Verantwortung für demokratische und nationale Aufgaben zu schultern und Elemente in ihre Reihen aufzunehmen, für die diese Aufgaben im Mittelpunkt standen – und denen die sozialistischen und internationalen Bestrebungen der Arbeiterklasse weitaus weniger bedeuteten. Die Vermischung von national-demokratischen und sozialistischen Tendenzen hat in der Entwicklung der bolschewistischen Partei eine Rolle gespielt. Lenin vertrat innerhalb der bolschewistischen Partei zweifellos die konsequenteste Opposition gegen diese Art nationalistischer und kleinbürgerlich-demokratischer Voreingenommenheit. Er war sich über ihre Existenz bewusst und konnte sie nicht einfach ignorieren.

Im Dezember 1914, nach dem Ausbruch des Ersten Weltkriegs, schrieb Lenin:

Ist uns großrussischen klassenbewussten Proletariern das Gefühl des nationalen Stolzes fremd? Gewiss nicht! Wir lieben unsere Sprache und unsere Heimat, wir wirken am meisten dafür, dass *ihre* werktätigen Massen (d. h. neun Zehntel *ihrer* Bevölkerung) zum bewussten Leben erhoben werden, dass sie Demokraten und Sozialisten werden. Es schmerzt uns am meisten, zu sehen und zu fühlen, welchen Gewalttaten, welcher Unterdrückung und welchen Schmähungen die Zarenschergen,

Gutsbesitzer und Kapitalisten unsere schöne Heimat unterwerfen. Wir sind stolz darauf, dass diese Gewalttaten Widerstand in unserer Mitte, im Lager der Großrussen hervorgerufen haben, dass aus *diesem* Lager Radistschew, die Dekabristen, die Rasnotschinzen-Revolutionäre der siebziger Jahre hervorgegangen sind, dass die großrussische Arbeiterklasse im Jahre 1905 eine mächtige revolutionäre Massenpartei geschaffen, dass der großrussische Bauer zur selben Zeit Demokrat zu werden und den Popen und den Gutsbesitzer davonzujagen begonnen hat. ... Wir sind erfüllt vom Gefühl nationalen Stolzes, denn die großrussische Nation hat *gleichfalls* eine revolutionäre Klasse hervorgebracht, hat *gleichfalls* bewiesen, dass sie imstande ist, der Menschheit große Vorbilder des Kampfs für die Freiheit und den Sozialismus zu geben und nicht nur große Pogrome, Galgenreihen und Folterkammern, große Hungersnöte und große Kriecherei vor den Popen, den Zaren, den Gutsbesitzern und Kapitalisten.[15]

Lenin war der Autor dieser Zeilen, doch man täte ihm Unrecht, würde man diesen Artikel als politisches Zugeständnis an den großrussischen Chauvinismus werten. Seine gesamte Biografie bezeugt seine unversöhnliche Opposition gegen den großrussischen Nationalismus. Der Artikel war ein Versuch Lenins, revolutionären Einfluss auf die tief verwurzelten nationalistischen Empfindungen der arbeitenden Massen zu nehmen und diese Gefühle für revolutionäre Zwecke zu gebrauchen. Er zeigt, dass Lenin die starken nationalistischen Regungen nicht nur in der Arbeiterklasse, sondern auch in Teilen seiner eigenen Partei deutlich empfand. Die Ausnutzung nationalistischer Gefühle für revolutionäre Zwecke – im Gegensatz zur Anpassung revolutionärer Ziele an Nationalismus – ist eine schwierige Gratwanderung. Die Botschaft, die der Autor vermitteln will, entspricht nicht unbedingt der Interpretation seines Publikums. Unweigerlich leidet die politische Qualität der Botschaft, wenn sie bei einem breiten Publikum ankommt. Was Lenin als Tribut an die revolutionären Traditionen der großen rus-

---

15   W. I. Lenin, Werke Bd. 21. Berlin, S. 92 f.

sischen Arbeiterklasse verstanden wissen wollte, wurde von eher rückständigen Teilen der Parteiarbeiter aller Wahrscheinlichkeit nach als Loblied auf die revolutionären Fähigkeiten der Großrussen interpretiert. Und dies ist ungeachtet seiner linken Form eine Spielart des Chauvinismus mit gefährlichen politischen Implikationen, wie Trotzki 1915 aufzeigte. Er schrieb damals:

> Wenn man die Perspektive der sozialen Revolution im nationalen Rahmen betrachten würde, so würde das bedeuten, ein Opfer derselben nationalen Engstirnigkeit zu werden, die das Wesen des Sozialpatriotismus ausmacht. ... Man darf ganz allgemein nicht vergessen, dass innerhalb des Sozialpatriotismus neben dem vulgärsten Reformismus auch ein nationaler revolutionärer Messianismus existiert, der gerade seinen eigenen Nationalstaat, sei es wegen dessen industriellem Niveau oder dessen »demokratischen« Formen und revolutionären Errungenschaften, für berufen hält, die Menschheit zum Sozialismus oder zur »Demokratie« zu führen. Wenn eine siegreiche Revolution tatsächlich innerhalb der Grenzen einer einzelnen, entwickelteren Nation denkbar wäre, dann wäre dieser Messianismus und mit ihm das Programm der nationalen Verteidigung historisch verhältnismäßig gerechtfertigt. Doch er ist es natürlich nicht. Denn der Kampf für die Erhaltung der nationalen Basis der Revolution mit solchen Methoden, welche die internationalen Verbindungen des Proletariats untergraben, bedeutet in Wirklichkeit die Untergrabung der Revolution selbst. Denn diese kann nur auf nationaler Basis beginnen, doch sie kann angesichts der gegenwärtigen wirtschaftlichen, militärischen und politischen gegenseitigen Abhängigkeit der europäischen Staaten, die noch nie so deutlich zutage getreten ist wie gerade während des gegenwärtigen Kriegs, niemals auf ihr vollendet werden.[16]

Es wäre lohnend, die Umstände zu studieren, unter denen Lenin seine politische Perspektive neu bewertete. Sein Studium der

---

16 Zitiert in: Leo Trotzki, Die Dritte Internationale nach Lenin. Essen, 1993, S. 84 f.

Weltwirtschaft unter dem Eindruck des Ersten Weltkriegs ermöglichte ihm tiefere Einblicke in die Dynamik der russischen Revolution und veranlasste ihn, im Wesentlichen die Perspektive zu übernehmen, die bereits seit vielen Jahren mit Trotzki in Zusammenhang gebracht wurde.

Als Lenin 1917 seine Aprilthesen verlas, war den Zuhörern sofort klar, dass er in seiner Argumentation Trotzki folgte. Auf der Stelle wurde der Vorwurf des »Trotzkismus« erhoben, und schon diese Tatsache allein beweist die Größe von Trotzkis geistigem Beitrag zum Erfolg der Revolution in diesem Jahr. Trotzki hatte bereits einen begrifflichen und politischen Rahmen geschaffen, innerhalb dessen die Debatte in der bolschewistischen Partei voranschreiten konnte. Sie kam nicht wie ein Blitz aus heiterem Himmel. Wenn Lenins Persönlichkeit und sein unumstrittenes Ansehen innerhalb der bolschewistischen Partei einen relativ raschen Sieg der neuen Perspektive ermöglichten, so begünstigte Trotzkis Pionierarbeit am Konzept der permanenten Revolution Lenins Kampf in der bolschewistischen Partei, insbesondere unter Bedingungen, als sich die Massen in Russland 1917 nach links bewegten.

In gewissem Sinne folgten die Ereignisse vom Frühjahr, Sommer und Herbst 1917 der Entwicklung zwölf Jahre zuvor. Ich möchte einen interessanten Absatz aus dem Buch »Die Ursprünge des Bolschewismus« von dem Menschewiken Theodor Dan vorlesen. Folgendermaßen äußert er sich über das Jahr 1905:

> Dieser Hintergrund der »Tage der Freiheit« [des Höhepunkts der Revolution von 1905] bestand darin, dass, wie wir sahen, in praktischer Hinsicht sowohl die Menschewiki als auch die Bolschewiki dem »Trotzkismus« zugetrieben wurden. Für kurze Zeit bildete der »Trotzkismus« (der damals natürlich noch nicht diesen Namen trug) zum ersten und letzten Mal in der Geschichte der russischen Sozialdemokratie deren einigende Plattform.[17]

---

17 Theodore Dan, The Origins of Bolshevism. New York, 1970, S. 345, aus dem Englischen.

Also gewann 1905, unter Bedingungen einer äußerst explosiven Linkswendung der russischen Arbeiterklasse, Trotzkis Perspektive enorm an Ansehen und Gewicht. Dies wiederholte sich 1917. Der Sieg von 1917 bestätigte Trotzkis Perspektive der permanenten Revolution. Andererseits fand 1922–1923 die beginnende politische Reaktion gegen die Oktoberrevolution und das Wiederaufkommen des russischen Nationalismus seinen Ausdruck im erneuten Wachstum der alten, antitrotzkistischen Tendenzen innerhalb der bolschewistischen Partei. Man kann die damaligen Tendenzen nicht getrennt von den politischen Zerwürfnissen betrachten, die es bereits zuvor in der bolschewistischen Partei gegeben hatte. Damit ist nicht gesagt, dass sie identisch waren.

Das Wachstum des Bolschewismus im Jahr 1917 beruhte auf einer stürmischen Radikalisierung der Arbeiterklasse in den großen städtischen Zentren. Die sozialen Kräfte, die dem Wachstum der Partei 1922 und 1923 zugrunde lagen und die Lenin große Sorgen bereiteten, bestanden in hohem Maße aus nichtproletarischen Elementen, insbesondere aus den unteren Mittelklassen in den städtischen Zentren, denen die Revolution unzählige Karrieremöglichkeiten eröffnet hatte – von den Überbleibseln der alten zaristischen Bürokratie ganz zu schweigen. In den Augen dieser Elemente war die russische Revolution mehr oder weniger ein nationales, kein internationales Ereignis. Schon 1922 warnte Lenin vor diesem Phänomen, dem Anwachsen einer Art von nationalem Bolschewismus. Immer dringlicher verurteilte er die chauvinistischen Tendenzen. Diese Warnungen richteten sich Ende 1922 und Anfang 1923 insbesondere gegen Stalin, der sich nach Lenins Ansicht zum abscheulichen Typus des brutalen großrussischen Chauvinisten entwickelte.

Der Kampf gegen den Trotzkismus war im Wesentlichen ein Wiedererstarken der politischen Opposition gegen die Theorie der permanenten Revolution innerhalb der Partei. Weshalb hat Trotzki dies nicht offen ausgesprochen? Meiner Ansicht nach liegt die Antwort in den außerordentlich schwierigen Umständen, die durch Lenins letzte Krankheit und durch seinen Tod geschaffen wurden. Trotzki empfand es einfach als unmöglich, so offen über seine früheren Differenzen mit Lenin zu sprechen, wie er es vermutlich gern getan hätte. Erst Adolf Joffe übernahm es, in seinem berühmten Abschiedsbrief an Trotzki diese Differenzen objektiv und ungeschminkt zur Sprache zu bringen. Er schrieb diesen Brief im November 1927, nur Stunden, bevor er sich das Leben nahm, um gegen Trotzkis Ausschluss aus der Kommunistischen Partei zu protestieren. Joffe schrieb, er habe Lenin oft sagen hören, dass hinsichtlich der grundlegenden Perspektivfragen – einschließlich der Frage der permanenten Revolution – nicht er, sondern Trotzki Recht gehabt habe.

Der unterschwellige Nationalismus der politischen Tendenzen, die sich in der Parteiführung entwickelten, blieb Trotzki kaum verborgen. Gegen Ende seines Lebens erklärte Trotzki ausdrücklich, der Kampf gegen den Trotzkismus in der Sowjetunion habe in den Differenzen gewurzelt, die schon vor 1917 in der bolschewistischen Partei geherrscht hatten. Im Jahr 1939 schrieb er: »Man kann sagen, dass der ganze ›Stalinismus‹ in ›theoretischer‹ Hinsicht aus der Kritik der Theorie der permanenten Revolution, so wie sie im Jahre 1905 formuliert worden war, hervorgegangen ist.«[18]

Trotzki wird als Theoretiker der Weltrevolution im Bewusstsein der revolutionären Bewegung bleiben. Natürlich lebte er länger als Lenin und wurde mit neuen Problemen konfrontiert. Dennoch weisen Trotzkis gesamte Schriften von 1905 bis zu seinem Tod 1940 eine ganz bestimmte Kontinuität auf. Ihr entscheidendes und wesentliches Thema ist stets die Perspektive der Weltrevolution. Lenins gesamtes Wesen ist in der russischen Revolution aufgehoben. Doch für Trotzki war sie eine Episode in seinem Leben – eine sehr große Episode, gewiss, aber eben doch nur eine Episode im größeren Drama der sozialistischen Weltrevolution.

Es würde den Rahmen dieses Vortrags sprengen, noch auf Trotzkis Arbeit nach seiner Verdrängung von der politischen Macht einzugehen. Abschließend möchte ich lediglich ein entscheidendes Element in Trotzkis theoretischem Vermächtnis betonen: seine Rolle als letzter großer Vertreter des klassischen Marxismus.

18   Trotzki, Stalin. S. 471.

Mit dem Begriff des klassischen Marxismus verbinden wir zwei fundamentale Auffassungen: erstens, dass die Arbeiterklasse die grundlegende revolutionäre Kraft in der Gesellschaft ist, und zweitens, dass die wichtigste Aufgabe von Marxisten darin besteht, unermüdlich auf theoretischer und auf praktischer Ebene für ihre politische Unabhängigkeit zu kämpfen. Die sozialistische Revolution ist das Endprodukt dieser ständigen, kompromisslosen Arbeit. Die politische Unabhängigkeit der Arbeiterklasse erreicht man nicht durch eine clevere Taktik, sondern durch Bildung im grundlegenden Sinne – vor allem durch die Bildung ihrer politischen Avantgarde. Es gibt keine Abkürzungen. Wie Trotzki häufig warnte, ist die Ungeduld der größte Feind der revolutionären Strategie.

Das zwanzigste Jahrhundert war Zeuge der größten Siege und tragischer Niederlagen der Arbeiterklasse. Es ist notwendig, die Lehren aus den vergangenen einhundert Jahren zu ziehen. Nur unsere Bewegung hat sich dieser Aufgabe angenommen. Die Geschichte kennt keine Vergeblichkeit und kein Vergessen. Der nächste große Aufschwung der internationalen Arbeiterklasse, dessen internationales Ausmaß durch die globale Verflechtung der kapitalistischen Produktion vorgezeichnet ist, wird zu einem intellektuellen Wiederaufleben des Trotzkismus, d. h. des klassischen Marxismus, führen.

Conté-Zeichnung von Sergej Pitschugin aus dem Jahr 1923. Nach Trotzkis Entmachtung klebte der Künstler Pappe über das Bild, das erst 75 Jahre später, in den späten 1990ern, von seiner Familie wiederentdeckt wurde. (David King Collection)

Leo Trotzki, die sowjetische Geschichtsschreibung und das Schicksal des klassischen Marxismus[1]

Fünfundvierzig Jahre sind vergangen, seit Isaac Deutscher den letzten Band seiner außergewöhnlichen biografischen Trilogie über Leo Trotzki (»Der bewaffnete Prophet«, »Der unbewaffnete Prophet«, »Der verstoßene Prophet«) veröffentlichte. Wohl kaum eine andere Biografie hatte solch einen weitreichenden Einfluss auf das intellektuelle und politische Leben. Als Deutscher sein Projekt in den frühen fünfziger Jahren begann, war Trotzki bereits seit mehr als einem Jahrzehnt tot. Aber sein Mörder, Josef Stalin, saß immer noch quicklebendig im Kreml – und war Gegenstand weltweiter Verehrung, so abscheulich wie absurd, an der sich so gut wie alle Kommunistischen Parteien beteiligten. Deutscher verglich seine Aufgabe mit der von Thomas Carlyle, der sich einmal beklagt habe, dass er als Biograf Cromwells »den Lord Protector unter einem Berg toter Hunde, unter einer riesigen Last falscher Beschuldigungen und des Vergessens hervorziehen«[2] musste.

Als Deutscher 1963 seinen dritten Band fertig stellte, hatte sich die politische Landschaft dramatisch verändert. Stalin starb im März 1953. Im Februar 1956 hielt Chrustschow auf dem 20. Parteitag der KPdSU seine sogenannte »Geheimrede«, in der er Stalin fast als politischen Verbrecher hinstellte, verantwortlich für die Verhaftung, Folterung und Ermordung Tausender alter

1   Vortrag vom 21. November 2008 bei der National Convention of the American Association for the Advancement of Slavic Studies (AAASS) in Philadelphia.
2   Isaac Deutscher, Der unbewaffnete Prophet. Stuttgart, 1962, S. 7.

Bolschewiki und loyaler Kommunisten während der Säuberungen der dreißiger Jahre. Natürlich gestand Chrustschow das Ausmaß von Stalins Verbrechen nicht einmal annähernd in vollem Umfang ein. Die Anklage war so halbherzig wie unvollständig. Aber die Wirkung von Chrustschows Rede war verheerend. Die unausgesprochene, aber unausweichliche Schlussfolgerung, die sich aus der Aufdeckung von Stalins Verbrechen ergab, lautete: Die Moskauer Prozesse von 1936–1938 waren ein abgekartetes Spiel, und die angeklagten alten Bolschewiki waren ermordet worden. Der Gedanke »Trotzki hatte Recht« suchte zahllose Führer und Mitglieder der KPdSU und verbündeter Parteien in aller Welt heim. Wenn Trotzki im Fall der Moskauer Prozesse Recht hatte, wo hatte er sonst noch Recht gehabt?

Inmitten der Unruhe, die innerhalb der stalinistischen Parteien ausbrach – und einen Prozess innerer Zersetzung beginnen ließ, der innerhalb von dreißig Jahren zu ihrer politischen Auflösung führte – erhielt Deutschers Trilogie immense politische Bedeutung. Die Diskreditierung Stalins kam einer Rehabilitierung Trotzkis gleich. Das heroische Bild Trotzkis, das die metaphorischen Titel von Deutschers Biografie hervorriefen, erschien im Klima der Zeit keineswegs übertrieben. Ungeachtet ihrer nicht unerheblichen Schwächen – vor allem im letzten Band, in dem Deutscher schon fast aufdringlich seinen eigenen Meinungsverschiedenheiten mit Trotzki nachging – brachten die drei Bände die heroische Persönlichkeit des großen Revolutionärs einer neuen Generation politisch radikalisierter Intellektueller und Jugendlicher nahe. Und was war das für eine Persönlichkeit! Welche andere Gestalt der modernen Geschichte konnte ein solches Repertoire an intellektuellen, politischen, literarischen und militärischen Fähigkeiten vorweisen? Es gelang Deutscher, seiner Erzählung eine immense dramatische Spannung zu verleihen. Aber das Drama von Trotzkis Leben musste nicht erfunden werden, es verlangte keine künstlerische Überhöhung. Sein Leben war schließlich der konzentrierte Ausdruck des gewaltigen historischen Dramas und der Tragödie der Russischen Revolution.

In den 1960ern hatte die Sowjetunion ihre Anziehungskraft auf die Fantasie von Intellektuellen und Studenten verloren. Deutschers Biografie diente als Einführung in die alten Streitigkeiten der zwanziger Jahre, in denen Trotzkis Werk so eine große Rolle gespielt hatte. Also machte manch einer unter Deutschers Lesern sich ans Werk, Trotzkis Schriften zu studieren, die allmählich besser erhältlich waren. Während der 1960er und der 1970er Jahre war das Interesse an Trotzkis Leben und Werk immens. 1978, am Vorabend von Trotzkis hundertstem Geburtstag, veröffentlichte Professor Baruch Knei-Paz »The Social and Political Thought of Leon Trotsky«. Knei-Paz näherte sich seinem Thema zwar kritisch, doch es spiegelte sich darin das unter sowjetischen Gelehrten vorherrschende Gefühl, dass Trotzki politisch und intellektuell höchst aktuell war.

Knei-Paz schrieb, Trotzki gelte »noch immer und vielleicht nicht zu Unrecht als der Prototyp des Revolutionärs in einem Zeitalter, in dem es an revolutionären Figuren keinen Mangel gab«. Er beschrieb Trotzkis Errungenschaften »im Reich der Theorie und der Ideen« als »außerordentlich«. »Trotzki«, so schrieb er, »war einer der ersten, die im zwanzigsten Jahrhundert das Aufkommen gesellschaftlicher Veränderungen in rückständigen Gesellschaften analysierten, und er gehörte auch zu den ersten, der sich mit den politischen Konsequenzen beschäftigte, die sich aus solchem Wandel ergaben.«[3] Bei allem Respekt muss ich als Marxist und Anhänger von Trotzkis politischen Ansichten vielen Elementen von Professor Knei-Paz' Analyse und Interpretation widersprechen. Aber seine sorgfältige Arbeit zeigte sicherlich, dass Trotzkis Leben einen fruchtbaren Grund für ernsthafte Forschung bietet. Obwohl Trotzki ein Mann der Tat par excellence war, war er auch ein herausragender Denker. Knei-Paz schätzt, dass Trotzkis Schriften als Gesamtausgabe »leicht sechzig oder siebzig dicke Bände füllen würden – ohne das umfangreiche Material, das in den Trotzki-Archiven der Harvard-Universität enthalten ist«.[4]

Professor Knei-Paz setzte sich klare Grenzen – eine Notwendigkeit für jeden wissenschaftlichen Versuch über ein Thema, das

---

3 Baruch Knei-Paz, The Social and Political Thought of Leon Trotsky. Oxford, 1978, S. viii, aus dem Englischen.
4 Ebd. S. xi.

so umfangreich und vielschichtig wie Trotzkis Leben und seine Zeit ist. Er erklärte, seine Arbeit sei »eine Untersuchung von Trotzkis eigenen Gedanken, nicht der seiner Gegner oder Anhänger, und auch nicht der politischen Bewegung, die mit seinem Namen gleichgesetzt wird«[5]. Trotz dieser Fokussierung brauchte Professor Knei-Paz 598 eng bedruckte Seiten, um seine Aufgabe zu bewältigen. Und er ließ er der Forschungsgemeinschaft noch ein großes, zu bearbeitendes Feld und zahlreiche offene, noch zu diskutierende Fragen übrig.

Nichtsdestotrotz erwies sich Knei-Paz' Werk als letzter bedeutsamer akademischer Beitrag auf dem Feld der Trotzki-Forschung. Das hätte 1978 wohl kaum jemand vorausgesagt. Schließlich war Knei-Paz' Buch am Vorabend eines Ereignisses erschienen, das die Trotzki-Forschung hätte beflügeln sollen: der Öffnung des bis dahin unzugänglichen Teils der Trotzki-Archive der Houghton-Bibliothek an der Harvard-Universität am 2. Januar 1980. Bis dahin war Isaac Deutscher mit Sondergenehmigung von Trotzkis Frau Natalia Sedowa der einzige Schriftsteller gewesen, der Zugang zu dieser immensen Sammlung von privaten Papieren des Revolutionärs gehabt hatte. Aber es zeigte sich, dass die Öffnung dieses Archivs auf amerikanische und britische Wissenschaftler im Bereich der Sowjetgeschichte nur geringen Einfluss hatte. Während der vergangenen 28 Jahre hat nur sehr wenig Material aus diesem riesigen Archiv seinen Weg in akademische Veröffentlichungen gefunden.

Dieses Austrocknen der Trotzki-Forschung nach 1978 ist ein seltsames Phänomen. Schließlich hätte die sich verschärfende Krise der Sowjetunion und Osteuropas während der 1980er Jahre eine intensivere Beschäftigung mit Trotzkis Werken gerechtfertigt, der ja immerhin der herausragende Kritiker Stalins und des Stalinismus gewesen war und den Untergang der UdSSR vorausgesehen hatte. In der Tat hatte Trotzkis Darstellung des Prozesses der kapitalistischen Restauration in »Die Verratene Revolution« (erschienen 1936) die ökonomische Transformation der ehemaligen UdSSR unter Jelzins Schirmherrschaft in den frühen 1990er Jahren erstaunlich genau vorweggenommen.

---

5   Ebd. S. xiii.

Dennoch erscheint Trotzki in den meisten englischsprachigen Werken, die sich mit der Geschichte, der Wirtschaft und der politischen und gesellschaftlichen Struktur der Sowjetunion befassen, nur als unbedeutende Randfigur. Der einzige bemerkenswerte und originelle Beitrag zur Trotzki-Forschung, der in den 1980er Jahren erschien – einem solch tumultartigen Jahrzehnt in der sowjetischen Geschichte – war eine kleine Monografie mit dem Titel »Leon Trotsky and the Art of Insurrection«, der sich auf Trotzkis Leistung als militärischer Stratege konzentrierte. Überraschenderweise war der Autor dieser sehr positiven Einschätzung von Trotzkis Beitrag zu Kriegskunst, Kriegswissenschaft, militärischer Erhebung und Armeeführung Oberst Harold Nelson, Offizier und Professor am US Army War College.

Mit der Trotzki-Forschung ging es in den 1990ern noch weiter bergab. Amerikanische und britische Wissenschaftler brachten während des gesamten Jahrzehnts auf diesem Feld nichts Grundlegendes zustande. Die einzige Veröffentlichung, die vielleicht ein wenig hervorsticht, ist ein Band mit Aufsätzen, der 1992 von der Edinburgh University Press unter dem Titel »The Trotsky Reappraisal« herausgegeben wurde. In diesem Jahrzehnt kam in Großbritannien ein beunruhigender Trend auf, der in der Wiederaufbereitung und Rechtfertigung alter anti-trotzkistischer Verleumdungen bestand. Beispielhaft für diese Tendenz war das sogenannte »Journal of Trotsky Studies«, das von der Universität von Glasgow herausgegeben wurde. Lieblingsthema dieses Journals war es, Trotzki die eigennützige Verdrehung von Tatsachen vorzuwerfen. Diese Behauptungen wurden ohne Rücksicht auf die belegbaren Fakten aufgestellt. Unter den mitunter recht absurden Beiträgen war ein Artikel, der nachweisen sollte, dass Trotzki seine eigene Rolle in der Oktobererhebung in seiner »Geschichte der Russischen Revolution« stark übertrieben hätte. Wir wurden belehrt, dass ernsthafte Revolutionäre wie Stalin auf den Straßen Schwerstarbeit verrichteten, während ein leicht verwirrter Trotzki im Smolny-Institut Telefondienst machte. Gnädigerweise gab dieses Journal nach vier Ausgaben seinen Geist auf.

Die Situation hat sich im gegenwärtigen Jahrzehnt nicht verbessert. Zwei neue Trotzki-Biografien der Professoren Ian Thatcher und Geoffrey Swain erschienen, die erste 2003 und

die zweite 2006. Diese Werke enthalten keine neuen Erkennt-
nisse. Ich habe beide Bücher bereits im Detail in einer ausgiebi-
gen Besprechung mit dem Titel »Die postsowjetische Schule der
Geschichtsfälschung«[6] analysiert. Es lohnt sich, die Behandlung
Trotzkis dem umfangreichen Material über Stalin gegenüberzu-
stellen, der auf Historiker eine schier endlose Faszination auszu-
üben scheint. Natürlich ist Stalin, nicht weniger als Hitler, legitimer Gegenstand wissenschaftlicher Forschung. Aber auch für die
Geschichtsschreibung gilt, was Oscar Wilde einst vom Verfasser
des Romans forderte: Sie muss gut gemacht sein.

Das Problem ist, dass die meisten Bücher über Stalin schlecht
geschrieben sind. Viele sind eher grobe journalistische Arbeiten
und beuten sensationsgierig das aus sowjetischen Archiven erwor-
bene Material aus. Werke von Radzinsky und Sebag-Montefiore
liefern Beispiele dieses Genres. Verstörender jedoch sind Studien
von Forschern, die offenbar aufrichtig daran interessiert sind,
Stalin und den Stalinismus zu rehabilitieren. Zum Teil sind die
Schlussfolgerungen, zu denen diese Historiker gelangen, wirklich
bizarr. So argumentiert Professor Stephen Kotkin in seinem Buch
»Magnetic Mountain« zum Beispiel, der Stalinismus sei die Krö-
nung des Projekts der Aufklärung. Der Stalinismus, so schreibt er,

> begründete eine exemplarische Aufklärungs-Utopie, den Ver-
> such, der Gesellschaft durch die Instrumentalisierung des
> Staats eine rationale Ordnung aufzuzwingen und gleichzeitig
> die Klassenteilung aufzuheben, die durch die Industrialisierung
> des neunzehnten Jahrhunderts entstanden war. Dieser Versuch
> wurzelte seinerseits in der Tradition von urbanen Modellen
> sozial orientierter Utopien, die halfen, die Aufklärung möglich
> zu machen. Magnitogorsk hatte sehr tiefe Wurzeln.[7]

Im schlimmsten Fall liefert diese Tendenz unter dem Vorwand,
»nuanciertere« Einschätzungen historischer Ereignisse zu liefern,
seltsame Rechtfertigungen für Stalins Verbrechen. So bietet uns

---

6   Siehe S. 67–142 (Teil II dieses Buchs).
7   Stephen Kotkin, Magnetic Mountain. Berkeley, 1995, S. 364, aus dem Eng-
    lischen.

Robert W. Thurstons »Life and Terror in Stalin's Russia 1934–1941«, erschienen 1996 bei Yale University Press, folgende Einschätzung zu Stalins Staatsanwalt Andrej Wyschinski:

> Trotz seiner abstoßenden Rolle in den Schauprozessen, die im August 1936 begannen, setzte sich Wyschinski für bedeutende Verbesserungen bei Gerichtsverfahren ein. Gleichzeitig lehnte er zentrale Praktiken des NKWD ab und drängte auf mehr Toleranz gegenüber der Kritik einfacher Bürger, so lange sie die grundlegende Politik nicht antasteten.[8]

Und über Kamenew, Sinowjew und andere Angeklagte im Prozess von 1936 präsentiert Thurston die folgende kaum verhüllte Rechtfertigung ihrer Verurteilung durch Stalin:

> Die Schuld dieser Männer bestand höchstens darin, dass sie über politische Veränderung gesprochen hatten, und nach westlichem Standard verdienten sie keine Bestrafung. Aber sie hatten sich am Widerstand beteiligt, hatten Kontakt zu Trotzki gehabt, dem Westen Geheimdokumente zugespielt und Stalin beseitigen wollen. Sie hatten zudem in diesen Fragen gelogen und gleichzeitig ihre vollständige Loyalität beteuert. Dies nährte Stalins Verdacht. Warum logen diese Leute? Wie viele andere wie sie existierten noch und was war ihre Absicht? Angesichts des Trotzki-Blocks und der Sprache des Rjutin-Memorandums wäre es sogar für Leute, die weniger krank als Stalin waren, einfach gewesen, bei manchen der vielen industriellen Unfälle der Zeit Terrorismus am Werk zu sehen. Er blies die Angelegenheit beträchtlich auf und verbreitete seinerseits massive Lügen – aber die gerade erwähnten Beweise legen nahe, dass er zu diesem Zeitpunkt Schritte unternahm, um Menschen zu eliminieren, die ihn in die Irre geführt und sich mit einem Erzfeind, Trotzki, verschworen hatten. Diese

---

8   Robert W. Thurston, Life and Terror in Stalin's Russia 1934–1941. New Haven, 1996, S. 9, aus dem Englischen.

Entscheidung, wenn auch ungerecht, war nicht Teil eines Planes zur Verbreitung politischen Terrors.[9]

Während die Stalin-Industrie auf dem Feld sowjetischer Forschung ein gutes Geschäft verspricht, hält der langfristige Rückgang bei den Trotzki-Studien an. Dies drückt sich nicht nur in der sehr begrenzten und generell minderen Qualität der Trotzki-Forschung aus, sondern auch darin, dass es überhaupt kein nennenswertes Werk über seine politischen Weggefährten in der Linken Opposition gibt. Wie viele Führer der Linken Opposition, angefangen bei Christian Rakowski und Adolf Joffe, sind Gegenstand großer Biografien? Welche Arbeiten gibt es über Smilga, Boguslawskij, Ter-Waganjan und Woronski? Es gibt bis heute keine umfassende Studie über die Linke Opposition und ihre Aktivitäten.

Durchgängiges Thema vieler zeitgenössischer Arbeiten über den Großen Terror ist, dass dieser wenig mit Trotzki zu tun hatte, der, wie behauptet wird, von den 1930er Jahren an in der Sowjetunion keinen Einfluss mehr ausübte. Aber ist das wirklich wahr? Welche Untersuchungen gibt es über die Aktivitäten der Oppositionellen? Und selbst wenn Stalins Unterdrückung systematische Agitation unmöglich machte, ist es wirklich wahr, dass das trotzkistische »Bulletin der Opposition« keinen Einfluss auf das Denken unzufriedener Elemente innerhalb des sowjetischen Staats- und Parteiapparats hatte? Hatte sich darüber hinaus 1936 jegliche Erinnerung an Trotzki unter Bürgerkriegsveteranen der Roten Armee, innerhalb des Offizierskorps und unter gewöhnlichen Soldaten, verflüchtigt? Hat Viktor Serge nur seine künstlerische Freiheit in Anspruch genommen, als er 1937 von Trotzki schrieb, dass innerhalb der Sowjetunion »alle an ihn denken, weil es verboten ist, an ihn zu denken ... So lange der alte Mann lebt, wird es keine Sicherheit für die triumphierende Bürokratie geben.«[10] Diese Fragen können so lange nicht beantwortet werden, bis die notwendige Forschungsarbeit geleistet ist.

---

9 Ebd. S. 26 f.
10 Victor Serge, From Lenin to Stalin. New York, 1973, S. 109, aus dem Englischen.

Aber warum ist das bis heute nicht geschehen? Dies ist eine komplexe Frage, die, so vermute ich, selbst eines Tages zum Thema für Studenten der Geistesgeschichte werden wird. Ich behaupte nicht, die endgültige Antwort zu kennen, aber ich möchte auf diverse Faktoren hinweisen, die die Trotzki-Wahrnehmung in akademischen Kreisen beeinflussen könnten. Ich beginne mit der Feststellung, dass Trotzkis angebliche politische »Bedeutungslosigkeit« weder glaubhaft noch ernst zu nehmen ist. Trotzki hat in der Russischen Revolution, einem der Schlüsselereignisse des zwanzigsten Jahrhunderts, ganz eindeutig eine entscheidende Rolle gespielt. Er war zufällig auch eine der brillantesten literarischen Figuren dieses Jahrhunderts. Walter Benjamin zitiert in seinem Tagebuch die Einschätzung von Bertold Brecht aus dem Jahre 1931, »es ließe sich mit gutem Grund behaupten, dass Trotzki der größte lebende Schriftsteller von Europa wäre«.[11] Angesichts solcher Urteile muss »noch ein neues Buch« über Trotzki wohl kaum gerechtfertigt werden. Obendrein muss man sagen, dass Trotzkis politisches und intellektuelles Vermächtnis, wie kontrovers und umstritten es auch sein mag, auch heute noch Einfluss auf die Politik ausübt. Trotzki ist für die Geschichte ganz sicher nicht irrelevant. Warum also ist er für Historiker irrelevant geworden?

Das konservative politische und intellektuelle Klima, das seit fast drei Jahrzehnten herrscht, muss als grundlegender Faktor betrachtet werden, wenn man über die Trotzki-Rezeption im Wissenschaftsbetrieb urteilt. Ebenso wie Wahlergebnisse nicht ohne Wirkung auf die Richter am Obersten Gerichtshof bleiben, lassen sich auch Historiker von der Zeitungslektüre beeindrucken. Wie Trotzki 1938 treffend bemerkte: Die Kraft der politischen Reaktion erobert nicht nur, sie überzeugt auch. Mit der Auflösung der UdSSR 1991 wurde die gesamte sowjetische Erfahrung angeprangert. Die Werke rechtsgerichteter Gegner des sozialistischen Projekts – genannt an dieser Stelle seien Martin Malia, Robert Conquest, der unermüdliche Richard Pipes und der

---

11 Walter Benjamin, Gesammelte Schriften, Bd. 6. Frankfurt am Main, 1985, S. 432.

ehemalige Stalinist François Furet – schufen ein intellektuell töd-
liches Umfeld, das jeder ernsthaften Arbeit zum politischen Erbe
des russischen und europäischen Marxismus entgegenstand. Man
kann sich schwer vorstellen, dass die Klassiker unter den Sowjet-
studien aus den 1950er- und 1960er-Jahren, Werke wie Leopold
Haimsons »Origins of Bolshevism«, Samuel Barons »Plekhanov«
oder auch E. H. Carrs enzyklopädische Studie der frühen Sowjetgeschichte, in den 1990er-Jahren geschrieben worden wären.
Und das vorherrschende intellektuelle Klima war gewiss erst
recht nicht förderlich für jene, die, wie der russische Gelehrte
Wadim Rogowin, versuchten, in der marxistischen und bolschewistischen Tradition eine revolutionäre Alternative zum Stalinismus zu erkunden.

Doch nicht alle Probleme bezüglich der wissenschaftlichen
Wahrnehmung Trotzkis entstammen direkt der politischen Landschaft der vergangenen dreißig Jahre. Auch andere lang andauernde intellektuelle Tendenzen sind am Werk, deren Ursprünge in
die Zeit vor Margaret Thatcher und Ronald Reagan zurückreichen.
Ich spreche von dem viele Jahrzehnte umfassenden Prozess einer
sich ständig vergrößernden Entfremdung substantieller Teile linker Intellektueller vom theoretischen Gerüst und der politischen
Sichtweise des »klassischen Marxismus«, dessen herausragender
und letzter großer Vertreter Leo Trotzki war.

Es ist unmöglich, hier eine Darstellung von Trotzkis philo-
sophischem Weltbild und seiner Auffassung von Politik und
menschlicher Kultur zu liefern. Aber es muss um der hier vertretenen Argumente willen gesagt werden, dass ein entscheidender
Bestandteil dieser Weltanschauung die unversöhnliche Verteidigung des philosophischen Materialismus war, der Glaube an den
von Gesetzen beherrschten historischen Prozess, Vertrauen in die
Kraft menschlicher Vernunft (insoweit diese Fähigkeit materialistisch verstanden wird) und ihre Fähigkeit, die objektive Wahrheit
zu entdecken und, damit verbunden, der Glaube an die fortschritt-
liche Rolle der Wissenschaft. Trotzki war Determinist, Optimist
und Internationalist. Er war überzeugt, dass sich die sozialistische
Revolution notwendigerweise aus den unlösbaren Widersprüchen
des weltkapitalistischen Systems ergibt. Vor allem pochte er darauf, dass mit der Arbeiterklasse eine revolutionäre Kraft in der

Gesellschaft existiert, die das kapitalistische System stürzen und die Grundlagen für den Weltsozialismus legen wird.

Keines dieser Elemente in der Weltanschauung des klassischen Marxismus – am allerwenigsten sein Optimismus – hat in nennenswerten Teilen der linken Intelligenz überlebt. Bereits in den 1920er Jahren untergruben die niederschmetternde Wirkung des Ersten Weltkriegs, der Zusammenbruch der Zweiten Internationale und, einige Zeit nach der Oktoberrevolution, die Niederlagen der Arbeiterklasse in Mittel- und Westeuropa bei weiten Teilen der kleinbürgerlichen linken Intelligenz das Vertrauen in die marxistische Weltanschauung und ihre Perspektive.

Bereits 1926 verlieh Hendrik de Mans Frontalangriff auf den Marxismus in »Zur Psychologie des Sozialismus« dem wachsenden Skeptizismus eine Stimme, der sich unter linken Intellektuellen breit machte. Sie lehnten es ab, die Entwicklung politischen Bewusstseins materialistisch zu erklären, und bezweifelten die Wirksamkeit der marxistischen politischen Praxis. De Man kritisierte den Marxismus dafür, dass er von einer revolutionären Wirkung der objektiven sozioökonomischen Prozesse auf die Entwicklung politischen Bewusstseins ausging. Die rational begründeten Appelle der Marxisten an objektive Klasseninteressen seien unzureichend, um die Massen für den Sozialismus zu gewinnen. Viele der Argumente, die de Man vorbrachte, fanden später ihren Weg in die Schriften der Theoretiker der Frankfurter Schule.

Hitlers Sieg 1933, die Moskauer Prozesse, die Niederlage der spanischen Revolution und schließlich der Hitler-Stalin-Pakt vollendeten die politische Demoralisierung der linken Intelligenz. Die grundlegende Perspektive des Sozialismus, so glaubten sie, sei diskreditiert. Die Arbeiterklasse war gescheitert. Es gab in der gegenwärtigen Gesellschaft kein revolutionäres Subjekt. In einem seiner letzten größeren Aufsätze widmete sich Trotzki der Bedeutung solcher Argumente: »Wenn wir annehmen, es wäre wahr, dass der Grund für die Niederlagen in den sozialen Eigenschaften des Proletariats selbst begründet liegt, dann müsste man die Lage der modernen Gesellschaft als hoffnungslos bezeichnen.«[12]

---

12 Trotzki, Verteidigung des Marxismus, S. 15.

Nur sieben Jahre später kamen Horkheimer und Adorno in ihrer »Dialektik der Aufklärung« zu genau diesem Schluss. Es scheint keine Übertreibung, wenn man sagt, dass die Intelligenz durch die Tragödien des zwanzigsten Jahrhunderts niedergedrückt und erschöpft war: durch zwei Weltkriege, Faschismus, den stalinistischen Verrat des Sozialismus und die sich hinziehende Lähmung der Arbeiterbewegung unter dem Gewicht der Bürokratie. Der Pessimismus wich Zynismus und Selbstgefälligkeit. Paradoxerweise hätte die Überwindung intellektueller Demoralisierung die systematische Erforschung der Ursachen vergangener Niederlagen erfordert, was wiederum eine Beschäftigung mit Trotzkis Ideen und der großen Schule des klassischen Marxismus verlangt hätte. Aber die objektiven Bedingungen, eingebettet in die lange wirtschaftliche Nachkriegsexpansion des Kapitalismus, arbeiteten gegen ein solches Unterfangen.

Was also sind die Aussichten bezüglich einer erneuten Beschäftigung mit Trotzkis Ideen? Um diese Frage zu beantworten, scheint mir Trotzkis Herangehensweise die beste. Er bestand darauf, die Wechselfälle seines eigenen Lebens im Zusammenhang mit der Entwicklung der sozialistischen Revolution zu begreifen: innerhalb Russlands, Europas und der Welt als Ganzer. Die Wendungen in seinem eigenen Schicksal bewertend, sagte Trotzki, er sehe keine persönliche Tragödie, sondern verschiedene Stufen in der widersprüchlichen Entfaltung der sozialistischen Weltrevolution. Das Ansteigen der revolutionären Welle trug Trotzki an die Macht. Ihr Abebben trieb ihn ins Exil.

Viele Jahrzehnte sind vergangen, seit der Marxismus, wie Trotzki diesen Begriff verstanden hätte, im Leben der Arbeiterklasse eine bedeutende Rolle spielte. Dies waren Jahrzehnte, in denen der Kapitalismus wirtschaftliche Stabilität und substantielles Wachstums aufwies. Der Klassenkampf, sofern er sich überhaupt zeigte, blieb innerhalb traditioneller Bahnen unter der strengen Aufsicht der Arbeiterbürokratie. Heute, so scheint es, nimmt die Geschichte plötzlich eine ihrer überraschenden Wendungen. Die Welt, in der wir uns heute treffen, unterscheidet sich schon gewaltig von der, in der sich das AAASS letztes Jahr in New Orleans versammelt hat. Seit einigen Wochen sind Verweise auf die Große Depression der 1930er-Jahre allgemein üblich. Selbst der Präsident der Vereinigten Staaten hat zugegeben, dass die sich entfaltende Krise den amerikanischen und den Weltkapitalismus an den Rand des Zusammenbruchs geführt hat.

Man kann sich unschwer vorzustellen, dass Leo Trotzki, der den Begriff vom »Todeskampf des Kapitalismus« geprägt hat, diese Krise sehr gut verstanden hätte. Die alte »Katastrophen-Theorie«, die von vielen Anti-Marxisten belächelt wurde, erscheint nicht mehr so komisch und schon gar nicht abwegig. Das gesellschaftliche Sein bestimmt letztendlich das gesellschaftliche Bewusstsein. Wenn die Krise sich verschärft und, was sehr gut möglich ist, dazu führt, dass Historiker seit Langem bestehende und inzwischen diskreditierte Thesen überprüfen und so eine kritischere Haltung gegenüber der bestehenden Gesellschaft einnehmen, dann werden wir vermutlich sehr bald Zeugen eines neuen intensiven akademischen Interesses am Leben und Werk Leo Trotzkis sein.

Trotzki im Bürgerkrieg als Führer der Roten Armee.

Teil II:
Die postsowjetische Schule
der Geschichtsfälschung

**Rezension von zwei jüngst erschienenen
Trotzki-Biografien der Professoren
Geoffrey Swain und Ian Thatcher**

*Polizeiaufnahme von Trotzki, als er in Norwegen unter Hausarrest stand,
kurz vor seiner Abreise nach Mexiko im Dezember 1936.*

Die postsowjetische Schule
der Geschichtsfälschung[1]

Rezension von zwei jüngst erschienenen Trotzki-Biografien[2]

1. Stalins Terror und die politische Lüge

2007 jährt sich zum siebzigsten Mal das schrecklichste Jahr in der Geschichte der Sowjetunion. Nach dem politischen Schauprozess, den Stalin 1936 in Moskau inszeniert hatte, um der Ermordung Leo Kamenews, Grigori Sinowjews, Iwan Smirnows und anderer Führer der Oktoberrevolution den Anschein der Rechtmäßigkeit zu geben, begann 1937 ein Terrorfeldzug, der alle Überreste marxistischen politischen Denkens und marxistischer Kultur in der Sowjetunion zerstörte. Der Terror zielte auf die Vernichtung aller, die in der Oktoberrevolution von 1917 eine wichtige Rolle gespielt hatten, irgendwann in ihrem Leben mit einer Form marxistischer und sozialistischer Opposition gegen das stalinistische Regime identifiziert worden waren oder – sei es persönlich, durch Genossen, Freunde oder Familie – mit einem marxistisch beeinflussten politischen, geistigen und kulturellen Umfeld in Verbindung standen.

Selbst nach siebzig Jahren steht die Zahl der vom stalinistischen Regime Ermordeten noch nicht eindeutig fest. Laut einer neueren Analyse von Professor Michael Ellman von der Universität Amsterdam kommt »die genauste Schätzung zu den Opfer der Repression von 1937–1938, die gegenwärtig möglich ist, auf eine

1   Erstmals veröffentlicht auf der World Socialist Web Site (www.wsws.org) am 9.–12. Mai 2007, deutsch am 5.–12. Juni 2007 [http://www.wsws.org/de/2007/jun2007/nor1-j05.shtml].
2   Geoffrey Swain, Trotsky. Longman 2006, 237 Seiten. Ian Thatcher, Trotsky. Routledge 2003, 240 Seiten.

Zahl zwischen 950 000 und 1,2 Millionen, also etwa eine Million. Historiker, Lehrer und Journalisten, die sich mit der Geschichte Russlands (und der Welt) im zwanzigsten Jahrhundert befassen, sollten sich an dieser Schätzung orientieren«.[3] Die Entdeckung neuen Tatsachenmaterials könnte aber laut Ellman eine Revision dieser Zahl erfordern.

Inzwischen liegt umfangreiches Archivmaterial vor, das ein klares Bild ergibt, wie Stalin und seine Henker im Politbüro und NKWD ihren Massenmord organisierten und ausführten. Das Militärkollegium des Obersten Gerichtshofs der Sowjetunion spielte bei diesem gerichtlich sanktionierten Massenmord eine zentrale Rolle. In den drei öffentlichen Schauprozessen in Moskau wurden insgesamt 54 Angeklagte verurteilt. Zehntausende jedoch zerrte das Militärkollegium vor Geheimgerichte und verurteilte sie zum Tode nach »Prozessen«, die meist nur zehn oder fünfzehn Minuten dauerten.[4] Auf Listen, die vom NKWD erstellt worden waren, standen die Namen der Opfer, daneben eine Urteilsempfehlung. Diese Listen wurden Stalin und dem Politbüro zur Überprüfung vorgelegt. Die Namen waren die von »führenden Funktionären der Partei, der Sowjets, des Kommunistischen Jugendverbands Komsomol, der Gewerkschaften, der Roten Armee und des NKWD, sowie die von Schriftstellern, Künstlern und bekannten Vertretern von Wirtschaftsinstitutionen, die von eben diesem NKWD verhaftet worden waren«.[5] Stalin und sein Politbüro gingen diese Listen durch und segneten in beinahe allen Fällen das empfohlene Urteil ab: in der Regel Tod durch Erschießen. In den Sonderarchiven in Moskau gibt es 383 Listen, die Stalin zwischen dem 27. Februar 1937 und dem 29. September 1938 vorgelegt wurden. Darauf stehen maschinenschriftlich die Namen von 44 500 Personen sowie

3   Soviet Repression Statistics: Some Comments, Europe-Asia Studies, Jg. 54, Nr. 7. November 2002, S. 1162, aus dem Englischen.

4   Das Material über die Arbeit des Kollegiums ist entnommen aus: Marc Jansen und Nikita Petrov, Mass Terror and the Court: The Military Collegium of the USSR, Europe-Asia Studies, Jg. 58, Nr. 4. Juni 2006, S. 589–602, aus dem Englischen.

5   Ebd. S. 591.

die Unterschriften von Stalin und seinen Mitarbeitern und deren handschriftliche Kommentare.[6]

Im Jahr 1937 verkündete das Militärkollegium 14 732 Urteile, und 24 435 weitere im Jahre 1938. Stalin befehligte den Terror an vorderster Stelle und war in die täglichen Vorgänge tief verstrickt. Am 12. September 1938 unterzeichnete Stalin an einem Tag 3 167 Todesurteile zur Vollstreckung durch das Militärkollegium.[7] Wir verfügen heute über umfangreiche Informationen darüber, wie das Militärkollegium seiner Arbeit nachging. Seine Geheimprozesse führte es gewöhnlich im Moskauer Lefortowo-Gefängnis. Der in erster Linie verantwortliche Beamte war der Präsident des Kollegiums, Wassili Ulrich. An einem arbeitsreichen Tag konnte das Kollegium dreißig oder mehr Fälle bearbeiten. Oft musste das Kollegium zusätzliche Gerichte einsetzen, um der unzähligen Gefangenen Herr zu werden. Ein Häftling wurde gewöhnlich dem Kollegium vorgeführt. Die Anklage wurde verlesen, und man forderte den Gefangenen meistens auf, die Aussage, die er während des früheren »Verhörs« gemacht hatte, zu bestätigen. Der Prozess wurde dann für beendet erklärt, unabhängig davon, ob der Angeklagte mit Ja oder Nein geantwortet hatte. Nach fünf solchen Fällen zog sich das Kollegium zurück, um sein Urteil zu fällen, das bereits im Voraus festgelegt und schriftlich fixiert worden war. Die Angeklagten wurden dann wieder hereingeführt, um ihr Urteil zu vernehmen: in aller Regel die Todesstrafe. Die Urteile wurden meist am selben Tag vollstreckt.[8]

Für die Mitglieder des Kollegiums bedeutete dies harte Arbeit, sie brauchten reichlich Stärkung, um weitermachen zu können. Zu den Mahlzeiten zogen sie sich in den Beratungsraum zurück. Nach den Aussagen eines Beamten des Lefortowo-Gefängnisses gab es »verschiedene Kleinigkeiten, z. B. mehrere Sorten Wurst, Käse, Butter, schwarzen Kaviar, Gebäck, Schokolade, Obst und Fruchtsaft«. Ulrich spülte das Essen mit Schnaps hinunter.[9]

6   Ebd.
7   Ebd. S. 593.
8   Ebd. S. 595.
9   Ebd. S. 596.

Das Kollegium sprach nicht nur Urteile. Häufig waren seine Mitglieder bei den Exekutionen anwesend oder führten sie sogar selbst aus. Wenn Ulrich von seiner Arbeit nach Hause kam, war seine Uniform zuweilen vom Blut seiner Opfer verschmiert. Nicht nur in Moskau wurden geheime Prozesse abgehalten. In Städten im ganzen Land fanden ähnliche Prozesse statt. Der Terror ließ erst nach, als das stalinistische Regime praktisch alle Vertreter der marxistischen und sozialistischen Kultur vernichtet hatte, die die geistigen Grundlagen für die Oktoberrevolution und die Gründung der Sowjetunion gelegt hatten. Die sowjetische Gesellschaft war von diesem massenhaften Morden traumatisiert. Wie der marxistische Historiker Wadim S. Rogowin schrieb:

> Im Umkreis der vernichteten Führer bildete sich eine menschenleere Ödnis, da nach ihnen auch ihre Frauen, Kinder und engsten Mitarbeiter beseitigt wurden. Die Furcht, die der stalinsche Terror auslöste, hinterließ ihre Spuren im Bewusstsein und Verhalten mehrerer Generationen von Sowjetbürgern, nahm vielen die Bereitschaft, das Bestreben und die Fähigkeit, nach ehrlichen neuen Ideen zu suchen. Zugleich machten die Henker und Denunzianten der stalinschen Periode weiter Karriere, die ihr eigenes Wohlergehen und das ihrer Nachkommen darauf begründeten, dass sie sich aktiv an Fälschungen, Parteiausschlüssen, Misshandlungen usw. beteiligt hatten.[10]

Stalins Verbrechen wurden mit haarsträubenden Lügen gerechtfertigt, die marxistischen Gegner und Opfer des bürokratisch-totalitären Regimes – allen voran Leo Trotzki – als Saboteure, Terroristen und Agenten verschiedener imperialistischer und faschistischer Mächte dargestellt. Diese Lügen jedoch, die die Grundlage für die Anklagen in den Schauprozessen gegen Trotzki und andere alte Bolschewiki abgaben, waren im Lauf der vorangegangenen fünfzehn Jahre vorbereitet worden, angefangen mit der Kampagne, die Stalin und seine selbstzerstörerischen Ver-

---

10 Wadim S. Rogowin, 1937 – Jahr des Terrors. Essen, 1998, S. 20.

bündeten Sinowjew und Kamenew 1922 gegen Trotzki geführt hatten.

Wie Trotzki nach den ersten beiden Moskauer Prozessen (dem Prozess im August 1936 folgte der zweite Schauprozess im Januar 1937) erklärte, lagen die Anfänge des Justizkomplotts in der Verfälschung der historischen Tatsachen. Diese Geschichtsfälschung war notwendiger Bestandteil des politischen Kampfs gegen den »Trotzkismus«, d. h. gegen die politische Opposition, die sich gegen das von Stalin angeführte bürokratische Regime gebildet hatte. »Es bleibt eine unwiderlegbare historische Tatsache, dass die Vorbereitung der blutigen Justizkomplotte mit den ›geringfügigen‹ Entstellungen der Geschichte und der ›harmlosen‹ Fälschung von Zitaten begann.«[11]

Niemand, der den Ursprung des stalinistischen Terrors studiert und sich ernsthaft mit seinen Konsequenzen befasst, wird die politisch reaktionären und gesellschaftlich zerstörerischen Auswirkungen historischer Fälschung unterschätzen. Das Beispiel der Sowjetunion lehrt uns, dass die politische Entwicklung, die mit der Fälschung der Geschichte der Russischen Revolution begann, schließlich zum Massenmord an russischen Revolutionären ausartete. Ehe Stalin als einer der schlimmsten Mörder in die Geschichte einging, hatte er sich bereits den Ruf als größter Lügner der Geschichte erworben.

Trotzki entlarvte nicht nur die Lügen Stalins, er erklärte auch die objektiven Wurzeln und die Funktion, die dieser systematischen Verlogenheit des Regimes in politischen und gesellschaftlichen Fragen zugrunde lagen:

Tausende von Schriftstellern, Historikern und Ökonomen in der UdSSR schreiben auf Befehl hin, woran sie nicht glauben. Professoren in Universitäten und Lehrer an Schulen werden gezwungen, eiligst die Lehrwerke zu ändern, um sich den jeweiligen Erfordernissen der offiziellen Lüge anzupassen. Der Geist der Inquisition, der die Atmosphäre des Landes durchdringt, nährt sich ... aus tiefen sozialen Quellen. Um ihre Pri-

---

11 Trotsky, The Stalin School of Falsification. S. ix.

vilegien zu rechtfertigen, verdreht die herrschende Kaste die Theorie, die die Abschaffung aller Privilegien zum Ziel hat. Die Lüge dient also als wichtigster ideologischer Zement der Bürokratie. Je unversöhnlicher der Widerspruch zwischen der Bürokratie und dem Volk wird, desto plumper wird die Lüge, umso unverfrorener wird sie zur verbrecherischen Fälschung und juristischen Verschwörung eingesetzt. Wer diese innere Dialektik des stalinistischen Regimes nicht verstanden hat, wird auch die Moskauer Prozesse nicht verstehen können.[12]

In der Rückschau mag es verwunderlich erscheinen, dass so viele Menschen, die sich als Linke begriffen, bereit waren, die Anklagen, die Wyschinski, der stalinistische Staatsanwalt, den angeklagten Altbolschewiki entgegenschleuderte, zu rechtfertigen oder ihnen tatsächlich Glauben zu schenken. Ein nennenswerter Teil der liberalen und linken Öffentlichkeit erkannte die Legitimität der Moskauer Prozesse an und unterstützte auf diese Weise den Terror, der in der UdSSR wütete. Zumindest bis zum Abschluss des Nichtangriffspakts zwischen Hitler und Stalin im August 1939 sah man im stalinistischen Regime einen politischen Verbündeten gegen Nazi-Deutschland, welcher Verbrechen es auch innerhalb der UdSSR schuldig sein mochte. Hinter der prostalinistischen Rechtfertigung, die von großen Teilen der »linken« Öffentlichkeit getragen wurden, standen pragmatische Erwägungen, die den gesellschaftlichen Anschauungen dieser kleinbürgerlichen »Freunde der UdSSR« entsprangen. Stalins Fürsprecher ignorierten selbst die Widerlegung zentraler Anklagepunkte.[13]

---

12 Ebd. S. xiii
13 So bezeugte beim ersten Moskauer Prozess der Angeklagte Holtzman, er sei 1932 als Kurier nach Kopenhagen geschickt worden, wo er sich im Hotel Bristol mit Trotzkis Sohn Leon Sedow getroffen und von ihm aufrührerische antisowjetische Befehle entgegengenommen habe. Bald stellte sich jedoch heraus, dass das Kopenhagener Hotel Bristol fünfzehn Jahre zuvor, 1917, durch einen Brand zerstört worden war. Das entscheidende konspirative Treffen konnte dort gar nicht stattgefunden haben. Beim zweiten Moskauer Prozess sagte der Altbolschewik und frühere Linksoppositionelle Juri Pjatakow aus, dass er 1935 von Berlin aus, wo er geschäftlich für die Sowjetregierung tätig war, heimlich nach Oslo geflogen sei. Pjatakow behauptete, er

Die Arbeit der Dewey-Kommission, benannt nach dem liberalen amerikanischen Philosophen, der 1937 bei der Untersuchung der sowjetischen Anklagen gegen Leo Trotzki den Vorsitz einnahm, stand in vornehmem Gegensatz zu der zynischen, unehrlichen und reaktionären Haltung, die im Milieu der linken Öffentlichkeit, insbesondere in England, Frankreich und den Vereinigten Staaten vorherrschte.

Die Werke von E. H. Carr und Isaac Deutscher

Es sollte noch beinahe zwei Jahrzehnte dauern, ehe das bei den Moskauer Prozessen errichtete stalinistische Lügengebäude einzustürzen begann. Entscheidend für diese Entwicklung war die »geheime« Rede Chrustschows im Februar 1956 vor dem 20. Kongress der Kommunistischen Partei der Sowjetunion, die den verbrecherischen Charakter von Stalins Terror erstmals einräumte. Diesen Enthüllungen waren jedoch wichtige Entwicklungen auf dem Gebiet der Geschichtsforschung vorausgegangen, die unermesslich viel zu einem tatsachengetreuen und tieferen Verständnis der Geschichte der Sowjetunion und der Rolle Leo Trotzkis beitrugen.

Der erste wichtige Schritt zur historischen Rehabilitierung Trotzkis war die Veröffentlichung von E. H. Carrs monumentaler Geschichte Sowjetrusslands, insbesondere des vierten Bands mit dem Titel »The Interregnum«. Dieser Band, der in großem Umfang offizielle sowjetische Dokumente verwendet, die damals im Westen zugänglich waren, stellt detailliert die politischen Kämpfe dar, die 1923–1924 in der Führung der sowjetischen

---

sei zu Trotzkis Wohnung gefahren worden. Dort angekommen, so Pjatakow (und er zitierte aus einem Text, den die NKWD-Verhörspezialisten geschrieben hatten), hätte ihn Trotzki in Kenntnis gesetzt, dass er (Trotzki) Verbindungen zu Geheimdiensten des Nazi-Regimes unterhalte. Dann gestand Pjatakow, er selbst habe sich bereit erklärt, sich an Trotzkis anti-sowjetischer Verschwörung im Interesse der Nazis zu beteiligen. Noch vor dem Ende des Prozesses löste sich Pjatakows Zeugenaussage allerdings in Luft auf. Die norwegische Presse berichtete, dass zwischen September 1935 und Mai 1936 kein ausländisches Flugzeug auf dem Flughafen von Oslo gelandet sei! Somit war Pjatakows Geschichte, die für die gesamte stalinistische Verschwörung von zentraler Bedeutung war, als dreiste Fälschung entlarvt.

Kommunistischen Partei ausgebrochen waren. Carr war kein politischer Anhänger Trotzkis. Doch er analysierte die komplizierten Fragen von Programm, Politik und Prinzipien, mit denen sich Trotzki in einer schwierigen und entscheidenden Periode der sowjetischen Geschichte intensiv befasst hatte, in hervorragender Weise und fasste sie zusammen. Aus Carrs Darstellung geht klar hervor, dass Trotzki zur Zielscheibe eines prinzipienlosen Angriffs wurde, der anfänglich vom persönlichen Machtstreben seiner Rivalen motiviert war. Carr übt zwar deutliche Kritik an Trotzkis Reaktion auf die Provokationen von Stalin, Sinowjew und Kamenew, doch lässt er keinen Zweifel daran aufkommen, dass er in Trotzki, neben Lenin, die herausragende Persönlichkeit der bolschewistischen Revolution sah. In »vielen Bereichen« revolutionären politischen Handelns, schreibt Carr in einem späteren Buch, »überstrahlte« Trotzki sogar Lenin. Zu Stalin meint Carr, dass Trotzki ihn »in fast allen Fragen in den Schatten stellte«. Das Abflauen des revolutionären Enthusiasmus innerhalb der UdSSR, seit 1922 immer deutlicher zu beobachten, wirkte sich auf Trotzkis politisches Schicksal aus. »Trotzki war ein Held der Revolution«, schreibt Carr. »Er fiel, als die heroische Ära endete.«[14]

Der zweite wichtige Meilenstein in der Erforschung der sowjetischen Geschichte war Isaac Deutschers maßgebliche dreiteilige Biografie: »Der bewaffnete Prophet«, »Der unbewaffnete Prophet«, »Der verstoßene Prophet«. Im April 2007 jährte sich der Geburtstag Deutschers zum hundertsten Mal – Anlass genug, seine Leistung als Historiker und Biograf zu würdigen. Auch wenn ich mit vielen politischen Einschätzungen Deutschers keineswegs übereinstimme – vor allem, wenn es um die Entscheidung Trotzkis geht, die Vierte Internationale zu gründen (die Deutscher ablehnte) – kann man die Bedeutung von Deutschers »Propheten«-Trilogie kaum überschätzen. Es war keine Unbescheidenheit seinerseits, wenn er sein eigenes Werk mit dem von Thomas Carlyle verglich, der als Biograf eines anderen Revolutionärs, Oliver Cromwell, »den Lord Protector unter einem Berg

---

14 E. H. Carr, Socialism in One Country, Bd. 1. Baltimore, 1970, S. 152, aus dem Englischen.

toter Hunde, unter einer riesigen Last falscher Beschuldigungen und des Vergessens hervorziehen« musste.[15] Deutscher zitierte mit Stolz einen britischen Kritiker, aus dessen Sicht der erste Band der Trilogie, »Der bewaffnete Prophet«, »drei Jahrzehnte stalinistischer Verleumdungen zunichtemacht«.[16]

Neben Carr und Deutscher leistete in den 1950er-, 1960er- und 1970er-Jahren eine neue Generation von Historikern wichtige Beiträge zu unserem Verständnis der Russischen Revolution, ihrer Ursprünge, der Entstehung der Sowjetunion und ihrer führenden Persönlichkeiten. Man denkt hier sofort an Leopold Haimson, Samuel Baron, Robert Daniels, Alexander Rabinowitch, Robert Tucker, Moshe Lewin, Marcel Liebman, Richard Day und Baruch Knei-Paz. Den Wert ihrer Arbeit und ihr wissenschaftliches Verdienst anzuerkennen, bedeutet nicht, und muss es auch nicht, dass man mit ihren Einschätzungen und Schlussfolgerungen übereinstimmt. Die Arbeit von ihnen und anderen, die ich nicht genannt habe, ist von bleibender Bedeutung wegen ihres Beitrags zur Widerlegung der Lügen, Entstellungen und Halbwahrheiten, unter denen die Geschichte der Russischen Revolution und der Sowjetunion so viele Jahrzehnte verschüttet lag. Nicht nur Verfälschungen der sowjetischen Regierung wurden damit widerlegt, sondern auch die abstumpfende antimarxistische Propaganda der US-Regierung in der Ära des Kalten Kriegs.

Lasst mich einige Absätze aus einer Arbeit über Trotzkis Leben zitieren, die 1973 im Rahmen der bekannten Reihe »Great Lives Observed« veröffentlicht wurde, um einen Eindruck von dem Einfluss dieser Historiker auf das geistige Klima ihrer Zeit zu vermitteln. Diese Reihe des traditionsreichen Wissenschaftsverlags Prentice-Hall gehörte in den 1960er- und 1970er-Jahren zur obligatorischen Lektüre in Geschichtsseminaren an den Universitäten. Tausende von Studenten, die sich für russische oder neuere europäische Geschichte eingeschrieben hatten, lernten durch diesen Band die Person Leo Trotzki kennen. Im ersten Absatz konnten sie Folgendes lesen:

15   Deutscher, Der unbewaffnete Prophet. S. 7.
16   Ebd.

Mit der Zeit verlieren oder gewinnen geschichtliche Gestalten an Statur. Im Fall Leo Trotzkis hat die Zeit, nachdem er kurz in Vergessenheit geraten war, sein Ansehen erhöht, so dass er heute, im Guten oder Schlechten, als einer der Giganten der ersten Hälfte des zwanzigsten Jahrhunderts erscheint. Das neuerliche Interesse an Trotzkis Leben zeigt sich an den zahlreichen Arbeiten, die gegenwärtig erscheinen, und daran, dass beinahe alle seine Schriften plötzlich verfügbar sind. Für viele aus der Generation der Neuen Linken hat er sowohl das Ansehen als auch die Bedeutung *des* revolutionären Führers.[17]

Die Einleitung gab auf der Basis der Forschungsergebnisse zeitgenössischer Wissenschaftler eine präzise Einschätzung von Trotzkis revolutionärer Laufbahn. »Trotzkis Bedeutung beruht auf seinem Beitrag zur politischen Theorie, seinem literarischen Vermächtnis und vor allem seiner Rolle als Mann der Tat.« In theoretischer Hinsicht zeigten Trotzkis Analyse der gesellschaftlichen Kräfte Russlands und seine Ausarbeitung der Theorie der permanenten Revolution, »dass er als marxistischer Denker durch seine große Kreativität die Lehre von Marx und Engels bereichern konnte«. Daher könne man Trotzki zu Recht »in eine Reihe mit glänzenden marxistischen Theoretikern wie Plechanow, Kautsky, Luxemburg und sogar Lenin selbst stellen«. Als Literat stehe Trotzki sogar über diesen großen Marxisten. »Großartige Wortspiele, beißender Sarkasmus und hervorragende Charakterstudien zeichnen sein Schreiben aus. Trotzki lesen heißt dem Literaten bei der Arbeit zusehen.« Dann kommen Trotzkis Erfolge als Mann der Tat zur Sprache. Die Einleitung hebt »Trotzkis Rolle in der revolutionären Geschichte Russlands« hervor, die »nur von der Lenins übertroffen« werde, sowie seine »entschiedene Führungsrolle im Militärischen Revolutionskomitee, die den Weg für die Oktoberrevolution freimachte«. Der Leser wird auch auf Trotzkis »entschlossene Anstrengungen«, hingewiesen, »trotz gewaltiger Hindernisse die Rote Armee aufzubauen«.[18]

---

17 Irving H. Smith (Hg.), Trotsky. Englewood Cliffs, 1973, S. 1, aus dem Englischen.
18 Ebd.

Keine dieser Leistungen sei der Masse der sowjetischen Bürger bekannt. Eine ehrliche Darstellung von Trotzkis Leben und Werk gebe es in der UdSSR nicht, weil »sowjetische Historiker eine verantwortungsbewusste Geschichtsschreibung schon lange aufgegeben haben und sich dem absurden Bemühen widmen, eine neue Dämonologie zu schaffen«. Innerhalb der Sowjetunion bleibe Trotzki »eine Abstraktion des Bösen – eine Kraft, die gegen die Zukunft des sowjetischen Volks arbeitet«.[19] Außerhalb der UdSSR allerdings sei die Situation anders:

> Die sowjetische Dämonologie war von Beginn an absurd und ist zumindest in der westlichen Welt weitgehend überwunden. Der dritte Teil dieses Buchs enthält ausgewählte Texte relativ neuer Autoren zum Thema Trotzki. Beste Beispiele für diese objektivere wissenschaftliche Haltung sind Edward Hallett Carrs mehrbändige Untersuchung »The bolshevik revolution« und Isaac Deutschers detailgenaues dreibändiges Werk über Trotzki. Auch wenn die historische Debatte auf Dauer unentschieden bleiben mag, kann im Licht dieser neueren Untersuchungen die Rolle Trotzkis in der russischen Erfahrung aus neuer und positiver Perspektive gesehen werden. Im Westen hat sich die unheilvolle Wolke aufgelöst, die Dämonen wurden vertrieben. Jetzt können wir uns ganz mit den materiellen Kräften und Problemen beschäftigen, die das Handeln Leo Trotzkis motivierten und inspirierten.[20]

Ich habe diesen Text ausführlich zitiert, weil er in klaren Worten zusammenfasst, was ein gewöhnlicher Geschichtsstudent an der Universität vor etwa fünfunddreißig Jahren über Trotzki hörte.[21] Wenn wir uns dagegen die Texte ansehen, welche die Studenten

19 Ebd. S. 1 f.
20 Ebd.
21 Eine Besprechung in der wissenschaftlichen Zeitschrift »The History Teacher« zeigt deutlich, an wen sich der Band richtet: »Für Lehre und Unterricht sollte diese Ausgabe weite Verbreitung finden. Im Unterschied zu anderen Büchern dieser Reihe überhäuft dieser Band seine Leser nicht mit einer Unzahl von Zitaten aus den philosophischen oder politischen Schriften der dargestellten Personen. Er beschreibt in knapper Form die Erfolge

heute zu lesen bekommen, merkt man sogleich, dass wir in einem
sehr veränderten – und viel ungesünderen – geistigen Umfeld
leben. Zuvor aber muss ich wenigstens kurz darauf eingehen, wie
das Thema Trotzki in der sowjetischen Literatur nach der »Geheimrede« von Chrustschow auf dem 20. Kongress behandelt wurde.

Sowjetische Geschichte nach dem 20. Kongress

Die offizielle Enthüllung der Verbrechen Stalins im Jahr 1956
drängte die Kreml-Bürokratie und ihre zahlreichen Verteidiger in die Defensive. Die von der Partei vertretene Version der
Geschichte war fast zwei Jahrzehnte lang Stalins »Kurzer Lehrgang
der Geschichte der KPdSU« gewesen. Kaum war Chrustschow ans
Rednerpult des 20. Parteikongresses getreten, da büßte dieses blut-
triefende Kompendium unfassbarer Lügen jegliche Glaubwürdigkeit ein. Wodurch aber konnte es ersetzt werden? Auf diese Frage
fand die stalinistische Bürokratie niemals eine tragfähige Antwort.

Jede wichtige Frage zur Geschichte der russischen revolutionären Bewegung – die Ereignisse von 1917, der Bürgerkrieg,
die frühen Jahre des Sowjetstaats, die innerparteilichen Konflikte
der 1920er-Jahre, das Anwachsen der sowjetischen Bürokratie,
das Verhältnis der Sowjetunion zu internationalen revolutionären
Bewegungen und Kämpfen, die Industrialisierung, die Kollekti-
vierung, die Kulturpolitik der Sowjetunion und der stalinistische
Terror – führte unvermeidlich zu Leo Dawidowitsch Trotzki. Jede

Trotzkis und gibt dem Leser die unterschiedlichen historischen Deutungen
seiner Laufbahn an die Hand.
Ein guter Dozent eines Kurses über russische Geschichte sollte in der Lage
sein, den Text effektiv einzusetzen, indem er die relativ kurzen ausge-
wählten Texte als Ausgangspunkt für eine weitere Beschäftigung mit den
ausführlichen Ansichten der Autoren nutzt. Wer sich gelegentlich mit der
Thematik befasst, den wird die Kürze der Darstellung erfreuen: ganze 170
Seiten. Wichtiger ist natürlich der Nutzen, den die eigentlichen Studenten der russischen Geschichte daraus ziehen können. Angeregt vom Inhalt,
doch enttäuscht von der Kürze des Textes, werden sie hoffentlich tiefer in
die original Tagebücher, die Autobiografie und die Biografien über Trotzki
eintauchen. Der Erfolg jeden Bands dieser Reihe sollte an der Zahl der Studenten, die eben dies tun, gemessen werden.« (Jg. 7, Nr. 2, Februar 1974,
S. 291 f., aus dem Englischen.)

Kritik an Stalin mündete in der Frage: »Hatte Trotzki Recht?« Die historischen, politischen, theoretischen und moralischen Fragen, die sich aus der Aufdeckung der stalinistischen Verbrechen ergaben, sowie die katastrophalen Auswirkungen der stalinschen Politik und Persönlichkeit auf jeden Aspekt der sowjetischen Gesellschaft waren nicht damit erledigt, dass man Stalin von seinem Platz im Mausoleum neben Lenin entfernte und seinen Leichnam an der Kremlmauer bestattete.

Isaac Deutscher hatte die Hoffnung – und in dieser Hoffnung zeigte sich die Begrenztheit seiner politischen Anschauungen – die stalinistische Bürokratie werde irgendwann doch mit der Geschichte ins Reine kommen und ihren Frieden mit Leo Trotzki schließen. Das erwies sich als vergebliche Hoffnung. Ein ehrlicher Umgang mit Trotzki hätte bedeutet, seine Schriften der Allgemeinheit zugänglich zu machen. Doch das revolutionäre Potential von Trotzkis Enthüllungen und Anklagen gegen das stalinistische Regime war auch Jahrzehnte später noch ebenso explosiv wie zu seinen Lebzeiten.

Als Gorbatschow 1985 an die Macht kam und seine Glasnost-Politik verkündete, wurde in der Öffentlichkeit viel über die offizielle Rehabilitierung Trotzkis gesprochen. Vor dem 70. Jahrestag der Oktoberrevolution ging man weithin davon aus, dass Gorbatschow die Gelegenheit nutzen werde, um Trotzkis Rolle in der Führung der Oktoberrevolution und seinen Kampf gegen Stalin zu würdigen. Jedoch trat genau das Gegenteil ein. Am 2. November 1987 griff Gorbatschow in einer landesweit im Fernsehen übertragenen Rede Trotzki noch einmal in traditioneller stalinistischer Manier an. Trotzki, sagte er, war »ein extrem von sich eingenommener Politiker, der immer unklar blieb und intrigierte«.[22]

---

22 Damit nicht genug. Gorbatschow fuhr fort:
»Trotzki und die Trotzkisten leugneten, dass man den Sozialismus in kapitalistischer Umzingelung aufbauen konnte. In der Außenpolitik wollten sie vor allem den Export der Revolution, in der Innenpolitik den Bauern die Daumenschrauben anziehen, die Ausbeutung des Dorfs durch die Stadt, die Gesellschaft mit administrativen Vorschriften und militärischen Befehlen leiten.
Der Trotzkismus war eine politische Strömung, deren Ideologen sich hinter linker pseudorevolutionärer Rhetorik versteckten, während sie in Wirk-

Zur gleichen Zeit, als Gorbatschow seine beschämende Rede hielt, entwickelte sich in der Sowjetunion ein rasch wachsendes Interesse an Trotzki und dem Kampf der Linken Opposition gegen den Stalinismus. Sowjetische Zeitungen, die zum ersten Mal seit den 1920er Jahren Dokumente über Trotzki veröffentlichten, so die Zeitschrift »Argumenti i Fakti«, erfreuten sich einer starken Auflagensteigerung. Trotzkisten aus Europa, Australien und den USA reisten in die Sowjetunion und hielten sehr gut besuchte Vorträge. Gorbatschows Rede stellte sicherlich den Versuch dar, dieser veränderten Situation entgegenzuwirken; dieser erwies sich jedoch als völlig erfolglos. Die alten stalinistischen Lügen – die Leugnung der Rolle Trotzkis in der Oktoberrevolution, seine Darstellung als Feind der Sowjetunion – hatten jede Glaubwürdigkeit verloren.

Kaum mehr als vier Jahre nach Gorbatschows Rede hörte die Sowjetunion auf zu existieren. Trotzkis Warnung, dass die stalinistische Bürokratie, wenn sie nicht von der Arbeiterklasse gestürzt würde, letztlich die Sowjetunion zerstören und den Weg für die Restauration des Kapitalismus freimachen würde, hatte sich bestätigt.

lichkeit eine defätistische Position einnahmen. Im Wesentlichen stellte dies einen Generalangriff auf den Leninismus dar. Es ging wirklich um die Zukunft des Sozialismus in unserem Land, um das Schicksal der Revolution. Unter den gegebenen Umständen war es von größter Bedeutung, den Trotzkismus vor dem gesamten Volk zu widerlegen und seinen antisozialistischen Inhalt aufzudecken. Die Situation wurde noch schwieriger durch den Umstand, dass die Trotzkisten mit der neuen Opposition um Grigori Sinowjew und Leo Kamenew gemeinsame Sache machten. Im Bewusstsein, eine Minderheit zu sein, zettelten die Oppositionellen immer und immer wieder Diskussionen an, in der Hoffnung, die Partei spalten zu können. Letztlich aber sprach sich die Partei für die Linie des Zentralkomitees aus und gegen die Opposition, die bald darauf ideologisch und organisatorisch besiegt wurde.

Kurz, der führende Kern der Partei, unter der Führung Josef Stalins, hatte den Leninismus in einem ideologischen Kampf bewahrt. Er legte die Strategie und Taktik in der anfänglichen Phase des sozialistischen Aufbaus fest, und die Mehrheit der Parteimitglieder und der arbeitenden Bevölkerung hieß diesen Kurs gut. Eine wichtige Rolle beim ideologischen Sieg über den Trotzkismus spielten Nikolai Bucharin, Felix Dzershinski, Sergej Kirow, Grigori Ordshonikidse, Jan Rudsutak und andere.« (The New York Times, 3. November 1987, aus dem Englischen)

2. Swain, Thatcher und der »Mythos« Trotzki

Die Auflösung der Sowjetunion im Dezember 1991 warf die Frage nach der historischen Rolle Trotzkis mit neuer Dringlichkeit auf. Schließlich musste es eine Erklärung geben für den Zusammenbruch der Sowjetunion. Inmitten des Triumphgeschreis der Bourgeoisie, das die Auflösung der Sowjetunion begleitete – die, das sei am Rande vermerkt, kein einziger wichtiger bürgerlicher politischer Führer vorhergesehen hatte – schien die Antwort auf der Hand zu liegen. Das Ende der Sowjetunion im Dezember 1991 ergab sich zwangsläufig aus der Oktoberrevolution von 1917. Diese Theorie, die auf der Annahme gründet, eine nicht-kapitalistische Form der menschlichen Gesellschaft sei schlechterdings unmöglich, wurde in einigen Büchern vertreten, die nach dem Ende der Sowjetunion erschienen. Das wichtigste davon war »Vollstrecker Wahn« des inzwischen verstorbenen Professors Martin Malia.

Bücher dieser Kategorie vermieden allerdings die Frage nach historischen Alternativen wie: War der politische Kurs Stalins und seiner Nachfolger die jeweils einzige Option für die UdSSR? Hätte eine andere Politik zu verschiedenen Zeitpunkten in der 74-jährigen Geschichte der Sowjetunion zu einem deutlich anderen historischen Ergebnis führen können? Auf den Punkt gebracht: Gab es eine Alternative zum Stalinismus? Ich will damit keine abstrakte hypothetische Gegenmeinung aufstellen. Gab es eine sozialistische Opposition zum Stalinismus? Vertrat diese Opposition ernst zu nehmende und realistische politische und programmatische Alternativen?

Die Antwort auf solch entscheidende Fragen erfordert, sich aufs Neue ernsthaft mit den Ideen Leo Trotzkis und der oppositionellen Bewegung zu befassen, an deren Spitze er in der UdSSR und international stand. Doch das ist bisher nicht geschehen. Statt auf den Leistungen früherer Generationen von Wissenschaftlern aufzubauen und die gewaltige Masse des in den letzten fünfzehn Jahren neu zugänglichen Archivmaterials auszuwerten, ging die vorherrschende Tendenz in der historischen Forschung zur Sowjetunion in eine deutlich andere Richtung.

In den Jahren nach dem Fall der Sowjetunion hat sich etwas herausgebildet, was am zutreffendsten die postsowjetische Schule der Geschichtsfälschung genannt werden kann. Das vorrangige

Ziel dieser Schule besteht darin, Leo Trotzki als wichtige historische Persönlichkeit zu diskreditieren, zu leugnen, dass er eine Alternative zum Stalinismus verkörperte und dass sein politisches Erbe etwas Wichtiges oder Wertvolles für Gegenwart und Zukunft beinhaltet. Jeder Historiker hat das Recht auf einen eigenen Standpunkt. Doch muss er sich in seiner Geschichtsauffassung ernsthaft, ehrlich und prinzipiell mit Faktenmaterial auseinandersetzen und historische Beweise anerkennen. Diese entscheidende Eigenschaft lassen zwei neue Biografien über Trotzki bedauerlicherweise völlig vermissen. Die eine stammt von Professor Geoffrey Swain von der Universität Glasgow und die andere von Professor Ian Thatcher von der Brunel-Universität in West-London. Beide Bücher sind bei großen und einflussreichen Verlagen erschienen, Swains Trotzki-Biografie bei Pearson Longman, die Thatchers bei Routledge. Ihre Abhandlungen zu Trotzkis Leben sind wissenschaftlich völlig wertlos. Beide Arbeiten greifen kaum auf Trotzkis eigene Schriften zurück, bieten nur wenige substanzielle Zitate und ignorieren einige seiner wichtigsten Bücher, Essays und politischen Erklärungen vollständig.

Beide Verlage behaupten zwar, die Biografien stützten sich auf wichtige Originaldokumente, doch man findet keinen Hinweis darauf, dass Swain oder Thatcher die umfangreichen Trotzki-Archive an der Harvard- und Stanford-Universität genutzt hätten. Gesicherte Tatsachen zu Trotzkis Leben werden von ihnen, ohne glaubhafte Belege, »infrage gestellt« oder als »Mythen« abgetan, so die bevorzugte Ausdrucksweise der Autoren. Während sie Trotzki klein reden und sich sogar über ihn lustig machen, bemühen sie sich wiederholt, Stalin Legitimität und Glaubwürdigkeit zu bescheinigen. Sie verteidigen Stalin an vielen Stellen gegen Trotzkis Kritik und finden Begründungen, um die Angriffe auf Trotzki und die Linke Opposition zu rechtfertigen. In vielen Fällen ist ihre eigene Kritik an Trotzki nur eine aufgewärmte Version alter stalinistischer Fälschungen.

In der äußeren Aufmachung und der Seitengröße ähneln sich die Biografien. Beide Bücher richten sich eindeutig an eine studentische Leserschaft. Natürlich wissen die Autoren, dass ihre Bücher für die meisten Studenten die erste Bekanntschaft mit Trotzki bedeuten, und sie haben sie gezielt so gestaltet, dass die

Leser jedes weitergehende Interesse am Thema verlieren. Sichtlich zufrieden äußert sich Professor Swain im ersten Absatz seines
Buchs: »Die Leser dieser Biografie werden nicht zum Trotzkismus
gelangen.«[23] Noch werden sie, so hätte er hinzufügen können,
verstehen, für welche Ideen und Prinzipien Trotzki stand und was
sein Platz in der Geschichte des zwanzigsten Jahrhunderts ist.

Der Mythos »Trotzki«

Beide Biografien verkünden, sie würden »Mythen« über Trotzkis Leben und Werk auf den Prüfstand stellen, erschüttern und
sogar widerlegen. In einem kurzen Vorwort zur Biografie von
Thatcher schreibt der Verlag: »Zentrale Mythen über Trotzkis
heroisches Wirken als Revolutionär, insbesondere in der ersten
russischen Revolution von 1905 und im russischen Bürgerkrieg,
werden hinterfragt.«[24] Swain behauptet, in seinem Buch entstehe
»ein ganz anderes als das traditionelle Trotzki-Bild, eines, das
mehr den Menschen zeigt und weniger den Mythos«.[25] Welche
»Mythen« sollen hier entkräftet werden? Bezeichnenderweise
greifen beide Autoren das Werk Isaac Deutschers an, dem sie die
Verantwortung dafür anlasten, Trotzki zu der heroischen historischen Persönlichkeit gemacht zu haben, als die er bis heute vor-
wiegend gilt. Thatcher meint herablassend, Deutschers Trilogie
lese sich wie »die Geschichte eines Jungen über selbst erlebte
Abenteuer«. Diese Charakteristik gebe einen Hinweis darauf,
»was Deutschers Wälzer interessant macht, aber auch, wo seine
Schwächen liegen«. Thatcher unterstellt, Deutschers Trotzki-Biografie betreibe eine dubiose Heldenverehrung. Es wimmle darin
von Fällen, »in denen Trotzki tiefer und weiter sah als seine Zeitgenossen«. Mit offensichtlichem Sarkasmus behauptet Thatcher,
Deutscher schreibe Trotzki eine unwahrscheinliche Menge von
politischen, praktischen und intellektuellen Leistungen zu. Er
wirft ihm vor, er ergehe sich in unstatthaften »Erfindungen« und
gleite »ins Fiktive ab«. Diese Mängel, so Thatcher, »schmälern die

---

23   Geoffrey Swain, Trotsky. S. 1, aus dem Englischen.
24   Ian Thatcher, Trotsky. S. i, aus dem Englischen.
25   Swain, S. 1.

Qualität des Werks als Geschichtswerk, und als Historiker müssen wir Deutscher kritisch und mit Vorsicht begegnen«.[26]
Selbstredend müssen alle Geschichtswerke, auch Meisterwerke auf diesem Gebiet, kritisch gelesen werden. Doch Thatcher verunglimpft Deutschers Werk nicht wegen seiner Schwächen, sondern wegen seiner größten Stärke: dass es in meisterhafter Manier Trotzki als revolutionäre Persönlichkeit wieder zum Leben erweckt. Das konkrete Beispiel, das Thatcher zur Erhärtung des Vorwurfs anführt, Deutscher erfinde und gleite ins Fiktive ab, entpuppt sich als unvollständiges Zitat aus „Der bewaffnete Prophet". Liest man es im Zusammenhang, kann man Deutschers Verwendung einer Analogie, um die Stimmung im Kreis der bolschewistischen Führung während einer heftigen Krise – dem Konflikt über den Vertrag von Brest-Litowsk im Februar 1918 – lebhaft zu veranschaulichen, als Beispiel für seine außergewöhnlichen schriftstellerischen Fähigkeiten und sein psychologisches Verständnis würdigen.[27]

---

26   Thatcher, S. 15–16.
27   Thatcher behauptet, »Deutscher schiebt seinen Akteuren einfach Auffassungen unter, für die es keine Belege gibt«. Er zitiert einen Absatz, der, so Thatcher, »die Meinungsverschiedenheiten unter den Bolschewiki zum Friedensvertrag mit Deutschland mit dem Dilemma verglich, vor dem die Kommune von Paris stand: ob sie einen revolutionären Krieg führen sollte, und wenn ja, gegen wen«. Dann führt Thatcher den Absatz an, gegen den er sich wendet:
   Trotzki, der die russische Revolution so oft durch das Prisma der französischen sah, musste sich dieser Analogie bewusst gewesen sein. ... Er muss sich selbst in einer Rolle gesehen haben, die unter Umständen an Danton hätte erinnern können, während Lenin eine ähnliche Rolle wie Robespierre spielte. Es war so, als ob sich einen Augenblick lang zwischen ihn und Lenin der Schatten der Guillotine gestellt hätte ... Diese Erwägung war in Trotzkis Augen entscheidend. Um das Gespenst der Guillotine zu bannen, opferte er in außerordentlicher Weise Grundsätze und persönliche Ambitionen. (Thatcher, S. 16)
   Stellt man das von Thatcher gewählte Zitat dem betreffenden Absatz in Deutschers Biografie gegenüber, zeigt sich sofort, dass der Vorwurf, Deutscher gleite ins Fiktive ab, völlig unangebracht ist. Deutscher stellt klar, dass er zu einer Analogie griff, um eine komplizierte politische Streitfrage zu erhellen. Seine Rekonstruktion dessen, was Trotzki in dieser Situation gedacht haben mochte (sein Dissens mit Lenin in der Frage, ob Sowjetrussland die deutschen Friedensbedingungen in Brest-Litowsk akzeptieren sollte) bewegt sich

In Swains Biografie wird sehr deutlich, was die Antipathie der beiden Professoren gegen Deutschers Trilogie zu bedeuten hat. Im Ton des Anklägers schreibt Swain:»Deutscher hat den Trotzki-Mythos hingenommen und sogar gefördert, die Auffassung nämlich, er sei ›der beste Bolschewik‹ gewesen: Zusammen hätten Lenin und Trotzki die Oktoberrevolution durchgeführt, und Trotzki, unterstützt von Lenin, habe Stalin seit Ende 1922

durchaus im Rahmen der Geschichtsschreibung, vor allem weil Deutscher deutlich machte, dass dieser Rekonstruktion etwas Spekulatives anhafte. Die Passagen, die Thatcher unterschlägt, sind kursiv gekennzeichnet:

Eine gewisse Analogie zu der Situation, die sich wahrscheinlich ergeben haben würde, wenn Trotzki anders gehandelt hätte, lässt sich in dem dreiseitigen Kampf finden, der zwischen der Kommune von Paris, Danton und Robespierre während der französischen Revolution entstand. 1793 trat die Kommune (und Anacharsis Cloots) gleich Bucharin und den linken Kommunisten später, für den Krieg gegen alle antirevolutionären Regierungen Europas ein. Danton befürwortete einen Krieg gegen Preußen und ein Abkommen mit England, wo er mit Fox als Amtsnachfolger Pitts rechnete. Robespierre drängte den Konvent, gegen England zu kämpfen; er war bestrebt, mit Preußen ins Reine zu kommen. Danton und Robespierre schlossen sich gegen die Kommune zusammen, entzweiten sich aber, nachdem sie unterdrückt war. Der Streit wurde durch die Guillotine beigelegt.

Trotzki, der die russische Revolution so oft durch das Prisma der französischen sah, musste sich dieser Analogie bewusst gewesen sein. *Er mag sich an den bemerkenswerten Brief von Engels an Viktor Adler erinnert haben, in dem alle ›Erschütterungen‹ der französischen Revolution durch die Wechselfälle des Kriegs und die in ihrem Gefolge auftretenden Streitigkeiten erklärt werden.* Er muss sich selbst in einer Rolle gesehen haben, die unter Umständen an Danton hätte erinnern können, während Lenin eine ähnliche Rolle wie Robespierre spielte. Es war so, als ob sich einen Augenblick lang zwischen ihn und Lenin der Schatten der Guillotine gestellt hätte. *Das heißt nicht, dass Trotzki bei dem Konflikt, wenn er ausgebrochen wäre, unbedingt, wie Danton, der Verlierer gewesen wäre; oder dass Lenin, gleich Robespierre, Neigungen gezeigt hätte, eine innere Parteistreitigkeit mit Hilfe der Guillotine beizulegen. Hier versagt uns die Analogie ihre Dienste. Es war klar, dass die Kriegspartei, falls sie Oberwasser gehabt hätte, zur Unterdrückung ihrer Gegner gezwungen gewesen wäre – sie hätte sonst ihrer Aufgabe nicht erledigen können. Eine friedliche Lösung der Krise war nur unter der Herrschaft der Friedensanhänger möglich, die es sich besser leisten konnten, die Opposition zu tolerieren.* Diese Erwägung war in Trotzkis Augen entscheidend. Um das Gespenst der Guillotine zu bannen, opferte er in außerordentlicher Weise Grundsätze und persönliche Ambitionen. (Isaac Deutscher, Der bewaffnete Prophet. Stuttgart, 1962, S. 369 f.)

konsequent infrage gestellt, um die Revolution vor ihrer bürokratischen Entartung zu bewahren. Diese Version der Ereignisse
stellt Trotzki als Erben Lenins dar.«[28]

Ein »Mythos« ist, nach der Definition des Webster-Wörter-
buchs, »eine unbegründete oder falsche Vorstellung«. Doch alle
Punkte, die Swain als Bestandteile des von Deutscher propagier-
ten »Trotzki-Mythos« anführt, stützen sich auf Tatsachen, belegt
durch Dokumente, aus denen zahlreiche Historiker im Lauf des
letzten halben Jahrhunderts immer wieder zitiert haben. Während
Swain andeutet, Deutscher verschwöre sich gegen die historische
Wahrheit (er habe »den Trotzki-Mythos hingenommen und sogar
gefördert«), besteht sein wirkliches Ziel darin, historische Arbeiten
zu diskreditieren, welche – wie die Deutschers und vieler anderer – Jahrzehnte stalinistischer Fälschungen zerpflückt haben.
Gesicherte Fakten über Trotzkis Leben werden in einer Art litera-
rischem Standgericht abgeurteilt und zu bloßen »Mythen« erklärt.
Swain und Thatcher liefern keinerlei faktische Beweise, die einer
ernsthaften Prüfung standhalten, um ihr Pauschalurteil zu stützen.
Mit ihren Pseudo-Biografien wollen sie Trotzki wieder den Platz
in der Geschichte zuweisen, den er hatte, bevor die Arbeiten von
Deutscher oder E. H. Carr veröffentlicht wurden – in der schwär-
zesten Periode zur Zeit der stalinschen Schule der Fälschung.

Berufung auf Autoritäten

Untersuchen wir nun die Methode, die die beiden Professoren
anwenden, um gesicherte historische Fakten in Zweifel zu ziehen. Zu den bevorzugten Mitteln von Swain und Thatcher gehört
es, eine unhaltbare und provokative Aussage über Trotzki zu
machen, die im Gegensatz zu allen gesicherten Tatsachen steht,
und dann ein Zitat aus dem Werk eines anderen Autors als Beleg
anzuführen. Die Leser erfahren keine neuen Fakten, die Swains
und Thatchers Behauptung beweisen. Ihnen wird lediglich gesagt,
die Behauptung stütze sich auf das Werk eines anderen Autors.

Swain beispielsweise verkündet, er habe

---

28 Swain, S. 1.

in starkem Maß die Arbeiten anderer Wissenschaftler herangezogen. Ian Thatcher hat den Trotzki von vor 1917 wiederentdeckt und auch deutlich aufgezeigt, wie wenig Verlass manchmal auf Trotzkis eigene Schriften ist. James White hat die Beziehung zwischen Trotzki und Lenin im Jahr 1917 völlig neu bewertet und dabei gezeigt, dass die Vorstellungen, die diese beiden Männer vom Aufstand hatten, völlig unterschiedlich waren. Eric van Ree hat die Auffassung, Trotzki sei Lenins Erbe gewesen, gründlich widerlegt. Richard Day hat schon vor über dreißig Jahren überzeugend nachgewiesen, dass Trotzki, weit davon entfernt Internationalist zu sein, fest von der Möglichkeit überzeugt war, der Sozialismus könne in einem Land aufgebaut werden. Umstrittener ist die von Nikolai Walentinow vor beinahe fünfzig Jahren vertretene These, dass Trotzki 1925 keinesfalls Gegner von Stalin, sondern mit ihm im Bunde war; Walentinows Behauptung eines bei einem geheimen Treffen geschlossenen Pakts konnte nicht nachgewiesen werden, doch anderes Beweismaterial legt nahe, dass es eine Zeit versuchter Zusammenarbeit gab.[29]

Was uns hier präsentiert wird, nennt man die Berufung auf Autoritäten. Diese Berufung ist aber nur insoweit vertretbar, wie die Autoritäten glaubwürdig sind. Im speziellen Fall ist die Frage nicht einfach dadurch gelöst, dass man Thatcher, White, Van Ree, Day und Walentinow als Quellen nennt. Wir müssen mehr über sie erfahren, über ihr Werk und das Material, auf dessen Basis sie zu ihren Schlussfolgerungen gelangt sind. Auch müssen wir wissen, ob sie die Standpunkte, die ihnen zugeschrieben werden, auch tatsächlich vertreten haben. Wir werden noch sehen, dass gerade diese Frage von besonderer Bedeutung ist, denn wenn wir uns mit dem Werk von Swain und Thatcher befassen, können wir wirklich gar nichts als selbstverständlich voraussetzen.

Was Swains Verweis auf Professor James White von der Universität Glasgow angeht, so gehört dieser – für alle, die mit seiner Arbeit vertraut sind – wohl kaum zu den Historikern, deren

29 Swain, S. 1 f.

Urteile zum Thema Trotzki als maßgeblich oder überhaupt als glaubwürdig akzeptiert werden können.[30]

Zu van Ree, den Thatcher bevorzugt als Quelle heranzieht, lässt sich sagen, dass man sich seinen Schriften zu geschichtlichen Fragen mit Vorsicht, besser noch mit Schutzmaske nähern sollte. Als Ex-Maoist, der inzwischen ein leidenschaftlicher Antikommunist geworden ist, gab er vor nicht langer Zeit in einem Buch mit dem Titel »Wereldrevolutie: De communistische beweging van Marx tot Kim Jong Il« folgende Einschätzung Lenins und Trotzkis zum Besten:

Nimmt man aber alles zusammen, so waren auch sie Schurken und standen an der Spitze von politischen Verbrecherbanden. Sie fanden Vergnügen daran, Bürgerkrieg zu führen. Sie verkündeten den Roten Terror, weil sie sich selbst für Darsteller in einem grandiosen Drama der Geschichte hielten. Sie hatten den Vorteil, dass man ihnen zu wiederholen erlaubte, woran Maximilian de Robespierre scheiterte, und sie waren entschlos-

30 Professor James White lehrt seit vielen Jahren an der Universität Glasgow und hat Thatcher stark beeinflusst. White hat sich große Mühe gegeben, Stalin zu rehabilitieren und Trotzki zu diskreditieren. In seinem Eifer, Trotzkis Bedeutung herunterzuspielen, scheint es bisweilen, als wolle er sich zum Clown machen, so mit der Behauptung in einem seiner unsäglichen Artikel, den er in seinem kurzlebigen »Journal of Trotsky Studies« (Mitherausgeber: Ian Thatcher) veröffentlichte, dass in der entscheidenden Nacht des Oktoberaufstands 1917 Trotzki nichts Wichtiges getan habe. »Während also andere Mitglieder des Revolutionären Militärkomitees sich in der einen oder andern Form an den revolutionären Aktionen beteiligten, blieb Trotzki mit Kamenew (der gegen den Aufstand war) zurück, um das Telefon zu bedienen.« (Jg. 1, 1993, S. 18). So beschrieb Professor White das Handeln des wichtigsten Strategen und Führers des Aufstands.

White hat auch immer wieder behauptet, und dabei eine gesicherte historische Tatsache missachtet, die politische Linie Stalins gegenüber der provisorischen Regierung im März 1917 habe sich mehr oder weniger mit jener gedeckt, die Lenin vertrat, als er im April nach Russland zurückkehrte. Zur speziellen Frage der Beziehung Trotzki-Lenin im Jahr 1917 ist seit langem bekannt, und auch Trotzki berichtet in seiner Biografie aus dem Jahr 1929 darüber, dass es zwischen den beiden wichtigsten Führern der bolschewistischen Partei über die Ausführung des Aufstands unterschiedliche Standpunkte gab. Die Differenzen bezogen sich auf die Taktik, nicht auf die »Vision«.

sen, dieses Mal niemanden am Leben zu lassen, der ihnen einmal zum Verhängnis werden könnte. Lenin und Trotzki waren stolz darauf, dass sie sich nicht ein Jota um Demokratie oder Menschenrechte kümmerten. Sie genossen es, ihre Brutalität auszuleben.[31]

Selbst wenn man den überhitzten Ton weglässt, kann keine dieser Behauptungen als Beispiel für ein nüchternes geschichtliches Urteil gelten. Professor van Ree ist offensichtlich ein sehr zorniger Mann mit vielen schlechten politischen Erfahrungen. Für ein maßgebliches Urteil über die Beziehung Lenin-Trotzki ist er nicht qualifiziert. Dennoch will ich darauf hinweisen, dass nach van Rees Darstellung in dem oben zitierten Werk Lenin und Trotzki Komplizen waren, die die gleiche verbrecherische Weltsicht teilten. Wie konnte van Ree mit einer solchen Ansicht »die Auffassung widerlegen, dass Trotzki Lenins Erbe [war]«? In einer Diskussion über die Beziehung zwischen Lenin und Trotzki hat das Wort »Erbe« überdies mehr eine politische als eine juristische Bedeutung. Ob Trotzki als Lenins »Erbe« betrachtet werden sollte oder nicht, gehört zu den Fragen, über die Historiker vermutlich noch Jahrzehnte streiten werden. Sie kann bestimmt nicht in einem Aufsatz abschließend geklärt werden, selbst nicht von einem Historiker, der über wesentlich mehr Begabung, Wissen, Einsicht und Urteilsvermögen verfügt als Herr van Ree. Wenn Swain behauptet, van Ree habe »die Auffassung widerlegt, Trotzki sei Lenins Erbe gewesen«, so beweist dies nur, dass Swain die komplexen historischen, politischen, gesellschaftlichen und theoretischen Fragen nicht genügend durchdacht hat, die eine ernsthafte Untersuchung der Beziehung zwischen Lenin und Trotzki aufwirft.

Sehen wir uns nun an, wie Swain unter Berufung auf Professor Richard B. Day seine eigene provokative These erhärten will, dass Trotzki, »weit davon entfernt, Internationalist zu sein, fest von der Möglichkeit überzeugt war, der Sozialismus könne in einem Land aufgebaut werden«. Ich gebe gerne zu, dass ich mei-

---

31   http://www.nlpvf.nl/docs/VanRee_WorldRevolution_screen.pdf, S. 25.

nen Augen nicht trauen wollte, als ich sah, dass Professor Day als maßgebliche Quelle einer so haarsträubenden Aussage zitiert wurde. Anders als die Herren, über die ich mich bereits geäußert habe, ist Professor Day ein herausragender und anerkannter Historiker, der sich seit vielen Jahren auf seriöse Weise mit den Auseinandersetzungen in den 1920er-Jahren innerhalb der sowjetischen Regierung über Fragen der Wirtschaftspolitik befasst. Insbesondere hat er die Schriften von Jewgeni Preobrashenski einer ernsthaften Analyse unterzogen und bedeutende Meinungsverschiedenheiten innerhalb der Linken Opposition zu wichtigen Fragen der Wirtschaftstheorie und -politik aufgedeckt.

Swain verzerrt und fälscht Day, wenn er auf ihn verweist. In dem von Swain zitierten Buch »Leon Trotsky and the Politics of Economic Isolation« verwendet Day bestimmte Formulierungen, die nahelegen, dass Trotzki die Möglichkeit des Sozialismus in einem Land nicht ausschloss. Jedoch lehnte Trotzki die Konzeption Stalins ab, dass dies auf der Basis von Autarkie erreicht werden könne. Days Erörterung der Position Trotzkis über den »Sozialismus in einem Land« muss man im Zusammenhang mit der Darstellung der Debatte über die Wirtschaftspolitik der Sowjetregierung in dem Buch von Day lesen. Doch Swain greift sich einige nicht ganz eindeutige Sätze Days auf den ersten Seiten des Buchs heraus und verfälscht im Folgenden den Kern der Analyse von »Leon Trotsky and the Politics of Economic Isolation«. Days Argumentation mag zu kurz greifen, doch nichts in seinem Buch stützt Swains Behauptung, Trotzki sei kein Internationalist gewesen.[32]

---

32 Eine Beschäftigung mit Days Argumenten würde eine detaillierte Auseinandersetzung erfordern. Seine These lässt sich nicht auf einen einfachen Satz reduzieren. Day behauptet nirgends, es gebe eine Ähnlichkeit zwischen dem »Sozialismus in einem Land«, wie er in Stalins Programm Ausdruck fand, und Trotzkis Auffassung, dass ein sozialistischer *Aufbau* in der UdSSR möglich sei, solange dieser Aufbau die Notwendigkeit der Verbindung mit dem Weltmarkt anerkenne und sich auf eine korrekte internationale revolutionäre Politik stütze. Day bezeichnet Stalins Bemühungen zur Verteidigung eines Wirtschaftsnationalismus als »vollkommenen Unsinn«, der in einem demoralisierten politischen Umfeld akzeptiert wurde, »in dem die Partei getäuscht werden wollte«. Es sei Stalin gelungen, durch die »geschickte Anordnung von Zitaten einer Auffassung eine gewisse juristische Raffinesse zu verleihen, die sonst als verachtenswürdiger Schwindel abgetan worden

Es handelt sich um eine krasse Verfälschung der Auffassungen des Buchs »Leon Trotsky and the Politics of Economic Isolation«.[33]

Ich möchte meine Zeit nicht mit damit vergeuden, Swains Verweis auf Walentinow zu entkräften, ein alter Menschewik und erbitterter Gegner Trotzkis. Swain führt nicht einmal ein Zitat von Walentinow an. Für seine Behauptung führt er keinerlei Belege an. Zu Walentinows Geschichte »eines bei einem geheimen Treffen geschlossenen Pakts« sagt Swain selbst, dass »sie nicht nachgewiesen werden [konnte]«, also eine Erfindung war. Doch warum erwähnt Swain sie dann überhaupt?

»Rhetorischer Internationalismus«

Dass Swain Quellen heranzieht, von denen er selbst sagt, sie seien unzuverlässig, kennzeichnet seine zynische Haltung gegenüber geschichtlichen Tatsachen. Er hat keine Skrupel, Behauptungen aufzustellen, die allem, was über Trotzkis Leben bekannt und

---

wäre.« (Leon Trotsky and the Politics of Economic Isolation. Cambridge, 1973, S. 100 f.). Mit diesem letzten Satz ist Stalins Vorgehensweise wohl zutreffend beschrieben.

33   Dies ist nicht nur meine eigene subjektive Meinung. Nach der Lektüre von Swains verfälschter Darstellung des Themas kontaktierte ich Professor Day in Kanada und machte ihn auf diese Sache aufmerksam. In einer E-Mail vom 13. März 2007 zitierte ich die entscheidende Stelle aus Swains Biografie und fragte Professor Day, ob er davon wisse. Ich fügte hinzu, das Zitat von Swain »kommt mir vor wie eine grobe Verzerrung Ihres Standpunkts in ›Leon Trotsky and the Politics of Economic Isolation‹. Nach meinem Verständnis war für Sie die entscheidende Frage im innerparteilichen Kampf um die Wirtschaftspolitik, ob der Sozialismus in einem isolierten Land aufgebaut werden könne. In dieser entscheidenden Frage war die Position Trotzkis – wie Sie immer wieder betont haben – den Konzeptionen Preobrashenskis, von Stalin ganz zu schweigen, diametral entgegengesetzt.«
Professor Day antwortete mir am gleichen Tag und schrieb: »Sie haben völlig Recht, was meine Auffassung betrifft.« Dann fügte er hinzu: »Es ist ja schon so viel Müll über Trotzki geschrieben worden, und dass Professor Swain diese Müllhalde noch größer macht, finde ich betrüblich. Ich kann überhaupt nicht nachvollziehen, wie irgendjemand über Trotzki sagen kann, er sei nicht durch und durch ›Internationalist‹ gewesen. Eine atemberaubende Fehldeutung der historischen Ereignisse.«

dokumentiert ist, widersprechen. Er erklärt uns, dass »Trotzki an die Weltrevolution glaubte, doch nicht mehr und nicht weniger als jeder andere Bolschewik, und wie bei allen anderen Bolschewiki war dieser Glaube mehr rhetorischer Natur«.[34] Wenn es nach Swain geht, bestand also kein Unterschied zwischen der Bedeutung, welche die Perspektive der Weltrevolution im Lebenswerk Trotzkis hatte, und dem Denken und Handeln von Molotow, Woroschilow und Stalin! Wo soll man bloß anfangen, um eine derartige Absurdität zu widerlegen?

Die Leser sollen glauben, dass die politischen Auffassungen, die Trotzkis politisches Handeln über einen Zeitraum von fast vierzig Jahren bestimmten und die sich in zahllosen Reden und Tausenden von Seiten an verfassten Dokumenten niedergeschlagen haben, nichts weiter seien als Imponiergehabe, ohne ernsten geistigen, emotionalen und moralischen Gehalt. Alles war nur politische Trickserei, die Tarnung von im Wesentlichen nationalistischen Absichten im Zusammenhang mit dem fraktionellen Machtkampf, den Trotzki in der Sowjetunion führte. Swain schreibt:

Seine Kritik an der fehlgeschlagenen deutschen Revolution von 1923 sollte nur einen Angriff auf seine damaligen innenpolitischen Gegner Sinowjew und Kamenew kaschieren. So verhielt es sich auch mit seinen Schriften über den britischen Generalstreik, wenn auch seine Gegner in diesem Fall Bucharin und Stalin waren. Auch sein begeistertes Eintreten für China 1927 war im Wesentlichen innenpolitisch motiviert … Erst in der Emigration, 1933, als er die Konzeption des Thermidors aufgegeben hatte, beschäftigte er sich näher mit dem Gedanken, wie das Wiederaufleben der Arbeiterbewegung in Europa einen günstigen Einfluss auf die Sowjetunion ausüben und die Entartung des Arbeiterstaats aufhalten könne. Dann wurde der Internationalismus zum Mittelpunkt seines Wirkens.[35]

34   Swain, S. 2.
35   Swain, S. 3.

Swain geht offenbar davon aus, dass seine studentischen Leser über die behandelten Ereignisse und Fragen keinerlei Kenntnisse haben. Er legt keine Tatsachen vor, um seine Schlussfolgerung zu stützen. Ebenso wenig versucht er, seine Thesen durch die Analyse der Schriften Trotzkis zu belegen. Dieses grobe Versäumnis widerspiegelt sein generelles Desinteresse an Trotzki als Schriftsteller. Swain weist seine Leser eigens darauf hin, dass seine Biografie das »großartige« Werk von Professor Baruch Knei-Paz »The Social and Political Thought of Leon Trotsky« nicht berücksichtigt. Er räumt ein, dass dies Trotzki-Experten überraschen mag, verteidigt dieses Versäumnis aber damit, dass Knei-Paz den Schriften Trotzkis größere Bedeutung beimesse, als ihnen zukomme.

> Knei-Paz stellt Trotzkis Schriften nach bestimmten Themen zusammen, bringt frühere und spätere Aufsätze in eine zusammenhängende Darstellung; diese Herangehensweise macht aus Trotzki einen weitaus größeren Denker, als er wirklich war. Trotzki schrieb extrem viel, und als Journalist schrieb er gern über Themen, von denen er sehr wenig wusste.[36]

Wenn ein Historiker ein derart pauschales Urteil abgibt, sollte man erwarten, dass er seine Behauptung untermauert. Swain hätte sie beweisen sollen, indem er auf bestimmte Essays oder Artikel

---

36 Ebd. Dass Swain das Werk von Knei-Paz völlig unberücksichtigt lässt, zeigt, dass er mit seiner Biografie unlautere Absichten verfolgt. Er kann keine sinnvolle Verwendung finden für das Werk von Knei-Paz, das von der Erkenntnis ausgeht, dass Trotzki ein wichtiger politischer Denker und eine bedeutende Erscheinung im europäischen Kulturleben des 20. Jahrhunderts war. Für Knei-Paz war Trotzki nicht nur »der Inbegriff eines Revolutionärs in einem Zeitalter, dem es an revolutionären Persönlichkeiten nicht gemangelt hat«. Trotzkis »Leistungen auf dem Gebiet der Theorie und Ideen sind in vielerlei Hinsicht nicht weniger erstaunlich: Er gehörte zu den Ersten, die die Entstehung von gesellschaftlichen Veränderungen in rückständigen Gesellschaften des 20. Jahrhunderts analysierten, und er gehörte auch zu den Ersten, die versuchten, die politischen Folgen zu erklären, die sich fast zwangsläufig aus solchen Veränderungen ergaben. Er war sein ganzes Leben lang ein äußerst produktiver Schriftsteller, und der politische Denker in ihm war ebenso ein integraler Bestandteil seiner Persönlichkeit wie der besser bekannte Mann der Tat.«

aufmerksam machte, an denen Trotzkis mangelnde Kenntnis der von ihm behandelten Themen zum Vorschein kam. Swain liefert kein einziges Zitat zur Begründung seines Arguments, sondern fährt in derselben Art fort. »Trotzki konnte wunderbar schreiben, doch er war kein Philosoph.«[37] Das hat Trotzki allerdings auch nie behauptet. Ungeachtet dessen war er in der Lage, die sozialen, politischen und ökonomischen Realitäten seiner Zeit tiefgründiger und genauer zu erfassen als die Philosophen seiner Generation. Wer verstand den Charakter des Imperialismus und Faschismus des zwanzigsten Jahrhunderts besser: Martin Heidegger, der sich offen zu Hitler bekannte, oder Trotzki? Wer verstand klarer, warum die Fabier in Großbritannien mit ihrem Reformismus Schiffbruch erlitten: Bertrand Russell oder Trotzki?[38]

Ein ehrlicherer und fähigerer Historiker hätte bei der Analyse von Trotzkis Rang als Schriftsteller vielleicht den folgenden Auszug aus den Tagebüchern des großen deutschen Literaturkritikers Walter Benjamin erwähnt: »3. Juni 1931 ... Am Abend vorher Gespräch mit Brecht, Brentano, Hesse im Café du Centre. Die Rede kommt auf Trotzki; Brecht meint, es ließe sich mit gutem Grund behaupten, dass Trotzki der größte lebende Schriftsteller von Europa wäre.«[39] Man kann nur spekulieren, was Swain, wäre er zugegen gewesen, zu dieser Unterhaltung im Café du Centre beigetragen hätte. »Kann sein, Bertolt. Aber ein Philosoph ist Trotzki nicht!«

Beim Durcharbeiten der gesamten Biografie muss man immer wieder über die Gleichgültigkeit staunen, die Swain gegenüber Trotzkis Schriften an den Tag legt. Viele seiner wichtigsten Werke werden kaum erwähnt oder gänzlich ignoriert. Zwar räumt Swain die entscheidende Rolle Trotzkis beim Sieg der Roten Armee im Bürgerkrieg ein, übergeht aber seine wichtigen Schriften zur Militärtheorie. Dies ist eine wichtige Auslassung, denn viele der

---

37 Swain, S. 3.
38 Trotzki schrieb sehr wohl viele glänzende Essays über die Philosophie des dialektischen Materialismus. Doch Swain schweigt sich darüber aus, und er zeigt auch nicht das geringste Interesse an der philosophischen Methode Trotzkis, die in seinen Schriften zum Ausdruck kommt.
39 Benjamin, Schriften, Bd. 6., S. 432.

in späteren Jahren auftauchenden politischen und theoretischen Differenzen zwischen Trotzki und der Stalin-Fraktion waren in den früheren Konflikten über die Militärpolitik bereits vorweggenommen.[40] Trotzkis außergewöhnliche Manifeste und Reden, die er für die ersten vier Kongresse der Kommunistischen Internationale (1919–1922) schrieb, erwähnt Swain nicht einmal. Ebenso unterschlägt er Trotzkis weitsichtige Analyse in Bezug auf den Aufstieg des amerikanischen Imperialismus zur Weltmacht und die künftige Entwicklung der Beziehung zwischen den USA und einem im Niedergang befindlichen und abhängigen Europa. Das hindert Swain aber nicht daran, auch noch großspurig zu verkünden, dass Trotzki »absolut kein Verständnis hinsichtlich der europäischen Politik hatte«.[41] Ebenso gut könnte man sagen, Einstein hätte kein Verständnis von Physik gehabt! Solche lächerlichen Behauptungen dienen nur einem Zweck: das Gehirn von Studenten, die mit Trotzkis Leben und mit der geschichtlichen Periode, in der er lebte, nicht vertraut sind, mit absurden und irreführenden Vorstellungen zu füllen.

Swains Versuch, Trotzki in einen begeisterten Befürworter des stalinistischen Programms des »Sozialismus in einem Land« umzudeuten, stellt eine groteske Verzerrung und Verfälschung

---

40 Swain schreibt Trotzki zwar das Verdienst für den Sieg der Roten Armee im Bürgerkrieg zu, bezeichnet und analysiert aber nicht die Aspekte seiner militärischen Führungsrolle, die entscheidend für den Sieg der revolutionären Streitkräfte waren. Dem interessierten Leser, der Trotzkis Entwicklung als Militärtheoretiker und revolutionärer Heerführer ernsthaft studieren will, sei das kluge Werk von Oberst Harold Walter Nelson »Leon Trotsky and the Art of Insurrection« (London, 1988) empfohlen. Militärexperte Nelson (Lehrender am US Army War College) liefert eine durchwegs objektive und professionelle Darstellung von Trotzkis Heranreifen zu einer bedeutenden Figur der Militärgeschichte. Nelson konzentriert sich auf den Zeitraum zwischen 1905 und 1917, und Trotzki erscheint in seiner Darstellung als »authentischer revolutionärer General, der entscheidende revolutionäre Aktionen leiten und koordinieren kann. Er gelangt zu einem Verständnis der Probleme des bewaffneten Konflikts, welche die Revolution lösen muss, er gewinnt eine Einschätzung der Mittel, die der Revolution zur Lösung der Probleme zur Verfügung stehen, er entwickelt Pläne, diese Mittel optimal zu nutzen, und er erkennt die Faktoren, die die Männer motivieren, die für den revolutionären Sieg kämpfen müssen.« (S. 4, aus dem Englischen)

41 Swain, S. 195.

der wirklichen Ansichten Trotzkis dar. Swain macht Lenin als Urheber dieser Theorie aus und merkt an, dass Stalin in seiner Rede, in der er das neue Programm bekannt gab, ein Zitat aus einem Artikel Lenins aus dem Jahr 1915 anführte. Swain unterschlägt, dass Stalin dieses Zitat aus dem Zusammenhang riss und im Sinne seiner Absichten die unzähligen Äußerungen Lenins ignorierte, in denen dieser mit Nachdruck hervorhob, das Schicksal des Sozialismus in Russland hinge von der Weltrevolution ab. Noch schwerer wiegt, dass Swain, ob aus Unwissen, Unverständnis oder vorsätzlich, Leo Trotzkis Ansichten verfälscht. Swain geht auf eine Artikelserie Trotzkis aus dem Jahr 1925 ein, die unter dem Titel »Kapitalismus oder Sozialismus?« erschien, und behauptet, die Logik darin sei »eindeutig: Sozialismus in einem Land ist möglich, wenn eine richtige Wirtschaftspolitik betrieben wird und der Staat in zunehmendem Maße in die Wirtschaft investiert«.[42]

Wenn man die Möglichkeit, mit dem Aufbau des Sozialismus in der UdSSR zu beginnen (was Trotzki befürwortete und wozu er ermutigte), gleichsetzt mit der langfristigen Lebensfähigkeit einer sowjetischen Form des Nationalismus (was Trotzki ausdrücklich ablehnte), werden der theoretische Inhalt und die politischen Implikationen der Debatte über die Wirtschaftspolitik schlichtweg unverständlich. Selbst in »Kapitalismus oder Sozialismus?«, verfasst im Jahre 1925, als er die Auswirkungen des nationalistischen Schwenks in den theoretischen Grundlagen der sowjetischen Wirtschaftspolitik noch analysierte, warnte Trotzki ausdrücklich davor, dass bei einem Weiterbestehen des Weltkapitalismus über eine lange Periode »der Sozialismus in einem rückständigen Land unmittelbar mit den größten Gefahren konfrontiert wäre«.[43] Im September 1926 erklärte Trotzki, »die Linke Opposition ist vollständig vom Sieg des Sozialismus in unserem Land überzeugt, nicht weil sich unser Land aus der Weltwirtschaft herauslösen kann, sondern weil der Sieg der proletarischen

---

42   Swain, S. 160.
43   Leo Trotzki, Schriften 3.1, Linke Opposition und IV. Internationale 1923–1926. Hamburg, 1997, S. 439.

Revolution auf der ganzen Welt gewiss ist«.[44] Der Sozialismus konnte also in Russland aufgebaut werden, wenn die Arbeiterklasse durch revolutionäre Kämpfe in anderen Ländern die Macht eroberte. Trotzkis Rede vor der Fünfzehnten Parteikonferenz am 1. November 1926 stellte einen Generalangriff auf die Perspektive des nationalen Sozialismus dar.[45] Swain geht natürlich darüber hinweg, wie auch über andere entscheidende Texte, die man untersuchen muss, will man sich mit dem Thema »Sozialismus in einem Land« angemessen auseinandersetzen.

Swain über 1923

Swains Behandlung des so wichtigen Beginns von Trotzkis Kampf gegen die Degeneration der sowjetischen Kommunistischen Partei kommt einer Verteidigung der entstehenden stalinistischen Fraktion gegen die Kritik Trotzkis gleich. In diesem Zusammenhang ist besonders bezeichnend, dass Swain sich vehement gegen einen Brief und eine Reihe von Artikeln wendet, die Trotzki Anfang Dezember 1923 unter dem Titel »Der Neue Kurs« verfasste. Swain schreibt:

In der programmatischen Schrift »Der Neue Kurs«, geschrieben am 8. Dezember und am 11. Dezember 1923 nach einigen Querelen in der »Prawda« veröffentlicht, prangerte Trotzki die zunehmend bürokratische Führung der Partei an und behauptete, die alte, etablierte Führung befinde sich im Konflikt mit einer jüngeren Generation. Mit einer weit hergeholten Parallele, wie es so seine Art war, verglich er die Situation in der bolschewistischen Führung mit jener Phase in der Geschichte der deutschen Sozialdemokratischen Partei, als die vormals radikalen Verbündeten von Marx und Engels beinahe unmerklich in eine neue Rolle schlüpften und die Väter des Reformismus wurden. Ein schönes Bild, doch Kamenew, Stalin und Sinowjew fanden ganz gewiss keinen Gefallen an der Andeu-

---

44   Leon Trotsky, The Challenge of the Left Opposition 1926–27. New York 1980, S. 106, aus dem Englischen.
45   Trotzki, Schriften 3.1., S. 542 f.

tung, nur Trotzki sei ein wahrer Revolutionär und sie nichts weiter als Reformisten.

Mit »Der Neue Kurs« beleidigte Trotzki nicht nur seine Kollegen im Politbüro, er verlieh ihnen auch, aus bolschewistischer Sicht, moralische Überlegenheit. Er hatte mit ihnen ein Übereinkommen getroffen und es nun gebrochen. So hatte er auch gegenüber Lenin gehandelt, als die Krise in der Brest-Litowsk-Frage am schärfsten war. Während der Debatte über die Gewerkschaften war er der Sinowjew-Kommission beigetreten, um dann zu erklären, er werde sich nicht an ihrer Arbeit beteiligen. Die Resolution über das Fraktionsverbot, die der Zehnte Parteikongress verabschiedet hatte, richtete sich ganz spezifisch gegen derartige Verhaltensweisen. Man konnte zwar unterschiedlicher Meinung darüber sein, ob Trotzkis Verhalten im Herbst 1923 schon als fraktionistisch gelten musste, doch »Der Neue Kurs« war ganz ohne Zweifel fraktionistisch. Trotzki hatte zuvor einem Kompromiss zugestimmt, dann gegen ihn verstoßen und dabei den revolutionären Ruf seiner Genossen im Politbüro in Frage gestellt.[46]

Swain berichtet hier nicht objektiv über die politischen Ursprünge, Fragen und Ereignisse im Zusammenhang mit dem Konflikt, der in der sowjetischen Kommunistischen Partei aufbrach, schon eher verteidigt er höchst parteilich die von Trotzki Kritisierten. Swains wütende Verweise auf Trotzkis Verhalten während der Brest-Litowsk-Krise 1918 und in der Gewerkschaftsdebatte 1920 lesen sich, als seien sie aus Stalins Reden abgeschrieben. Kamenew, Sinowjew und Stalin, erklärt uns Swain, »fanden ganz gewiss keinen Gefallen« an Trotzkis Kritik, als könne dies Trotzkis Argumente in »Der Neue Kurs« irgendwie entkräften.

Es ist, vorsichtig ausgedrückt, schon eigenartig, wenn ein Historiker im Jahr 2006 Trotzki »fraktionistisches« Verhalten vorwirft, weil er einen politischen Konflikt eröffnete, der sich als prägend für den weiteren Verlauf des zwanzigsten Jahrhunderts erwies. Swain, der den Vorteil des heutigen Wissensstands

---

46 Swain, S. 152.

hat, weiß, wohin sich die Dinge schließlich entwickelten. Aus der Unterdrückung der innerparteilichen Demokratie, wogegen Trotzki seinen Protest anmeldete, erwuchs letztendlich eine brutale totalitäre Diktatur, die Massenmord verübte. Trotzkis Kritik kränkte vielleicht das Ego von Kamenew und Sinowjew, doch das Schicksal, das die beiden Altbolschewiki dreizehn Jahre später durch Stalin erlitten, war weitaus schrecklicher. Und es ist geradezu unfassbar, wenn Swain Trotzkis Warnungen vor der Gefahr der politischen Degeneration in der älteren Generation von Bolschewiki als »weit hergeholt« verurteilt. Die Geschichte sollte auf tragische Weise zeigen, dass Trotzkis mit dem Hinweis auf das Beispiel der deutschen sozialdemokratischen Führer das Ausmaß der Tragödie, der die bolschewistische Partei entgegenging, eher unterschätzte als übertrieb.

Was den konkreten Vorwurf angeht, es sei unangebracht und fraktionistisch gewesen, »Der Neue Kurs« zu schreiben, so gründet er sich nicht auf eine ehrliche Wiedergabe der historischen Fakten. Swain lässt einfach unter den Tisch fallen, dass das Politbüro von einer geheimen Fraktion – Stalin, Sinowjew und Kamenew – beherrscht wurde, die nicht auf programmatischer Übereinstimmung basierte, sondern auf der gemeinsamen Entscheidung, Trotzkis politischen Einfluss zu untergraben. Trotzki arbeitete also in einem Politbüro, dessen Beratungen von Absprachen beeinträchtigt waren, die Stalin, Sinowjew und Kamenew untereinander und hinter den Kulissen getroffen hatten. Überdies war Trotzkis Brief vom 8. Dezember 1923 – er bildete eines von mehreren Dokumenten, die die Schrift »Der Neue Kurs« ausmachten – von einer prinzipiellen Haltung geprägt, wie E. H. Carr 1954 überzeugend darlegte.

Carr erklärte auch, dass das Triumvirat und Trotzki mit ganz unterschiedlichen Zielen und Kriterien an die Formulierung der Resolution über die Parteireform vom 5. Dezember 1923 herangingen. Für Stalin, Sinowjew und Kamenew war der eigentliche Inhalt der Resolution von zweit- oder gar drittrangiger Bedeutung. Ihr Interesse an einer Übereinkunft mit Trotzki war von rein taktischen Erwägungen im Machtkampf bestimmt. Angesichts der Opposition gegen die zunehmend bürokratischen und eigenmächtigen Methoden der Führung wollten die Mitglieder des Triumvirats einen offenen Bruch Trotzkis mit der Führung im Zentralkomitee verhindern, mindestens aber verzögern. Für Trotzki dagegen drehte sich die Resolution um ganz grundsätzliche Fragen. Carr wies auf den Unterschied zwischen Trotzki und seinen Gegnern hin. »Trotzki war gewohnt, dass Differenzen in der Partei durch Parteiresolutionen ausgefochten und beigelegt wurden, maß also einem Sieg auf dem Papier einen praktischen Wert bei, den die Resolution bei der neuen Konstellation in der Parteiführung nicht mehr hatte.«[47]

Der Historiker Robert V. Daniels bestätigt Carrs Einschätzung in seinem einflussreichen Buch »The Conscience of the Revolution«. Daniels erläutert die Abfolge der Ereignisse, die zu »Der Neue Kurs« führten, und schreibt: »Trotzki war sich der Feindseligkeit seiner Person gegenüber bewusst, die die Resolution nur schwach kaschierte, und strich in einem offenen Brief an eine Parteiversammlung am 8. Dezember heraus, was die Resolution für die Reform der Partei bedeute. Dieser Brief über den Neuen Kurs bekräftigte und erklärte in leidenschaftlichen Worten die Resolution vom 5. Dezember und hob besonders die Rolle der einfachen Parteimitgliedschaft bei ihrer Umsetzung hervor.«[48]

Völlig vergebens sucht man bei Swain eine Analyse der objektiven Prozesse, die der Verschärfung des politischen Konflikts zugrunde lagen. Er gibt praktisch keinerlei Einschätzung der Veränderungen, die durch die Neue Ökonomische Politik (NÖP) innerhalb der Sowjetunion stattfanden, und wie sich diese Veränderungen innerhalb der Partei widerspiegelten. Swain charakterisiert weder die politischen Eigenschaften noch das Denken der Gegner Trotzkis. Er untersucht nicht die Veränderung in der Zusammensetzung der Mitgliedschaft der bolschewistischen Partei, ebenso wenig das Phänomen der Bürokratisierung mit ihren so verheerenden Folgen für die bolschewistische Partei und die sowjetische Gesellschaft.

---

47 Ebd. S. 313.
48 The Conscience of the Revolution: Communist Opposition in Soviet Russia. New York, 1960, S. 223, aus dem Englischen.

Swain über Trotzkis letztes Exil

Nur 25 Seiten widmet Swain den letzten zwölf Jahren von Trotzkis Leben. Diese Darstellung als oberflächlich zu charakterisieren, wäre ein Kompliment. Das katastrophalste Ereignis in der europäischen Geschichte nach dem ersten Weltkrieg, die Machtübernahme Hitlers und seiner Nazi-Partei in Deutschland, fällt fast völlig unter den Tisch. Swain geht nicht auf die Beziehung zwischen diesem Ereignis und der wichtigsten politischen Entscheidung ein, die Trotzki in seinem letzten Exil traf: Er rief auf zur politischen Revolution in der UdSSR und zur Gründung der Vierten Internationale. Swain erwähnt kurz, dass Trotzki nach seiner Ausweisung aus der UdSSR, als er 1929 in Prinkipo ankam, seine Anhänger aufforderte, in der Kommunistischen Internationale zu bleiben, und schreibt dann: »1933 hatte er seine Meinung geändert ...«[49] Das welterschütternde Ereignis, das diese Veränderung in der politischen Linie veranlasste – Hitlers Machtübernahme als Ergebnis des Verrats der Kommunistischen Internationale und ihrer deutschen Sektion – findet keine Erwähnung. Wir erfahren nicht, wie Swain Trotzkis Schriften über die Krise in Deutschland bewertet. Man vergleiche nur einmal das fast völlige Schweigen von Swain zu diesem Thema und E. H. Carrs Ausführungen zu Trotzkis Bemühungen, die deutsche Arbeiterklasse angesichts der Gefahr des Faschismus aufzurütteln. In seinem letzten Werk, »Twilight of the Comintern«, schätzte Carr Trotzkis Schriften über die Krise in Deutschland von 1931–1933 als so bedeutsam ein, dass er ihnen einen eigenen Anhang widmete: »Trotzki schrieb während der Periode von Hitlers Aufstieg zur Macht so beharrlich und so überwiegend weitsichtige Kommentare über die Entwicklung in Deutschland, dass die Erinnerung daran gewahrt bleiben muss.«[50]

Ähnlich tut Swain auch die Moskauer Prozesse und die anschließenden Säuberungen mit wenigen Sätzen ab, behandelt sie viel knapper als die kurze persönliche Beziehung Trotzkis zu Frida Kahlo in Mexiko. Trotzkis wichtigste politische Abhandlung,

---

49 Swain, S. 194.
50 E. H. Carr, Twilight of the Comintern. New York, 1982, S. 433, aus dem Englischen.

»Verratene Revolution«, wird in einem Satz erwähnt. Seine leiden-schaftlichen Artikel zur spanischen Revolution, in denen er davor warnte, die stalinistische Politik der Volksfront ebne den Weg für Francos Sieg, tauchen in Swains Buch gar nicht auf, auch nicht das »Übergangsprogramm«, das Gründungsdokument der Vierten Internationale. Swain ignoriert auch die letzte große polemische Arbeit Trotzkis über den Charakter der UdSSR. Er beschließt seine Biografie mit der Äußerung, für Trotzki wäre es besser gewesen, nach der Oktoberrevolution von 1917 aus der Politik auszustei-gen und sich ausschließlich dem Journalismus zu widmen. Dann hätte Trotzki sicherlich, wie Swain uns bereits erklärt hat, »über Themen schreiben [können], von denen er sehr wenig wusste«.

3. Thatchers Methode der Geschichtsfälschung

Ich bin bereits kurz auf die Methode Ian Thatchers eingegan-gen. Am Beispiel von drei Absätzen aus der Einleitung zu seiner Trotzki-Biografie möchte ich diesen Punkt noch einmal aufgreifen.

Nach Trotzkis Darstellung hatte nur er das Jahr 1917 ehren-voll bestanden. Stimmte man 1924 den »Lehren des Oktober« inhaltlich zu, dann konnte nur einer den inzwischen verstor-benen Lenin ersetzen, nämlich Leo Trotzki. Es ist also voll-kommen verständlich, dass Trotzkis Kollegen seine »Lehren des Oktober« widerlegen wollten, weil er ihnen darin vorwarf, 1917 menschewistische Sünden begangen zu haben. Sie taten dies in einer Reihe von Reden und Artikeln, die dann als Sam-melband auf Russisch und in mehreren Übersetzungen veröf-fentlicht wurden.

Führende Bolschewiki (u. a. Kamenew, Stalin, Sinowjew und Bucharin) sowie prominente Vertreter der Kommunisti-schen Internationale (Komintern) und des Kommunistischen Jugendverbandes (Konsomol) vertraten die Auffassung, Trotz-kis Schrift sei keine wahrheitsgetreue Geschichte der Oktober-revolution. Ziehe man etwa die wichtigsten Dokumente der damaligen Zeit und einen wachsenden Bestand von schriftlich niedergelegten zeitgenössischen Erinnerungen zu Rate, behaup-teten die Gegner Trotzkis, könne man feststellen, dass er aus seiner Erinnerung heraus ein sehr verzerrtes Bild gezeichnet habe. Es falle insbesondere ins Auge, dass Trotzki die Rolle Lenins und der bolschewistischen Partei heruntergespielt und seinen eigenen Beitrag übertrieben habe. Falsch sei beispielsweise die Behauptung, 1917 habe ein langer und erbitterter Kampf zwischen einem Lenin stattgefunden, der die Partei mit Trotzkis Theorie der permanenten Revolution neu bewaffnen wollte, und einer rechten, menschewistischen Fraktion in den Reihen der Bolschewiki. Vielmehr habe sich Lenins Analyse der Ereignisse von 1917 aus einer seit langem vertretenen Theorie der russischen Revolution ergeben. Nachdem Lenin seine Mitstreiter von der Richtigkeit der Weiterentwicklung seiner Strategie überzeugt habe, hätten Trotzki oder der Trotzkismus weder Lenin noch die Partei in irgendeiner Weise beeinflusst.

In der Tat, so die weiteren Argumente gegen Trotzki, sei die gesamte Geschichte des Leninismus und Bolschewismus vor und nach 1917 eine Geschichte der Opposition gegen den Trotzkismus gewesen. Trotzki habe leider nicht verstanden, dass er 1917 nur deshalb eine Rolle spielte, weil er unter Anleitung der bolschewistischen Partei handelte. Er sei nicht mit voller Überzeugung zum Bolschewismus gekommen, sonst hätte er eine ganz andere Version der Geschichte geschrieben. Er hätte zum Beispiel seine in der Vergangenheit und jüngst begangenen theoretischen und organisatorischen Fehler eingestanden. Nur so hätte die Jugend verstehen können, worin die wirkliche Beziehung zwischen Leninismus und Trotzkismus bestehe und wie man die Sünden Trotzkis vermeiden könne. »Lehren des Oktober« sei der Versuch Trotzkis, den Leninismus durch den Trotzkismus zu ersetzen. Dies werde die bolschewistische Partei jedoch nicht zulassen. Die Führung erkannte die Gefahr des Trotzkismus, die sich in Trotzkis Unterschätzung der Bauernschaft zeigte, sowie in seiner falschen Politik während der Friedensverhandlungen von Brest-Litowsk, in der Debatte über die Gewerkschaften und in der Frage der Währungsreform.[51]

---

51 Thatcher, S. 7 f.

An diesen Absätzen zeigt sich beispielhaft eine raffinierte stilistische Technik, die Thatcher immer wieder einsetzt, um zu vertuschen, dass er die Geschichte fälscht: Er konstruiert eine scheinbar objektive Darstellung der Geschichte aus den voreingenommenen Aussagen von Trotzkis politischen Todfeinden. Die eben zitierten drei Absätze bestehen fast ausschließlich aus Lügen. Thatcher hat für die »Kritik« an Trotzki eine Reihe von verlogenen Vorwürfen zusammengestellt, die Stalin, Sinowjew und Kamenew im November und Dezember 1924 gegen Trotzki richteten, um seine glänzende Analyse der politischen Differenzen und Kämpfe innerhalb der bolschewistischen Partei in diesem für die Revolution so wichtigen Jahr zu verunglimpfen.

Trotzkis »Lehren des Oktober« untersucht Ereignisse und Kontroversen, die Sinowjew, Kamenew und Stalin nicht öffentlich thematisiert sehen wollten, da ihre rechte und versöhnlerische Politik sie 1917 mehrmals in Opposition zu Lenin gebracht hatte. Stalin und Kamenew unterhielten im März 1917, vor Lenins Rückkehr nach Russland, ein Bündnis mit den Menschewiki. Im Oktober 1917 hatten sich Kamenew und Sinowjew gegen den Aufstand ausgesprochen. Zudem konnte sich nur Lenins eigener Beitrag zum Sieg der Bolschewiki im Oktober 1917 mit dem Trotzkis messen. Die Argumente in den zitierten Passagen wurden zurechtgezimmert, um die Wirkung von Trotzkis Kritik in »Lehren des Oktober« abzuschwächen und seinen Ruf als revolutionärer Führer zu zerstören. Wie der Historiker Robert V. Daniels bemerkte, waren die als Reaktion auf »Lehren des Oktober« gegen Trotzki erhobenen Vorwürfe »entweder völlig konstruiert oder über alle Maßen übertrieben – die gekränkten Führer waren darauf aus, den Menschen zerstören und nicht theoretische Fehler zu bekämpfen«.[52]

Thatcher erklärt uns weder, in welchem Zusammenhang der Angriff auf Trotzki geführt wurde, noch überprüft er, ob er auf richtigen Tatsachen beruht. In der Pose einstudierter Ausgewo-

---

52 Daniels, The Conscience of the Revolution. S. 244. Eine weitere ausgezeichnete Quelle für eine objektive Darstellung der Auseinandersetzungen, die die »Lehren des Oktober« auslösten, ist E. H. Carrs »Socialism in One Country«, Bd. 2, Baltimore, 1970, S. 11–44.

genheit präsentiert er Lügen und Konstrukte. Die »Argumente gegen Trotzki« – Thatchers schönfärberische Bezeichnung für die monströse Verleumdungskampagne der Bürokratie – werden als vernünftig, würdig und legitim dargestellt. Thatcher stellt seine Biografie als Müllkippe für politische und historische Fälschungen zur Verfügung, auf welche die aufsteigende Sowjetbürokratie ihren Kampf gegen Trotzki gründete. Diese heimtückische und unehrliche Methode, mit der alte Lügen in neuer Verpackung als objektive Darstellung der Geschichte präsentiert werden, wendet Thatcher immer wieder an.

Der »Mythos« 1905

Wie Swain verspricht auch Thatcher, »zentrale Mythen« über Trotzkis Leben aufzudecken, wie etwa seine Rolle in der Revolution von 1905. Wir wollen untersuchen, wie Professor Thatcher seine Aufgabe angeht. Da Trotzkis entscheidende Rolle in der Revolution von 1905 unter Wissenschaftlern auf der ganzen Welt allgemein anerkannt ist, müsste für Thatcher eigentlich klar sein, dass eine Kampfansage an diesen wissenschaftlichen Konsens eine sorgfältige Sichtung und Präsentation neuer Fakten und Argumente erfordert. Es stellt sich jedoch heraus, dass Thatchers »Entmythologisierung« der Rolle Trotzkis im Jahr 1905 gerade einmal einen relativ kurzen *Absatz* in Anspruch nimmt, und dies trotz des (auch auf dem Buchrücken zitierten) Einführungstextes des Verlags, der speziell auf dieses Thema hinweist.

Thatcher beginnt so: »Es ist schwierig, den genauen Einfluss zu bestimmen, den Trotzki auf den Verlauf der Revolution von 1905 hatte.«[53] Ja, es mag schwierig sein, den genauen Einfluss zu bestimmen, doch es gibt eine Fülle von Informationen, die ein begründetes Urteil über Grad und Ausmaß seines Einflusses erlauben. Zahlreiche Memoiren aus dieser Zeit bezeugen seine überragende politische Präsenz. Trotzki wurde zum Vorsitzenden des Petersburger Sowjets der Arbeiterdeputierten gewählt, war Herausgeber zweier Zeitungen, der »Russkaja Gaseta« und der

---

53 Thatcher, S. 35.

»Natschalo«, die eine hohe Auflage hatten. Als wolle er diesen
Einwand entkräften, behauptet Thatcher: »Wir können nicht wissen, wie viele Menschen er als Journalist erreichte.«[54] Auch das
entspricht nicht der Wahrheit. In einem von ihm selbst verfassten
Artikel in »History Review« vom September 2005 gibt Thatcher
zu, dass die Auflage dieser beiden Zeitungen möglicherweise bei
100 000 Exemplaren lag und damit mindestens um 20 000 höher
war als die konkurrierender Zeitungen.[55] Abrupt führt Thatcher
dann ein neues Argument ein, das mit Trotzkis politischem Einfluss in der Revolution von 1905 nichts zu tun hat. »Es ist unwahrscheinlich«, schreibt er, »dass Trotzki viele Bauern erreichte. Er
hatte gar keine Verbindungen zum Dorf, und seine Aufrufe wurden nicht massenhaft unter den Bauern verteilt.«[56]

Das geht nun wirklich an der Sache vorbei. Der Einfluss von
Trotzki und der russischen sozialdemokratischen Bewegung als
Ganzer entwickelte sich durch ihre Massengefolgschaft unter
dem städtischen Proletariat. Der Petersburger Sowjet war ein
politisches Organ der Arbeiterklasse, entstanden auf einer Welle
revolutionärer Aktivität der Arbeiterklasse, darunter der von den
Massen getragene Generalstreik im Oktober 1905. Die Bauernschaft schloss sich den Unruhen erst 1906 in großer Zahl an, als
die von Sozialisten geführte Bewegung der Arbeiterklasse bereits
niedergeschlagen war.

Weiter heißt es bei Thatcher: »Selbst in der Hauptstadt, seiner Hochburg, gründete er keine spezielle Institution und bildete
keine Fraktion. Beispielsweise war er nicht die führende Kraft bei
der Entstehung des Sowjets der Arbeiterdeputierten, *auch wenn
er vielleicht später, wie ein Beteiligter berichtet, ›der unangefochtene
Führer der Menschewiki im Petersburger Sowjet‹ war*.« (Hervorhe-

---

54 Ebd.
55 Thatcher versucht, wie abzusehen war, die Bedeutung der Auflagenzahlen herunterzuspielen, indem er andeutet, dass die Zahl der gedruckten
    Exemplare höher gewesen sein könnte als die tatsächliche Leserzahl. Das
    ist natürlich möglich. Doch kann die Leserschaft auch größer gewesen sein
    als die Auflage, wenn man berücksichtigt, dass die Zeitungen weitergereicht
    wurden.
56 Thatcher, S. 35.

bung hinzugefügt.)[57] Wie schon beim Thema Bauernschaft, bringt Thatcher die Frage, welcher Fraktion Trotzki angehörte, nur deshalb ins Spiel, um schweres Geschütz gegen gesicherte historische Beweise aufzufahren. Zu dem fraglichen Zeitpunkt in der Geschichte der russischen sozialdemokratischen Bewegung waren die Fraktionszugehörigkeiten weitaus fließender als schließlich im Jahr 1917. Trotzkis relative Unabhängigkeit von den wichtigsten politischen Fraktionen stärkte in Wirklichkeit seine politische Stellung. Man beachte Thatchers schwerfällige Formulierung, »auch wenn er vielleicht später« der unangefochtene Führer der Menschewiki im Petersburger Sowjet war. Nur »vielleicht«? Thatcher legt hier keine gegenteiligen Beweise vor, man kann aber sicher sein, dass er sie gleich herausposaunt hätte, wenn es sie gäbe. Stattdessen führt er ein neuartiges Argument ein: »In den Memoiren des damaligen Premierministers Graf Witte wird Trotzki überhaupt nicht erwähnt ... Das bestätigt lediglich, dass Trotzki im Bewusstsein der Bevölkerung zu dieser Zeit kaum Eindruck hinterließ.«[58]

So argumentiert ein gerissener Gauner, kein verantwortungsvoller Wissenschaftler. Graf Witte, der Premierminister des Zaren, ließ Trotzki in seinen Memoiren unerwähnt. Diesem Detail misst Thatcher außergewöhnliche historische Bedeutung bei. Er behauptet, man könne aus dieser Tatsache weitreichende Schlussfolgerungen über den Stellenwert Trotzkis im Bewusstsein der Bevölkerung im Herbst 1905 ableiten. Warum, diese Frage stellt sich sofort, hat Thatcher nicht andere Memoiren zitiert, von Personen, die mit dem Leben in den Arbeiterbezirken von St. Petersburg vertrauter waren als der betagte Aristokrat Graf Witte, der sich meist in Palästen und weitläufigen Ländereien im Grünen aufhielt. Für skrupellose und schlechte Wissenschaftler ist es charakteristisch, dass sie historische Beweise unterdrücken oder unbeachtet lassen, die im Widerspruch zum eigenen Standpunkt stehen. Genau das hat Thatcher getan. Er hätte seine Studenten zum Beispiel auf die Erinnerungen von Anatolj Lunatscharski

---

57 Ebd.
58 Ebd.

aufmerksam machen sollen, der als Mitglied der bolschewistischen Fraktion an der Revolution von 1905 teilnahm. In seinem
berühmten Buch »Profile der Revolution« urteilte Lunatscharski
folgendermaßen über Trotzkis Rolle 1905:

> Seine [Trotzkis] Volkstümlichkeit beim Petersburger Proleta-
> riat war zur Zeit seiner Verhaftung enorm und stieg infolge
> seines pittoresken und heroischen Verhaltens vor Gericht noch
> mehr. Ich muss sagen, dass von allen sozialdemokratischen
> Führern der Zeit von 1905–1906 Trotzki sich zweifellos, trotz
> seiner Jugend, als derjenige erwies, der am besten vorbereitet
> war. Weniger als irgendjemand von ihnen trug er den Stem-
> pel einer Art emigrationsbedingter Enge der Anschauungen,
> die, wie ich schon sagte, zu dieser Zeit sogar Lenin in Mitlei-
> denschaft zog. Trotzki verstand besser als die anderen, was
> es hieß, den politischen Kampf in einem breiten nationalen
> Maßstab zu führen. Er ging aus der Revolution als ein Mann
> hervor, der sich eine ungeheure Popularität errungen hatte,
> während dagegen weder Lenin noch Martow dergleichen
> gewannen. Plechanow verlor wegen seiner kadettenhaften
> Tendenzen viel von seinem Ansehen. Trotzki stand damals an
> der Spitze.[59]

Lunatscharski erinnerte auch an eine Begebenheit, bei der Trotzki
in Gegenwart Lenins als der starke Mann des Petersburger Sowjets gewürdigt wurde. Zu dieser Zeit gehörten Lenin und Trotzki
unterschiedlichen Fraktionen an, so dass Lenin nicht unbedingt
erfreut gewesen sein dürfte, den politischen Triumph seines Rivalen zu vernehmen. Lunatscharski schreibt:»Lenins Gesicht ver-
dunkelte sich einen Augenblick. Dann sagte er: ›Ja, Trotzki hat
es mit seiner glänzenden und unermüdlichen Arbeit verdient.‹«[60]
   Thatcher lässt auch eine andere Kurzbiografie dieser Zeit unerwähnt – die von Fjodor Dan, einem Führer der Menschewisten,
die keinen Zweifel über den immensen politischen Einfluss Trotz-

---

59   Anatolj Lunatscharski, Profile der Revolution. Frankfurt am Main, 1968,
     S. 50 f.
60   Ebd. S. 50.

kis im Jahr 1905 lässt. Die politische Perspektive, die mit dem Namen Trotzki nun einherging – die Anerkennung des proletarischen und sozialistischen Charakters der Revolution – fand bei großen Teilen sowohl der bolschewistischen wie der menschewistischen Tendenz starken Anklang.

Dan erinnert sich:»Die Situation in den ›Tagen der Freiheit‹ war … so, dass sie praktisch die Menschewiken wie die Bolschewiken auf die Seite des ›Trotzkismus‹ drängte. Der ›Trotzkismus‹ wurde für kurze Zeit (freilich damals noch ohne Namen) zum ersten und letzten Mal in der Geschichte der russischen Sozialdemokratie eine gemeinsame Plattform. Es war deshalb auch kein Zufall, dass gerade Trotzki … nach der Verhaftung Chrustalews, des Vorsitzenden des Petersburger Rats der Arbeiterdeputierten, im November dessen natürlicher und von niemandem bestrittener Nachfolger wurde – für die kurzen Tage, die dem Rat noch zu leben beschieden waren.«[61]

Dass Thatcher jene wichtigen Augenzeugenberichte ignoriert, die ihn hindern, Trotzkis Rolle in der Revolution von 1905 in Zweifel zu ziehen, entwertet nicht nur die Biografie, sondern beschädigt auch seine Integrität als Historiker. Ich muss betonen, dass die unzulässige Art, in der er Trotzkis Rolle 1905 behandelt, kein Einzelfall ist, sondern vielmehr symptomatisch für die Methode, die er in dieser Biografie durchgehend anwendet, um Trotzki zu diskreditieren.

Thatcher fälscht die Geschichte des innerparteilichen Kampfs

Thatchers Darstellung des politischen Kampfs, der in den frühen 1920er-Jahren innerhalb der russischen Kommunistischen Partei aufkam, ist ein Hohn auf jede wissenschaftliche Geschichtsschreibung. Wie schon in der Einleitung greift er die Argumente der fraktionellen Gegner Trotzkis auf und gibt sie als objektive Darstellung der historischen Ereignisse aus. So schreibt er in einem der wichtigsten Abschnitte der Biografie, der sich mit dem Ausbruch des innerparteilichen Kampfs im Oktober 1923

61 Theodor Dan, Der Ursprung des Bolschewismus. Hannover, 1968, S. 272.

befasst, Trotzki habe »sein Anti-Bürokratie-Programm mit der ihm eigenen Eindringlichkeit und Leidenschaft verfochten, weil er glaubte, dass die Partei in eine neue Epoche eintrete, die sie *nur mit seinen Methoden* unbeschadet überstehen könne«. (Hervorhebung hinzugefügt.)[62]

Thatcher fährt fort:

Doch seine Kollegen in den führenden Gremien der Partei waren nicht davon überzeugt. Sie hatten ihre Zweifel, ob die Dinge wirklich so schlecht lagen, wie sie Trotzki beschrieb. Natürlich gab es ökonomische Probleme, doch damit hatte man ja auch gerechnet. Jedenfalls gab es keine unmittelbare Gefahr eines Zusammenbruchs. Die Partei stellte sich auf einige Jahre anstrengender und kontinuierlicher Arbeit ein, um die Wirtschaft zu konsolidieren. Was die Partei anging, so meinten Trotzkis Genossen, könnten sie stolz darauf sein, eine neue Generation von Kadern erzogen zu haben. Dieser Zustrom an frischem Blut werde die Lösung wichtiger Fragen zweifelsohne vorantreiben. Eine Mehrheit der Altbolschewiki lehnte Trotzkis Analyse ab, das Regime leide an angeblichen Krankheiten, und fragte sich, ob man von Trotzki vernünftige und rationale politische Vorschläge erwarten könne. Trotzki übertreibe gern, wenn es um Schwierigkeiten gehe, behaupteten sie, während seine Lösungsvorschläge bemerkenswert schwammig seien. Für die Mehrheit im Politbüro war Trotzki Teil des Problems, nicht seiner Lösung. Wenn er sich um fehlende systematische Führung sorgte, weshalb nahm er dann nicht an wichtigen Sitzungen des Rats für Arbeit und Verteidigung und des Kabinetts teil? Trotzkis Arbeitsgewohnheiten ließen nicht unbedingt auf Gewissenhaftigkeit schließen. Überdies war sehr auffällig, dass nur selten konkrete Vorschläge von ihm kamen. Überraschend war das kaum, denn seine politischen Verdienste waren überhaupt nicht vielversprechend. In den Jahren zuvor hatte Trotzki eine Reihe von Niederlagen erlitten, unter anderem als

---

62 Thatcher, S. 125. Trotzki behauptete in Wirklichkeit niemals, persönlich unfehlbar zu sein. Und Thatcher präsentiert auch kein einziges Zitat, wo Trotzki behauptet, dass »nur seine Methoden« funktionieren würden.

er sich während der Friedensverhandlungen in Brest-Litowsk und in der Gewerkschaftsfrage gegen Lenin gestellt hatte. Für Trotzkis Kollegen gründete sich seine Unzufriedenheit nicht auf der Realität, sondern sie entsprang einem Gefühl verletzten Stolzes, das sich aus persönlichen Enttäuschungen nährte. Er war beispielsweise gar nicht erfreut, als im April 1923 der zwölfte Parteitag seinem militanteren Kurs in der Religionspolitik die Zustimmung versagte. Im September 1923 fühlte sich Trotzki bestimmt persönlich gekränkt durch personelle Veränderungen im Militärischen Revolutionskomitee. Schließlich, und das hat Trotzki am meisten verärgert, weigerte sich das Zentralkomitee, ihm diktatorische Vollmachten einzuräumen. Trotzki wurde gewarnt, dass seine unbegründete Kritik parteifeindliche Bestrebungen ermutige, wichtige Aktivitäten der Partei unnötig behindere und die Gefahr eines Kriegs zwischen alter und junger Generation heraufbeschwöre.[63]

Thatcher erweckt hier den Eindruck, als habe die Mehrheit des Politbüros, von ihm schönfärberisch als »Trotzkis Genossen« bezeichnet, auf dessen Kritik zurückhaltend und vernünftig reagiert. Das Politbüro habe es mit einer unberechenbaren Person (Trotzki) zu tun gehabt, mit der eine Zusammenarbeit schwer, wenn nicht unmöglich war. Trotzki habe seine »Kollegen« mit übertriebenen Warnungen und unsinnigen Forderungen belästigt und gleichzeitig die Aufgaben, für die er Verantwortung trug, vernachlässigt. Obendrein sei sein Realitätssinn schwach ausgeprägt gewesen, und er habe schon immer gern Streit angezettelt, sogar mit Lenin. Subjektive Verbitterung sei der Motor seines Handelns gewesen, und, was am schlimmsten war, er habe diktatorische Vollmachten gefordert. Thatchers Darstellung lädt sein studentisches Publikum regelrecht ein, sich eine negative Meinung über Trotzki und seine politische Arbeit zu bilden.

Thatcher verschweigt seinen Lesern dabei, dass der eben erwähnte Absatz seine eigene tendenziöse Neufassung eines skrupellosen und unehrlichen fraktionellen Dokuments ist, das die

---

63   Ebenda, S. 125 f.

erbitterten politischen Gegner Trotzkis – von Thatcher beschwichtigend »Genossen« und »Kollegen« genannt – am 19. Oktober 1923 vorlegten, als Reaktion auf Trotzkis wichtigen Brief vom 8. Oktober 1923 und den berühmten oppositionellen »Brief der 46« vom 15. Oktober 1923. Keine Anführungszeichen, keine Fußnote, und auch kein deutlicher Hinweis von Thatcher, dass die Argumente, die er in so harmlosen Worten zusammenfasst, in Wirklichkeit eine Ansammlung fraktionell motivierter Lügen und Halbwahrheiten waren.[64]

Auch erfahren seine Leser mit keinem Wort davon, dass Trotzki eine vernichtende Antwort auf diesen Brief schrieb, die er am 23. Oktober 1923 verschickte. Darin widerlegte er die Anschuldigungen von Sinowjew, Kamenew und Stalin, dem sogenannten Triumvirat, die eine prinzipienlose Anti-Trotzki-Fraktion gebildet hatten.

Es genügt, E. H. Carrs »Interregnum« zu Rate zu ziehen, wo er dieses Material untersucht (bzw. den Teil, der bis Anfang der 1950er Jahre bekannt war), um zu erkennen, dass Thatcher bewusst irreführen will. Carr zitiert aus Trotzkis »scharfer Erwiderung« an das Triumvirat und beseitigt jeden Zweifel daran, wer bei dieser Auseinandersetzung die Wahrheit auf seiner Seite hatte.[65]

---

64 Der Brief vom 19. Oktober 1923 ist in einer Dokumentensammlung enthalten, veröffentlicht in »The Struggle for Power: Russia in 1923«, herausgegeben und übersetzt von Valentina Vilkova. Thatcher zitiert Vilkova zwar des Öfteren, führt aber ihre Arbeit nicht als Quelle für den Brief vom 19. Oktober an und geht auch nicht auf ihre Einschätzung dieses Dokuments ein. Vilkova schreibt, der Brief vom 19. Oktober sei »eine anschauliche Illustration der Methoden, die die Mehrheit in der Diskussion anwandte. Höchstwahrscheinlich verfasste Stalin das Dokument, da es in Argumentations- und Darstellungsweise der Rede des Generalsekretärs beim Oktober-Plenum des Zentralkomitees entsprach. In dem Brief fanden sich äußerst konstruierte Interpretationen, glatte Lügen und eine verfälschte Darstellung sowohl historischer Tatsachen als auch der Situation in der Partei und im ganzen Land.« (New York, 1996, S. 28, aus dem Englischen).

65 E. H. Carr, The Interregnum. London, 1969, S. 307.

Trotzkis Rede auf dem 13. Parteitag

Zu Deutschers großen Verdiensten als Biograf gehört, dass er
den Heroismus und die Leidenschaftlichkeit des Kampfs vermit-
telte, den Trotzki unter immer schwierigeren Umständen gegen
die gewaltige und reaktionäre Bürokratie führte, die sich gegen
ihn formiert hatte. Thatcher, der unbedingt die historische Wahrheit auslöschen will, setzt rhetorische Tricks ein, die mit seriöser
Wissenschaft unvereinbar sind, um Trotzkis Kampf zu schmälern
und ihn in einem abwertenden und wenig schmeichelhaften Licht
erscheinen zu lassen. Erneut muss ich hier auf Thatchers irreführende Verwendung von Zitaten aufmerksam machen. Thatcher
bezieht sich auf Trotzkis Hauptrede auf dem 13. Parteitag im Mai
1924 und schreibt: »Es war, so wurde behauptet, ›die unangebrachteste Rede seines Lebens‹.«[66]

Man fragt sich, wer dieses vernichtende Urteil fällte? War es
vielleicht ein Teilnehmer des Parteitags, einer der Gegner oder
Anhänger Trotzkis? Man findet den Urheber schließlich in dem
1974 von der Universität Toronto veröffentlichten Band »Resolu-
tions and Decisions of the Communist Party of the Soviet Union«.
Darin enthalten sind einige Dokumente des 13. Parteitags, verse-
hen mit einer kurzen Einleitung von Professor Richard Gregor,
dem Herausgeber des Bands. Gregor schreibt, Trotzki habe »die
vielleicht unangebrachteste Rede seines Lebens gehalten«.[67] Er
begründet diese Einschätzung nicht, und die Rede selbst ist auch
nicht abgedruckt. Gregor zählt wohl kaum zu den Historikern,
von denen man eine begründete und unvoreingenommene Einschätzung sowjetischer Politik erwartet.[68] Einen zwingenden

---

66 Thatcher, S. 127.
67 Gregor, S. 221.
68 In der Einleitung erhebt Gregor erbitterte Anklage gegen Lenin in einer
   Sprache, die an die antikommunistischen Ideologen des Kalten Kriegs erinnert. Er behauptet, der Stalinismus sei das logische Ergebnis von Lenins
   persönlicher Intoleranz und seiner politischen Lehre.
   »Lenin war der Lehrer und Stalin der Schüler, der das Erbe seines Meisters
   zu seinem logischen Ergebnis führte. Die Seiten der Geschichte quellen
   über von Berichten über Grausamkeiten, die im Namen hehrer Prinzipien
   begangen wurden. Die beiden bolschewistischen Führer bildeten keine
   Ausnahme. Es mag schwer zu akzeptieren sein, doch beide wollten, auf

Grund dafür, Gregors hingeworfene Bemerkung über die Rede auf dem 13. Parteitags zu zitieren, als handele es sich um ein maßgebliches Urteil, gibt es nicht – außer zu dem Zweck, Trotzki herabzusetzen. Sehen wir uns an, wie Thatcher im Weiteren von Trotzkis Rede auf dem 13. Parteitag Gebrauch macht. Diese Rede endete mit dem bekannten und oft zitierten Ausspruch:»Richtig oder falsch – aber es ist meine Partei, und ich werde die Folgen ihrer Entscheidung tragen.« Thatcher selbst zitiert einige Sätze aus Trotzkis Rede, einschließlich des eben angeführten. Dann schreibt er:»Trotzki hatte also keinen Grund, sich zu beschweren, als der 13. Parteitag die gegen Trotzki gerichtete Resolution der 13. Konferenz bestätigte.«[69] Es scheint alles ganz einfach. Trotzki sagte, richtig oder falsch, es ist meine Partei – wie also konnte er Einwände haben, wenn die Partei eine gegen ihn gerichtete Resolution verabschiedet? Doch Thatcher hat seinen Lesern die Teile seiner Rede vorenthalten, aus denen ersichtlich wird, dass sie deutlich differenzierter und kämpferischer war, als es in dem von ihm verwendeten Zitat anklingt. Trotzki betonte darin mit Nachdruck, dass er mit der Resolution nicht übereinstimmte, und bestand auf seiner Verantwortung, gegen eine Politik aufzutreten, die er als falsch betrachtete.[70] Thatcher verfälscht Trotzkis Position mit einem bereinigten Zitat und legitimiert damit das Vorgehen seiner Gegner gegen ihn.

ihre Weise, dem aus ihrer Sicht vornehmsten Anliegen dienen; und hier begegnet man einer Ironie der Geschichte, denn es gibt keine gefährlicheren und rücksichtsloseren Menschen als die, die ›wissen‹, wie man die Menschheit rettet.« (S. 38)

69 Thatcher, S. 128.

70 In einem maßgeblichen Abschnitt sagt Trotzki:»Bei den Engländern gibt es ein historisches Sprichwort: ›Right or wrong – my country.‹ Mit weit größerem historischen Recht können wir sagen: Ob sie recht oder ob sie in Detailfragen in bestimmen Momenten unrecht hat – es ist meine Partei. Und wenn ich hier, nach Meinung einiger Genossen, überflüssige Mahnungen ausgesprochen habe, wenn ich hier, nach Meinung anderer Genossen, grundlos Gefahren beschworen habe, so glaube ich doch, dass ich nur meine Pflicht als Mitglied der Partei erfülle, wenn ich meine Partei vor dem warne, was ich für eine Gefahr halte.« Die ganze Rede Trotzkis ist erschienen in: Trotzki, Schriften 3.1, S. 352–369.

Thatcher verfälscht die Beziehung zwischen Lenin und Trotzki

»Lenins Beziehung zu Trotzki war äußerst problematisch«, behauptet Thatcher. Er versichert, Lenin habe in seinem politischen Testament vom Dezember 1922 »Trotzki nicht stärker empfohlen als irgendeinen anderen Genossen«. Das ist nicht wahr. Lenin äußerte Vorbehalte wegen Trotzkis »übermäßigem Selbstvertrauen« und seiner »übermäßigen Leidenschaft für rein administrative Maßnahmen«, sagte aber auch, dass Trotzki sich »durch hervorragende Fähigkeiten [auszeichnet]« und »persönlich wohl der fähigste Mann im gegenwärtigen ZK [Zentralkomitee]« sei.[71] In seinem Testament warnt Lenin auch davor, dass Stalin »eine unermessliche Macht in seinen Händen konzentriert« habe.[72] In der berühmten Nachschrift zu seinem Testament, die Thatcher unerwähnt lässt, drängte Lenin das Zentralkomitee, Stalin als Generalsekretär abzulösen.[73] Thatcher fährt fort: »Es ist unwahrscheinlich, dass Lenin Trotzkis Ernennung zum Generalsekretär gebilligt hätte, denn schon von Dezember 1922–1923, als er den Kriegskommissar Trotzki beauftragte, einige seiner (Lenins) Ansichten vorzutragen, behielt er sein Misstrauen gegen ihn bei. *Lenins Biograf hat eigens darauf hingewiesen, dass er Trotzki bei der nächsten günstigen Gelegenheit hätte fallen lassen.*« (Hervorhebung hinzugefügt)[74]

Dies ist eine bewusst irreführende und falsche Darstellung. Zahlreiche historische Untersuchungen haben auf der Basis gut dokumentierter Ereignisse nachgewiesen, dass Lenin in seinen letzten Lebensmonaten einen immer stärkeren Verdacht gegen Stalin hegte und ihm ablehnend gegenüberstand. Dieses wachsende Misstrauen gegen Stalin zeigt sich in mehreren Dokumenten, geschrieben in den Monaten und Wochen vor seinem Schlaganfall im März 1923, der seiner aktiven politischen Teilnahme ein Ende setzte. Genau in dieser Zeitspanne näherte sich Lenin immer mehr Trotzki an, den er als seinen wichtigsten Verbündeten im beginnenden Kampf gegen Stalin ansah. Doch wir räumen gerne

---

71 Lenin, Werke Bd. 36, S. 595.
72 Ebd. 594 f.
73 Ebd. 596.
74 Thatcher, S. 131.

ein, dass die politische Entwicklung in der entscheidenden Periode zwischen Dezember 1922 und März 1923 unterschiedliche Interpretationen zulässt. Dann müssen wir immer noch Thatchers Verweis auf die angebliche Entdeckung von »Lenins Biografen« klären, dass Lenin, hätte er noch gelebt, »Trotzki bei der nächsten günstigen Gelegenheit hätte fallen lassen«.

Der in dieser Fußnote zitierte Biograf ist Robert Service, Autor einer dreibändigen Studie über Lenin. Hier ist nicht der Ort, um die Qualität von Herrn Services Biografie zu bewerten, die ich nicht sehr hoch einschätze. Doch es geht hier darum, wie Thatcher mit Zitaten hantiert. Schlägt man die Seite 273 der Biografie von Service auf (die in Thatchers Fußnote genannt wird), findet man, dass ein Plan Lenins, Trotzki loszuwerden, gar nicht erwähnt wird. Service schätzt Lenins Pläne vielmehr völlig anders ein. In der Vergangenheit, so Service, habe Lenin Stalin benutzt, um Trotzki zu kontrollieren, doch »die Konflikte mit Stalin in Fragen der Außenhandelspolitik und in anderen Bereichen veränderte die Situation grundlegend: Trotzki wurde jetzt gebraucht, um den zunehmend unkontrollierbaren Stalin zu kontrollieren«. Trotz seiner früheren Konflikte mit Trotzki hätten »die Oktoberrevolution und der Bürgerkrieg sie zusammengebracht, und Lenin bot Trotzki an, die enge Zusammenarbeit wieder aufzunehmen«.[75] Wenige Seiten später geht Service noch einmal auf Lenins Ansichten über Trotzki und Stalin ein: »Trotz seiner Vorbehalte zog Lenin inzwischen Trotzki Stalin vor. Das kam in Lenins Briefen zum Ausdruck, in denen er Trotzki ein Bündnis in Tagesfragen gegen Stalin vorschlug. Ende Dezember [1922] bat Lenin seine Frau Krupskaja, Trotzki die Botschaft zu übermitteln, dass er Trotzki gegenüber, seit dieser 1902 aus Sibirien geflohen und nach London gekommen war, genauso empfinde wie damals und ›bis in den Tod‹ so empfinden werde.«[76] Wieder einmal zeigt sich, dass Thatcher einem anderen Historiker eine falsche Aussage unterschiebt, im Sinne seiner eigenen Absicht, Trotzki unglaubwürdig zu machen.

---

75   Robert Service, Lenin: A Political Life, Bd. 3. Bloomington und Indianapolis, 1995, S. 273 f., aus dem Englischen.
76   Ebd. S. 285.

Historiker sind, wie wir alle, nicht unfehlbar. Sie machen Fehler. Nicht jedes falsche Zitat zeugt von mangelnder Professionalität, schon gar nicht von einem geheimen Plan, Tatsachen zu verzerren und zu fälschen. Begegnet man solchen Irrtümern, muss die Verhältnismäßigkeit gewahrt werden. In Thatchers Biografie haben wir es aber nicht mit einer Reihe voneinander unabhängiger Fehler zu tun, sondern mit einem System der Verzerrung und Verfälschung von Tatsachen. Thatchers Darstellung zielt darauf ab, bei seinen Lesern – besonders bei Studenten – ein falsches Bild nicht nur von Trotzki zu erzeugen, sondern auch ein verfälschtes und verzerrtes Bild einer ganzen historischen Epoche.

In den Biografien Swains und Thatchers wird eine Entwicklung sichtbar, die man wohl zu Recht als Untergrabung der historischen Wahrheit bezeichnen darf. Das geschichtliche Bild Trotzkis als großer revolutionärer Kämpfer und Denker, das durch die Entlarvung von Stalins Lügen und Verbrechen zum Vorschein kam – d. h. durch die Widerlegung der allgegenwärtigen Verteufelung Trotzkis, die von der Sowjetunion verbreitet wurde (und natürlich auch von den osteuropäischen Staaten und China) und von zahllosen, mit den stalinistischen Parteien verbundenen Akademikern auf der ganzen Welt aufrechterhalten wurde – gerät erneut unter Beschuss. Eine Art geschichtsfeindliche intellektuelle Konterrevolution ist im Gange, zu der Thatcher und Swain ihren eigenen infamen Beitrag leisten. Nur vor diesem Hintergrund können wir den Feuereifer verstehen, mit dem sie versuchen, Trotzkis Bedeutung herunterzuspielen und ihn sogar lächerlich erscheinen zu lassen.

Fragen des Alltagslebens

Untersuchen wir, wie Thatcher mit Trotzkis bemerkenswerten Essays umgeht, die unter dem Titel »Fragen des Alltagslebens« erschienen sind. Thatcher gibt sich alle Mühe, Trotzki als verweichlichten Snob zu schildern, der »von den allgemeinen Sitten der russischen Gesellschaft gar nichts hielt. Die Masse der Russen war in seinen Augen unkultiviert. Er beschrieb sie als ungebildet, ineffizient, dreckig, unpünktlich, mit Neigung zum Fluchen und vulgärer Sprache und beherrscht vom Aberglauben.«[77] Diese Darstellung ermutigt den Leser natürlich, Trotzki als elitären Menschen aufzufassen, der der großen Masse der russischen Bevölkerung distanziert und unzugänglich gegenüberstand. Thatcher verstärkt diese beabsichtigte Wirkung mit seiner sarkastischen Bemerkung:»Man gelangt unweigerlich zum Schluss, dass er sich den Idealmensch als Verallgemeinerung seiner eigenen Gewohnheiten vorstellte. Seine Ratschläge strotzen vor den ihm eigenen Vereinfachungen.«[78]

Thatchers Zusammenfassung ist eine gehässige und unehrliche Karikatur von Trotzkis Aufsätzen über »Fragen des Alltagslebens«. Was Thatcher als Beispiel für Trotzkis selbstherrlichen Dünkel anführt, als schamloses Lob seiner eigenen Vorzüge, das gehört, wenn man es ernsthaft und mit entsprechender Kenntnis im Kontext der Geschichte der russischen revolutionären Bewegung betrachtet, zu den besten und einfühlsamsten Darlegungen zur Beziehung zwischen Kultur, der Entwicklung des proletarischen Klassenbewusstseins und des Kampfs für den Sozialismus. Was Thatcher als langatmigen Katalog von Trotzkis persönlichen Vorurteilen gegenüber den russischen Arbeitern präsentiert – sie seien ungebildet, ineffizient, neigten zum Fluchen etc. – waren alles Ergebnisse und Erscheinungsformen der schrecklichen Unterdrückung, unter der die Massen im zaristischen Russland gelitten hatten. Sie waren Teil dessen, was die besten Elemente der demokratischen und sozialistischen Intelligenz über Generationen hinweg oft als »unsere schreckliche russische Wirklichkeit« bezeichneten. Ihr Kampf gegen die beschämenden Formen menschlicher Erniedrigung fand schließlich eine mächtige Resonanz in der Arbeiterklasse.[79]

---

77 Thatcher, S. 135.
78 Ebd. S. 137.
79 Professor S. A. Smith von der Universität Essex erklärt dies sehr gut: »Ab den 1880er-Jahren entstand eine Schicht ›bewusster‹ Arbeiter, die sich gegen die allgemeine Armut und Erniedrigung erhoben und bemüht waren, sich durch Bildung weiterzuentwickeln. Ihr Vorbild war die radikale Intelligenz, und sie identifizierten sich mit dem Ideal *kul'turnost*, für das die Intelligenz stand. Dieser Begriff von ›Kultiviertheit‹ verband die Vorstellung von der Entwicklung des Individuums mit dem Nachdenken über die

Liest man diese Schriften als Beiträge zur Entwicklung von Klassenbewusstsein und *kul'turnost*, lernt man schätzen, wie umfassend und facettenreich die Themen sind, die Trotzki in seinen »Fragen des Alltagslebens« anschneidet, und man versteht die Bedeutung von Aufsätzen wie »Der Kampf um die Sprachkultur« und »Ein kleines Stück einer großen Frage«. Interessanterweise, darauf weist Professor S. A. Smith hin, verschwand der Kampf um Sprachkultur in den späten 1920er Jahren von der politischen Tagesordnung, als Stalin seine Machtstellung gefestigt hatte.[80] Es bleibt nur noch hinzuzufügen, dass viel von dem, was Trotzki in diesen Artikeln schreibt, nicht nur historisch oder nur für ein russisches Publikum von Interesse ist. Da wir heute mit unserer eigenen schrecklichen Wirklichkeit konfrontiert sind, in der die

Entwicklung der Gesellschaft insgesamt. Zum einen bezeichnete er innere Veredelung im Sinne geistiger Entwicklung, Verfeinerung der Verhaltensweisen und moralischer Entwicklung, kurz: die Formung eines Selbst, das der angeborenen Würde des Menschen entspricht und bei anderen Respekt hervorruft. Gleichzeitig war *kul'turnost* eine soziologische Kategorie zur Bewertung des Zivilisationsgrads, den eine gegebene Gesellschaft im Hinblick auf bestimmte Entwicklungskriterien erreicht hatte. In dieser Hinsicht zeichnete sich Russland gerade durch seinen Mangel an *kul'turnost* aus und wurde wahrgenommen als der ›asiatischen‹ Barbarei näherstehend denn der westeuropäischen Zivilisation.«
Smith fährt fort: »Für ›bewusste‹ Arbeiter gehörte es wesentlich zu *kul'turnost*, nicht zu fluchen. Wie die Intelligenz sahen sie in der Allgegenwärtigkeit des Fluchens ein typisches Merkmal des Kulturmangels, der die russische Gesellschaft versklavte. Auf individuellem Niveau war Fluchen ein Zeichen von zu gering entwickelter *lichnost*, dem inneren Sinn für persönliche Würde und Wert als menschliches Wesen, und ein Ausdruck mangelnder Achtung für andere. Seine Sprache (und Emotionen) steuern zu lernen, wurde als wichtiger Schritt verstanden, um die geistige und moralische Eigenaktivität zu erlangen, die das Wesen von *kul'turnost* ausmachte. Im weiteren Sinne zeigte die Fähigkeit, Sprache zu steuern, die Möglichkeiten eines Individuums, weite Bereiche des Arbeitslebens und schließlich die ganze Gesellschaft zu leiten. Auf gesellschaftlicher Ebene rief die weite Verbreitung von *mat* [des Fluchens] unter Arbeitern im Verständnis der bewussten Minderheit auf bedrückende Weise die politische Rückständigkeit der Arbeiterklasse in Erinnerung.« (The Social Meanings of Swearing: Workers and Bad Language in Late Imperial and Early Soviet Russia; Past and Present, Nr. 160, August 1998, S. 177 ff., aus dem Englischen.)

80   Professor Smith schreibt. »Während der Herrschaft Stalins wurde das Fluchen bei dem neuen Typ Beamter akzeptiert.«

Kultur unter Dauerbeschuss steht und jede Form gesellschaftlicher Rückständigkeit kultiviert und gefördert wird, behält »Fragen des Alltagslebens« auch für die heutige Zeit seine Aktualität. An manchen Stellen in seiner Biografie sinkt Thatcher auf ein Niveau herab, das man als vollkommen absurd bezeichnen muss. Er erklärt: »Man kann sogar behaupten, dass Trotzki seine weiblichen Mitstreiter ebenso abweisend behandelte, wie es jeder andere egozentrische Mann tut.«[81] Zum Beweis zitiert er einen Absatz aus der Kurzbiografie eines Buchhändlers, der sich erinnert, dass Trotzkis Frau anscheinend eine Zeitschrift für ihn ausleihen wollte. »Wir entdecken, wie Trotzki seine Frau als (unbezahlte?) Sekretärin benutzte«[82], schreibt Thatcher. Er schilt Trotzki auch, weil dieser nicht selbst tue, was er in einem seiner Essays empfohlen habe, »die Wirklichkeit sehr ernsthaft mit den Augen einer Frau« zu betrachten. Wie belegt Thatcher seinen Vorwurf? »Er schlug mit Sicherheit nicht vor, dass eine Frau an Lenins Stelle vorrücken sollte, und er schrieb auch nicht ausführlicher, wie er es versprochen hatte, darüber, wie seiner Meinung nach die Sicht einer Frau auf die Welt aussehen könnte.«[83] Wie kann man auf diese Art von Kritik überhaupt antworten?[84]

---

81 Thatcher, S. 137.
82 Ebd.
83 Ebd. S. 138.
84 Thatcher gibt uns keinen Hinweis, wer diese Kandidatin hätte sein können. Um auch diesen Punkt wenigstens kurz zu beantworten, möchte ich einen kurzen Passus aus »Autobiographie einer sexuell emanzipierten Kommunistin« von Alexandra Kollontai zitieren, die ein führendes Mitglied der bolschewistischen Partei war. Nach der Revolution übernahm sie die Leitung der Frauenzentrale. In diesem Zusammenhang schrieb sie: »Das Gesetz über die Unstrafbarkeit der Abtreibung wurde durchgeführt und eine Anzahl von Bestimmungen zugunsten der Frauen von unserer Zentrale eingebracht und gesetzlich bestätigt ... Unsere Arbeit fand die volle Unterstützung von Lenin, und der von wichtigen militärischen Aufgaben überlastete Trotzki erschien willig auf unseren Konferenzen.« (München, 1970, S. 59) Diese Bemerkung stammt aus dem Jahr 1926. Zu dieser Zeit war es schon nicht mehr angeraten, Trotzki positiv hervorzuheben. Dieser Umstand verleiht Kollontais Worten höchsten Wert.

4. Lügen gegen historische Wahrheit

Thatcher über die Unmöglichkeit der Revolution

Zwei miteinander verbundene Argumente führt Thatcher in seiner Biografie immer wieder an: 1) Es gibt keinen Grund zu der
Annahme, die russische oder europäische Geschichte hätte sich
anders entwickelt, wenn Trotzki Stalin besiegt hätte; und 2) die
Kritik Trotzkis an Stalin war insgesamt gesehen unfair. Zur Wirtschaftspolitik stellt Thatcher fest: »Selbst wenn Trotzki wie durch
ein Wunder an die Macht gelangt wäre, kann man natürlich aus
vielen Gründen daran zweifeln, ob er die politischen Erfolge
gehabt hätte, die sein Programm versprach. So kann man sich
fragen, ob eine von Trotzki geleitete Sowjetwirtschaft eine Aus-
dehnung des industriellen Sektors und einen besseren Lebens-
standard erreicht hätte.«[85]
Gewiss, man kann sich alles fragen. Es geht aber nicht darum,
mit Bestimmtheit festzustellen, ob das Programm der Linken
Opposition Erfolg gezeitigt hätte. Gewissheit kann hier nicht
erreicht werden. Die Frage lautet tatsächlich: Hat die Linke Opposition ein deutlich größeres Verständnis in Hinblick auf die Probleme der Sowjetwirtschaft bewiesen als die stalinistische Führung, und hat sie, wesentlich weitblickender als die Bürokratie,
die Probleme vorhergesehen und Verbesserungsvorschläge zur
Vermeidung einer Katastrophe unterbreitet? Diese beiden Fragen
können wir unzweideutig mit Ja beantworten. Auf dieser Grundlage können wir dann fragen, ob – bei einer rechtzeitigen Reaktion auf drohende Gefahren und bei Vermeidung der schlimmsten
Konsequenzen – die Annahme begründet ist, dass die Sowjetwirtschaft dann erfolgreicher gewesen wäre und gleichzeitig weniger
menschliche Opfer gefordert hätte. Auch hier lautet die Antwort
eindeutig Ja. Thatcher nähert sich keinem Punkt in solcher Weise.
Das detaillierte Programm der Linken Opposition aus dem Jahr
1927 erwähnt er gar nicht. Alles, was er uns anbietet, ist eine
spezifische Form des Fatalismus, der sich als historische Rechtfertigung für Stalin und den Stalinismus erweist. So geht Thatcher

---

85 Thatcher, S. 151 f.

an jede wichtige Frage der internationalen revolutionären Politik heran.

Zu der verheerenden Niederlage der chinesischen Revolution 1927, zu der Stalins Unterordnung der chinesischen Kommunistischen Partei (KPCh) unter die bürgerliche Kuomintang von Tschiang Kai Shek wesentlich beitrug, erklärt Thatcher:»... selbst wenn die KP China 1926 aus der Kuomintang ausgetreten wäre, so gibt es doch keine Belege dafür, dass sie 1927 deshalb erfolgreicher gewesen wäre.«[86] Welche »Belege« hat Thatcher ausgewertet? Anhand welcher Quellen hat er die Ereignisse von 1925–1927 erforscht? Es gibt einen großen Bestand an politischer und historischer Literatur, die die katastrophalen Konsequenzen von Stalins Politik in den Jahren 1925–1927 analysiert, und ein bedeutender Teil davon stammt von chinesischen Revolutionären.

Es gibt allerdings keine Belege dafür, dass Thatcher mit diesen Schriften auch nur im Geringsten vertraut ist. Es ist eine historische Tatsache, dass das Massaker, welches Tschiang Kai Shek im April 1927 an den Arbeitern von Shanghai verübte, begünstigt wurde durch das Versäumnis der chinesischen Kommunistischen Partei, Abwehrmaßnahmen zu ergreifen, um den Angriff zu verhindern oder den Kader in die Lage zu versetzen, ihn zurückzuschlagen. Die Passivität der KP China wurde von Stalin diktiert, der darauf bestand, dass die chinesischen Kommunisten alles vermieden, was Tschiang und die bürgerliche Kuomintang brüskieren könnte. Über den Zeitraum von beinahe einem Jahr warnten Trotzki und die Linke Opposition vor den selbstmörderischen Gefahren einer solchen Politik. Behauptet man nun, ein rechtzeitiges Befolgen ihrer Warnungen wäre ohne Wirkung geblieben, dann erhebt man die Hoffnungslosigkeit zum festen Bestandteil der Geschichte, zumindest sofern es sich um die sozialistische Revolution handelt.

In gleicher Weise argumentiert Thatcher, wenn es um das Thema Deutschland geht. »Trotzkis Analyse der Fehler der KPD und die Möglichkeit, dass Hitlers Triumph durch einen anderen

---

86 Thatcher, S. 156.

Kurs der deutschen Kommunisten hätte vermieden werden können, klingt verlockend«, schreibt Thatcher. »Es überrascht also kaum, dass spätere Untersuchungen diese Sichtweise unterstützt haben. Wer wünschte sich schließlich nicht, dass die Nationalsozialistische Deutsche Arbeiterpartei (NSDAP) niemals an die Macht gelangt wäre? Dennoch bleibt die Frage, ob die Geschichte wirklich so viel anders verlaufen wäre, wenn Trotzki die Ereignisse stärker hätte beeinflussen können ... Trotzki überschätzte die Macht der Arbeiter und unterschätzte die Stärke des Faschismus. Hitler hätte selbst noch bei einer Koalition von Kommunisten und Sozialdemokraten an die Macht kommen können ... Eine Veränderung der Politik der KPD, wie Trotzki sie forderte, hätte vielleicht nicht ausgereicht, um die NSDAP von der Macht fernzuhalten.«[87]

Dass die katastrophale Politik der beiden wichtigsten Arbeiterparteien SPD und KPD entscheidend zum Sieg Hitlers beigetragen hat, ist historisch ziemlich unumstritten. Natürlich gibt es viele Fragen dazu, warum diese Parteien eine so verheerende und selbstzerstörerische Politik verfolgten. Doch dass sie trotz millionenfacher Mitgliedschaft eine Politik machten, die sie zu völliger politischer Ohnmacht verurteilte, ist so gewiss, wie dies historisch überhaupt möglich ist. Wer behauptet, die Tätigkeit oder Untätigkeit der beiden Massenparteien hätten ohnehin keine Auswirkung auf den Ausgang des politischen Kampfs in Deutschland gehabt, Hitler hätte *in jedem Fall* gesiegt, der erklärt das Thema Arbeiterbewegung und sozialistische Politik für politisch und historisch bedeutungslos. Diese Schlussfolgerung ergibt sich unvermeidlich aus Thatchers Standpunkt.[88]

---

87 Thatcher, S. 179 ff.
88 Kein ernst zu nehmender zeitgenössischer Historiker vertritt die These, Hitlers Sieg sei in jeder Hinsicht unvermeidlich gewesen. Genauer gesagt, wird bis heute allgemein hervorgehoben, wie sehr Hitlers Aufstieg zur Macht an bestimmte Bedingungen geknüpft war. So schreibt Ian Kershaw, Autor einer vielbeachteten zweibändigen Hitler-Biografie: »Hitlers Machtübernahme war keinesfalls unvermeidlich, war kein Naturereignis. Wenn Hindenburg Schleicher den Auflösungserlass gewährt hätte, wie er es im Falle Papens bereitwillig getan hatte, und die Neuwahlen über die verfassungskonforme Sechzig-Tage-Frist hinaus verschoben hätte, wäre es mög-

Während Thatcher betont, eine Annahme der von Trotzki vorgeschlagenen Politik hätte keinen Unterschied gemacht, wendet er sich immer wieder gegen Trotzkis Kritik an Stalin. Seine Feindschaft gegen Trotzki und seine Sympathie für Stalin ist so unerschütterlich, dass man annehmen muss, sein Werk werde durch unausgesprochene politische Ziele motiviert. Vor langer Zeit hat uns E. H. Carr in seinem zu Recht berühmten Werk »Was ist Geschichte?« den Rat erteilt, darauf zu achten, wo einen Historiker der Schuh drückt. Bei einem guten Historiker gibt es einen Gleichklang zwischen seiner Persönlichkeit als Historiker und seinem Umgang mit dem Faktenmaterial. Doch von Herr Thatchers Persönlichkeit als Historiker geht ein lauter, disharmonischer und tendenziöser Misston aus, der eher nach Stalinismus klingt. Mich beunruhigen hier nicht Thatchers politische Auffassungen – auf die er ein Recht hat –, sondern sein Umgang mit historischen Fakten. Die Persönlichkeit des Historikers wird erst dann zu einem ernsten Problem, wenn sie die Geschichte übertönt und unkenntlich macht.

Thatcher verteidigt Stalin

Thatcher verteidigt Stalin gegen Trotzkis Kritik, indem er erklärt, Trotzkis »These von einem stalinistischen Verrat der Weltrevolution ist einseitig und nicht überzeugend. Sie ignoriert beispielsweise die positiven Aspekte der Volksfronttaktik, die in Form wachsender Unterstützung für die Kommunistischen Parteien

---

lich gewesen, einen Kanzler Hitler zu vermeiden. Da die wirtschaftliche Trendwende ebenso bevorstand wie ein Zusammenbruch der NS-Bewegung, falls diese nicht bald die Macht übernahm, hätte die Zukunft sogar unter einem autoritären Kabinett ganz anders ausgesehen. Sogar als das künftige Kabinett am 30. Januar um elf Uhr über den Streitigkeiten zwischen Hitler und Hugenberg den Präsidenten warten ließ, hätte die Kanzlerschaft Hitlers noch platzen können. Die Geschichte vom Aufstieg nach bescheidenen Anfängen, der über einen ›Triumph des Willens‹ im Griff nach der Macht gipfelte, war der Stoff, aus dem die nationalsozialistische Legende gewebt wurde. Tatsächlich spielten bei Hitlers Weg ins Kanzleramt politische Fehlkalkulationen derer, die regelmäßig Zugang zu den Vorhöfen der Macht hatten, eine größere Rolle als persönliche Aktionen des NS-Führers.« (Hitler 1889–1936. Stuttgart, 1998, S. 524 f.)

und ihrem größeren Einflusses offensichtlich waren.«[89] An diesem Punkt, gegen Ende seiner Biografie, hat Professor Thatcher den Unterschied zwischen Geschichtsschreibung und tendenziöser Polemik bis zur Unkenntlichkeit verwischt. Den Anspruch, eine Biografie vorzulegen, lässt er praktisch fallen und setzt dem Leser vor, was man einst als stalinistische Parteilinie bezeichnete. Thatcher singt ein Loblied auf die »Erfolge« der Volksfrontära und ignoriert Trotzkis Analyse des siebten Kongresses der Komintern 1935, der (nach der Katastrophe des stalinistischen ultralinken Kurses der »Dritten Periode«) den Schwenk hin zu Bündnissen mit bürgerlichen Parteien zur offiziellen Politik erhob. Thatcher verschweigt die Einschätzung Trotzkis, wonach der siebte Kongress und die Verabschiedung der Volksfrontpolitik bedeuteten, jeden Zusammenhang zwischen Komintern und der Perspektive der sozialistischen Revolution zurückzuweisen – eine Entwicklung, die in den außenpolitischen Interessen des stalinistischen Regimes in der UdSSR wurzelte. Der Hinweis ist angebracht, dass E. H. Carr in »Twilight of the Comintern« diese Einschätzung teilt.[90]

Thatcher fährt fort: »Für Trotzkis Behauptung, die Taktik der Komintern sei nach den Bedürfnissen der sowjetischen Diplomatie ausgerichtet worden, gibt es ebenso keinen Beweis.«[91] Thatcher argumentiert hier nicht nur gegen Trotzki, sondern gegen einen

---

89 Thatcher, S. 203.
90 Carr schrieb, dass »der siebte Kongress den tieferen Trend ans Tageslicht brachte, der für den aufmerksamen Kritiker schon lange sichtbar war, die Ziele der Komintern mit der Politik der UdSSR gleichzusetzen; und nach dem paradoxen Erfolg des Kongresses schien die Komintern keine reale Bedeutung mehr zu haben. Bezeichnenderweise wurde kein weiterer Kongress und keine weitere wichtige Sitzung des EKKI (Exekutivkomitee der Kommunistischen Internationale) mehr einberufen. Die Komintern erfüllte weiterhin untergeordnete Funktionen, während die Aufmerksamkeit des Publikums in eine andere Richtung gelenkt wurde. Trotzkis Urteil, dass der siebte Kongress der Komintern als ›Kongress der Auflösung‹ in die Geschichte eingehen würde, war nicht ganz ungerechtfertigt. Der siebte Kongress wies den Weg zum *dénouement* im Jahr 1943 [der formalen Auflösung der Komintern 1943].« (Twilight of the Comintern, 1930–35. New York, 1982, S. 427, aus dem Englischen).
91 Thatcher, S. 204.

Berg überwältigender historischer Belege. Wer als Autor derartige Behauptungen aufstellt, verwirkt das Recht, als Historiker ernst genommen zu werden. Wie will Thatcher erklären, dass sich die politische Linie der Kommunistischen Parteien überall auf der Welt nach dem Abschluss des Hitler-Stalin-Pakts im August 1939 schlagartig änderte? Oder dass zahlreiche führende Mitglieder der Kommunistischen Parteien verschiedener Länder während des stalinistischen Terrors von 1937–1939 physisch liquidiert wurden? Praktisch die gesamte Führung der polnischen Kommunistischen Partei wurde ausgelöscht, weil Stalin sie verdächtigte, mit dem Trotzkismus zu sympathisieren. Viele ehemals führende Mitglieder der Kommunistischen Partei Deutschlands, die vor Hitler in die UdSSR geflohen waren, wurden in Moskau während des Terrors hingerichtet. Der Generalsekretär der KPD, Ernst Thälmann, den die Nazis verhaftet hatten, wurde von Stalin im Stich gelassen. Nach dem Abschluss des Hitler-Stalin-Pakts hätte Stalin seine Freilassung in die Sowjetunion erwirken können, lehnte dies jedoch ab. Thälmann wurde in Buchenwald erschossen. Die Führung, die 1945 aus dem sowjetischen Exil nach Deutschland kam, um das zukünftige Ostdeutschland zu kontrollieren, bestand aus Individuen, die Stalin am Leben gelassen hatte, oft um den Preis, ihre KPD-Genossen zu denunzieren. Ist das alles nicht eine Form der Unterordnung der Kommunistischen Parteien unter die Diktate des Sowjetregimes?

Will man den allgegenwärtigen Einfluss der Sowjetunion auf die Politik der Komintern verstehen, kommt man nicht umhin, sich mit den Aktivitäten der GPU (später: NKWD), der Geheimpolizei des stalinistischen Regimes zu beschäftigen. In einem seiner letzten Artikel, »Die Komintern und die GPU«, den er weniger als zwei Wochen vor seiner Ermordung fertigstellte, ging Trotzki detailliert auf diese Frage ein.[92] Anhand der Berichte von Walter Kriwitzki, der der GPU den Rücken gekehrt hatte, und Benjamin

---

92   »The Comintern and the GPU« ist in Trotzkis Buch »Stalin's Gangsters« enthalten (London, 1977). Der verstorbene Harold Robbins (1908–1987), Leiter der Wachmannschaft Trotzkis in Coyoacán von 1939–1940, teilte dem Verlag mit, dass Trotzki diesen Titel für eine Artikelsammlung über die Aktivitäten der GPU vorgeschlagen hatte.

Gitlow, einem ehemaligen Führungsmitglied der amerikanischen Kommunistischen Partei, zeigte Trotzki auf, wie die GPU die stalinistischen Organisationen kontrollierte. Sein Artikel beinhaltete eine Untersuchung finanzieller Transaktionen, anhand derer er nachwies, wie Geldzuwendungen eingesetzt wurden, um den nationalen stalinistischen Parteien die politische Linie vorzugeben und sie zu kontrollieren. Er wies auch die finanzielle Abhängigkeit dieser Parteien von den Zahlungen Moskaus nach. Thatcher unterlässt es, dieses Dokument, die letzte wichtige Schrift Trotzkis vor seinem Tod am 21. August 1940, zu untersuchen, zu analysieren und sich dazu zu äußern. Er ignoriert es einfach.

Auch an einer weiteren Front verteidigt Thatcher Stalin leidenschaftlich. Er schreibt:»Trotzki unterschätzte außerdem auch die Fähigkeit der UdSSR, einer deutschen Kriegserklärung, die im Juni 1941 dann auch erfolgte, die Stirn zu bieten. Stalin erwies sich als fähiger Führer im Krieg und stand im anfänglichen Chaos bei den ersten deutschen Angriffen unerschütterlich auf der Kommandobrücke.«[93] Zwei Themen werden hier angesprochen: erstens, für wie widerstandsfähig Trotzki die Sowjetunion im Kriegsfall einschätzte, und zweitens, Stalins Rolle als Führer im Krieg. In der ersten Frage verfälscht Thatcher erneut die Position Trotzkis. Er zitiert nicht einmal die ausführliche Erklärung Trotzkis über die Widerstandskraft der Sowjetunion im Kriegsfall. In seiner Schrift vom März 1934,»Die Rote Armee«, kam Trotzki zu Schlussfolgerungen, die das genaue Gegenteil dessen aussagen, was Thatcher ihm unterstellt.»Wer die Geschichtsbücher studieren will und kann«, schrieb Trotzki,»wird eins sogleich begreifen: Sollte die russische Revolution, die seit dreißig Jahren – seit 1905 – ein ständiges Auf und Ab kennt, gezwungen sein, ihre Strömung in den Kanal eines Kriegs zu lenken, so wird sie eine ungeheure, alles überwältigende Kraft entfalten.«[94] Aus dieser Erklärung kann man kaum eine Unterschätzung der UdSSR ableiten.

---

93 Thatcher, S. 206.
94 Leo Trotzki, Schriften 1.1, Sowjetgesellschaft und stalinistische Diktatur 1929–1936. Hamburg, 1988, S. 536.

Eigenartig, dass Thatcher ausgerechnet Stalins Verhalten während der »ersten deutschen Angriffe« anführt, um ihm ein besonderes Lob als Kriegsführer auszusprechen. Ihm ist sicher bewusst, dass Stalins Reaktion auf die deutsche Invasion am 22. Juni 1941 viele Fragen aufwirft. Zahlreiche Bücher, darunter die Memoiren führender sowjetischer Funktionäre, berichten von einem emotionalen Schockzustand Stalins, als er die Nachricht von der Invasion erhielt, die das völlige Scheitern seiner diplomatischen Abmachungen mit Hitler offenbarte und die Sowjetunion mit dem Ruin bedrohte. Thatcher weiß das und erklärt in einer Fußnote: »Einige Lehrbücher behaupten, Stalin sei beim Einmarsch der Deutschen in die UdSSR in Panik geraten, und sein Sturz wäre möglich gewesen ... Diese Behauptungen werden von S. J. Main in ›Stalin in 1941‹ überzeugend widerlegt.«[95]

Die Behauptung, die Kritik an Stalins Verhalten nach der Invasion der Deutschen sei von Professor S. J. Mains kurzem, zweiseitigen Artikel »überzeugend widerlegt« worden, der nur einen wesentlich längeren Artikel einer anderen Historikerin kommentiert, ist eine Karikatur auf ein wissenschaftliches Urteil und ein Beispiel für politische Apologetik.[96] Überdies ist die Frage, was Stalin in der letzten Juniwoche 1941, nach der Invasion der Nazis, tat oder nicht tat, zweitrangig für die Beurteilung seiner Verantwortung für die Katastrophe, die über die Sowjetunion hereinbrach. Die entsetzlichen Verluste an Menschenleben, die die sowjetische Bevölkerung erlitt, ergaben sich direkt aus der Politik und dem Handeln Stalins: der Ermordung der führenden sowjetischen Marschälle und Generäle, darunter Tuchatschewski, Jakir, Gamarnik, Blücher, Jegorow und Primakow, der Liquidierung von 75 Prozent aller Offiziere der Roten Armee in den Jahren 1937–1938, der Ermordung der besten Repräsentanten der sozi-

---

95 Thatcher, S. 234.
96 Der Artikel, auf den sich Thatcher bezieht, heißt »Stalin in June 1941: A Comment on Cynthia Roberts«, von Steven J. Main, in: Europe-Asia Studies, Jg. 48, Nr. 5, Juli 1996, S. 837–39. Professor Mains Kommentar war eine Erwiderung auf Cynthia Roberts' »Planning for War: The Red Army and the Catastrophe of 1941« in: Europe-Asia Studies, Jg. 47, Nr. 8, Dezember 1995, S. 1293–1326.

alistischen Intelligenz und der Arbeiterklasse, der systematischen Desorganisation und Schwächung der sowjetischen militärischen Verteidigung, um Hitler nicht zu reizen, seiner Weigerung, auf die Informationen seines Geheimdienstes über eine kurz bevorstehende deutsche Invasion zu reagieren, usw. Dies alles ist durch zahlreiche Dokumente in unzähligen Büchern und wissenschaftlichen Artikeln belegt. Doch Thatcher ignoriert es und verkündet, ein zweiseitiger Artikel in einer Zeitschrift kläre endgültig die Frage nach Stalins Rolle im Zweiten Weltkrieg.[97]

Warum »die Bronsteins«?

Angesichts der massiven Verfälschung von Trotzkis Leben und der plumpen Verteidigung Stalins erscheinen die Absichten des Autors selbst zunehmend dubios, nicht nur im intellektuellen, sondern auch im moralischen Sinn. Unter diesem Aspekt ist es bemerkenswert, dass Thatcher Trotzki und seine Frau Natalia Sedowa wiederholt »die Bronsteins« nennt. Ich habe nicht weniger als neun Textstellen gezählt, wo Thatcher das Paar so bezeichnet, meistens wenn er die privaten Lebensumstände oder die Umzüge von einem Exil ins andere schildert. Thatcher schreibt, »In Wien lebten die Bronsteins hauptsächlich von geliehenem Geld« (S. 52); »Schließlich durften die Bronsteins nach Barcelona gehen« (S. 77); »die Bronsteins wurden über die Grenze gebracht« (S. 164); Prinkipo »bot den Bronsteins über weite Teile ihres Aufenthalts ein Zuhause«, »in Frankreich zum Beispiel hatten die Bronsteins nicht weniger als ein Dutzend Wohnsitze« (S. 188); »Der Umzug nach Nordamerika, wo die Bronsteins Mitte Januar

---

97   Es gehört zu Thatchers bevorzugten rhetorischen Tricks, eine äußerst kontrovers diskutierte historische Frage als erledigt zu erklären. Er macht einen Artikel ausfindig, der seine Meinung stützt, und verkündet dann, dieser Artikel sei »überzeugend«. Natürlich sind viele Fachleute weiterhin nicht überzeugt. Zu Stalins Verantwortung für die Katastrophe von 1941 schreibt beispielsweise David E. Murphy: »Stalins persönliche Verantwortung für die kolossalen Verluste, insbesondere in den ersten tragischen Monaten des Kriegs, kann nicht verniedlicht oder geleugnet werden« (What Stalin Knew: The Enigma of Barbarossa. New Haven und London, 2005, S. 247, aus dem Englischen).

1937 ankamen« (S. 189), und so fort. Weshalb bezeichnet That-cher Trotzki und Sedowa so hartnäckig als »die Bronsteins«? Die Tatsachen liefern jedenfalls keinen Grund dafür. Trotzki und Sedowa benutzten diesen Namen nicht. Trotzkis Frau Natalia trug ihren eigenen Familiennamen Sedowa. Die beiden Kinder von Leo Dawidowitsch und Natalia, Leon und Sergej, nannten sich mit Nachnamen Sedow. Trotzki benutzte Sedow als legalen Namen; nach 1902 hatte er sich nie wieder Bronstein genannt.

Dies ist keine Nebensächlichkeit, wie es jemandem scheinen mag, der mit Trotzkis Leben nicht vertraut ist. Wie jeder andere Aspekt seines Lebens erlangte auch der Name seiner Familie poli-tische Bedeutung. Im Januar 1937 kommentierte Trotzki die Tat-sache, dass sein jüngster Sohn, nachdem er unter dem Vorwurf der Sabotage verhaftet worden war, in der sowjetischen Presse als Sergej *Bronstein* bezeichnet wurde.

Trotzki schrieb:

Seit 1902 habe ich durchgehend den Namen Trotzki getragen. Wegen meines Status als Illegaler trugen meine Kinder unter dem Zarismus den Familiennamen ihrer Mutter: Sedow. Damit sie den für sie gewohnten Namen nicht ablegen mussten, nahm ich für »zivile Zwecke« den Namen Sedow an (es ist bekannt, dass nach sowjetischem Recht ein Ehemann den Namen sei-ner Frau annehmen kann). Der sowjetische Pass, mit dem ich, meine Frau und mein älterer Sohn ins Exil gehen mussten, wurde auf den Namen der Familie Sedow ausgestellt. Meine Söhne haben also zu keiner Zeit den Namen Bronstein getra-gen. Warum bringt man diesen Namen jetzt in die Öffentlich-keit? Die Antwort liegt auf der Hand: wegen seines jüdischen Klangs. Man muss hinzufügen, dass laut Anklage mein Sohn einen Mord an Arbeitern plante. Gibt es wirklich einen großen Unterschied zum Vorwurf gegenüber den Juden, zu Ritualzwe-cken das Blut der Christen vergießen?[98]

---

98   »Anti-Semitic Devices«, 30. Januar 1937, in: Leon Trotsky, Writings 1936–1937. New York, 1978, S. 177, aus dem Englischen.

Es ist unvorstellbar, dass Thatcher mit diesen und anderen Begebenheiten nicht vertraut ist, bei denen Trotzki die Verwendung seines ursprünglichen Familiennamens als antisemitisches Manöver bezeichnete und verurteilte. Weshalb also spricht Thatcher von den Bronsteins statt von den Trotzkis oder Sedows, wenn er doch weiß, dass dies auch faktisch falsch ist? Es ist seine moralische Verantwortung, den legitimen Verdacht auszuräumen, dass hier niedere Berechnung im Spiel ist. Ich behaupte nicht, dass Thatcher ein Antisemit ist. Fest steht aber zweifelsfrei, dass er, aus welchen Gründen auch immer, den Leser wiederholt auf die jüdischen Wurzeln Trotzkis aufmerksam macht. Er sollte seine Gründe dafür darlegen.[99]

Thatcher verfälscht die Ergebnisse der Dewey-Kommission

Etwa zwei Seiten widmet Thatcher den Moskauer Prozessen und Trotzkis Kampf, deren Anklagen zu widerlegen. Er erörtert die Bildung der Dewey-Kommission und die Anhörung, die im April 1937 in Mexiko stattfand, »wo die Bronsteins wohnten«.[100] Nach einer kurzen Darstellung des Ablaufs und der Zeugenaussage von Trotzki kommt Thatcher zu den Ergebnissen der Kommission. Er schreibt: »*Die Moskauer Prozesse wurden als ungeeigneter Weg zur Wahrheitsfindung erklärt und die Anklagen gegen Trotzki als nicht bewiesen bezeichnet.*« (Hervorhebung hinzugefügt.)[101]

Dies ist eine Verfälschung der Ergebnisse der Dewey-Kommission. Am 21. September 1937 gab die Kommission ihre Ergebnisse zu 23 Anklagepunkten bekannt. Die ersten 21 widerlegten spezifische Anklagen gegen Trotzki, die für die Anklageerhebung der sowjetischen Staatsanwaltschaft große Bedeutung hatten. In Punkt 22 und 23 präsentierte die Kommission die entscheidenden

---

99 Ein Biograf wäre durchaus berechtigt, die kulturellen, psychologischen und politischen Aspekte der jüdischen Herkunft Trotzkis zu erkunden. Einige Biografen haben dies früher bereits versucht, wenn auch nicht sehr erfolgreich. Doch Thatcher bekundet kein besonderes Interesse an dieser Frage, und gerade das macht seine plumpen und faktisch falschen Verweise auf »die Bronsteins« besonders merkwürdig und verdächtig.

100 Thatcher, S. 197.

101 Ebd.

Schlussfolgerungen: »22. Wir kommen daher zu dem Ergebnis, dass die Moskauer Prozesse juristische Verschwörungen darstellen. 23. Wir kommen daher zu dem Ergebnis, dass Trotzki und [sein Sohn] Sedow nicht schuldig sind.«[102] Man beachte den Unterschied in der Wortwahl der Dewey-Kommission und der Thatchers. Es macht einen grundlegenden Unterschied, ob ein Verfahren eine »Verschwörung« (engl. »frame-up«, die Bezeichnung der Dewey-Kommission) oder »ein unzuverlässiger Weg zur Wahrheitsfindung« (Thatchers Bezeichnung) genannt wird. Eine Verschwörung ist ein scheinbar rechtmäßiges Verfahren, bei dem Beweise fabriziert und konstruiert werden, um einen im Voraus festgelegten Schuldspruch herbeizuführen. Sie ist nicht nur »ein unzuverlässiger Weg zur Wahrheitsfindung.« Sie zielt darauf ab, die Wahrheit zu unterdrücken, und benutzt Lügen, um, unter Vortäuschung eines rechtmäßigen Verfahrens, die Inhaftierung oder Hinrichtung einer zu Unrecht angeklagten Person zu erleichtern. Thatcher hätte einfach den Punkt 22 der Dewey-Kommission zitieren können. Stattdessen benutzt er die Worte »ein unzuverlässiger Weg zur Wahrheitsfindung«, um etwas völlig anderes zu sagen als der eine Begriff, den die Kommission fand: »Verschwörung«.[103]

Auch zwischen einem Urteilsspruch »nicht schuldig« (den die Dewey-Kommission bekanntgab) und »nicht bewiesen« (Thatchers Ausdruck) besteht ein elementarer *juristischer* Unterschied. »Nicht schuldig« lässt die Unschuldsvermutung intakt. »Nicht bewiesen« ist etwas ganz anderes. Dieses Urteil impliziert, dass die Geschworenen von der Unschuld des Angeklagten nicht überzeugt waren, während die Beweise für einen Schuldspruch nicht ausreichten. Thatcher, der viele Jahre in Glasgow lebte und lehrte, kennt den Unterschied zwischen »nicht schuldig« und »nicht bewiesen« sehr genau. Zu den Eigenarten des schottischen

---

102 John Dewey, (Jo Ann Boydston, Hg.), Collected Works, Bd. 11, 1935–1937. Carbondale, 1991, S. 323, aus dem Englischen.

103 Bei der Bekanntgabe der Ergebnisse der Untersuchung bemerkte John Dewey: »Die Mitglieder der Kommission waren ausnahmslos entsetzt über den völlig verleumderischen Charakter des gesamten Moskauer Prozesses, der zugleich fragwürdig und bösartig ist.« (Ebd. S. 324)

Rechts zählt, dass es ein Urteil »nicht bewiesen« ermöglicht. Darüber wurden Jahrhunderte lang bedeutende juristische Kontroversen geführt, eben weil durch das sogenannte »dritte Urteil« der Angeklagte mit einem moralischen Makel behaftet bleibt.[104] Man muss schon sehr naiv sein, um anzunehmen, seine Wahl des Terminus »nicht bewiesen« anstelle von »nicht schuldig« sei ein harmloser Irrtum. Thatcher macht sich fraglos einer Fälschung hinsichtlich der Ergebnisse der Dewey-Kommission schuldig.

Welchen Zweck verfolgt diese Fälschung, mag sich der Leser fragen. Und warum sollte man ihr große Bedeutung beimessen? Der Leser sollte sich die Methode Thatchers und Swains vergegenwärtigen, die wir bereits untersucht haben. Da sie sich gegenseitig zitieren und ihre Werke von anderen zitiert werden, gelangt der Virus der Fälschung über eine selbstgefällige akademische Welt heimtückisch in die breite Öffentlichkeit. In obigem Beispiel wird die enorme ursprüngliche Überzeugungskraft, die das Urteil der Dewey-Kommission hatte, verwässert und verfälscht. In dem Maße, wie die Verurteilung der Moskauer Prozesse als Verschwörung und der eindeutige Freispruch Trotzkis und Sedows im geschichtlichen Bewusstsein verblassen, tragen Thatchers Formulierungen, die auch von anderen leichtfertigen Historikern übernommen werden, dazu bei, bereits bewiesene Fakten und die objektive Wahrheit zu untergraben.

Thatchers abschließende Äußerungen zu Trotzkis Rolle in der Geschichte

Nach mehr als 200 Seiten Verzerrungen, Halbwahrheiten und glatten Fälschungen sind wir bei Thatchers abschließender Bewertung Trotzkis angelangt. »Trotzki«, so sagt er seinen Lesern, »war kein großer politischer Führer oder Prophet. Den größten Teil seines politischen Lebens war er in der Opposition und vertrat Ansichten, die nur eine Minderheit teilte.«[105] Darauf sollten seine Leser antworten: »Nun, Herr Professor Thatcher, das ist nicht

---

104 Der Romancier Sir Walter Scott verurteilte es treffend als »Bastard-Urteil«.
105 Thatcher, S. 224.

mehr als Ihre Meinung.« Es ist eine Meinung, die durch keinerlei glaubwürdige wissenschaftliche Arbeit untermauert wird, und es gibt daher keinen Grund für den Leser, sie besonders ernst zu nehmen. Man erinnert sich an Hegels Mahnung: »Was kann unnützer sein, als eine Reihe bloßer Meinungen kennenzulernen – was langweiliger?«[106] Der Ausgangspunkt seiner Meinung – Trotzki sei den größten Teil seines Lebens in der Opposition gewesen – verrät mehr über die Ansichten und den Charakter Thatchers aus als über den revolutionären Führer, über den er urteilt.

Weiter schreibt er:

> Gibt es etwas von bleibendem Wert in Trotzkis Werk, oder waren er und seine Schriften nur für seine Zeit und Erfahrungen wichtig? Die Antwort auf diese Frage hängt mindestens teilweise davon ab, wie man den Marxismus und Trotzkis Format als Marxist beurteilt.
>
> Um mit letzterer Frage zu beginnen, so ist zweifelhaft, ob Trotzki irgendeinen bleibenden Beitrag zum marxistischen Denken geleistet hat. Er hat einige grundlegende Schriften von Marx vielleicht nicht einmal gekannt. In »Verratene Revolution« beispielsweise *beharrt* Trotzki *mehrmals darauf, dass Marx nichts über Russland zu sagen hatte*, dass der Meister eine sozialistische Revolution zunächst in den Ländern des fortgeschrittenen Kapitalismus erwartete. Damit ignoriert er Marx' Interesse an der Frage, ob das »rückständige« Russland den Kapitalismus überspringen und auf direktem Wege auf der Grundlage der Bauernkommune zum Sozialismus gelangen könne.
>
> Marx Antwort darauf, die für Trotzkis Theorie der permanenten Revolution natürlich wichtig ist, findet sich in mehreren seiner Schriften, so auch im Vorwort zur russischen Ausgabe des »Kommunistischen Manifests« von 1881. Darin bejaht Marx diese Möglichkeit. Eine Revolution in Russland könne einen direkten Übergang zum Sozialismus anstreben unter

---

106 G. W. F. Hegel, Vorlesungen über die Geschichte der Philosophie I. Berlin, 1984, S. 19.

der Voraussetzung, dass sie den Startschuss zu sozialistischen Revolutionen im fortgeschrittenen Westen gebe. Hätte Trotzki diesen und andere Texte gekannt, in denen Marx über den Aufbau des Sozialismus in Russland schrieb, hätte er gewiss einen stärkeren Zusammenhang zwischen seiner Theorie der permanenten Revolution und Marx beansprucht und auch weniger Originalität für seine Konzeption des revolutionären Prozesses in Russland geltend gemacht. Wenn wir annehmen, dass Trotzki nicht von Marx' Beschäftigung mit Russland wusste, so deutet dies darauf hin, dass Trotzkis Marxismus ein Produkt der russischen Verhältnisse war. (Hervorhebung hinzugefügt.)[107]

In diesem Absatz vereint der Autor gleichermaßen Ignoranz und Unverschämtheit. Derartige Ergüsse hätten vor dem Zusammenbruch der Sowjetunion in Dutzenden von stalinistischen Zeitschriften stehen können. Die Behauptung, Trotzki »beharrte darauf, dass Marx nichts über Russland zu sagen hatte«, stellt Trotzkis Position völlig falsch dar. Trotzki erklärte vielmehr genau, weshalb es nicht möglich war, aus einer mechanischen Anwendung von Marx' historischen Konzeptionen eine Analyse der sowjetischen Gesellschaft abzuleiten.[108] Damit bewies Trotzki nicht sein Unwissen über Marx' Werk, sondern seine kreative Herangehensweise an den Marxismus. Zentrale Argumente in »Verratene Revolution« gründete er außerdem auf Äußerungen von Marx. Er verwandte, um nur ein Beispiel zu nennen, den Begriff des »allgemeinen Mangels«, den Marx in der »Deutschen Ideologie« verwendet, um die Ursprünge und die soziale Funktion

---

107 Thatcher, S. 215.
108 In einem einschlägigen Absatz schreibt Trotzki Folgendes: »Übrigens erwartete Marx, die sozialistische Revolution würde von den Franzosen begonnen, von den Deutschen fortgesetzt und von den Engländern abgeschlossen werden; was die Russen betrifft, so blieben sie weit in der Nachhut zurück. Doch in Wirklichkeit kam es umgekehrt. Wer heute Marx' universal-historische Konzeption mechanisch auf den Sonderfall der UdSSR in ihrer gegenwärtigen Entwicklungsstufe anzuwenden versucht, wird sich bald in unentwirrbare Widersprüche verstricken.« (Leo Trotzki, Verratene Revolution. Essen, 2009, S. 92).

der Bürokratie in der UdSSR als »Gendarm« zu erklären, der die soziale Ungleichheit mit dem Polizeiknüppel durchsetzt.

Thatchers Behauptung, Trotzki habe Marx' Schriften von 1881 über die Aussichten des Sozialismus in Russland nicht gekannt und überdies die Verbindung zwischen seiner eigenen Theorie der permanenten Revolution und Marx' Schriften nicht verstanden, lässt sich leicht widerlegen. Thatcher hat offensichtlich den Essay »Marxismus und die Beziehung zwischen Proletariat und Bauernrevolution« vom Dezember 1928 nicht gelesen. Trotzki untersuchte eigens die Korrespondenz zwischen Marx und der alten russischen Revolutionärin Wera Sassulitsch aus dem Jahr 1881, in dem Marx die theoretischen Fragen bearbeitete, die er in knapper Form im Januar 1882 (nicht 1881, wie Thatcher schreibt) im Vorwort zur russischen Ausgabe des »Kommunistischen Manifests« zusammenfasste. Wie sehr er selbst geistig in der Schuld von Marx stand, dazu schrieb Trotzki in diesem Essay: »Der Gedanke der permanenten Revolution gehörte zu den wichtigsten Gedanken von Marx und Engels.«[109] Thatcher behauptet also am Ende seiner Biografie, Trotzki sei mit wichtigen Schriften von Marx über Russland nicht vertraut gewesen, und es stellt sich heraus, dass diese fantastische Hypothese nur darauf zurückzuführen ist, dass Thatcher seine elementaren intellektuellen Hausaufgaben nicht erledigt hat![110]

---

109 Leon Trotsky, The Challenge of the Left Opposition 1928–1929. New York, 1981, S. 349, aus dem Englischen.
110 Thatcher hat auch die Rede Trotzkis vom 14. November 1922 auf dem vierten Kongress der Kommunistischen Internationale übersehen. Trotzki sprach unmittelbar zu Marx' Spekulation über die Möglichkeit eines Übergangs zum Sozialismus auf der Grundlage von Bauernkommunen. Er sagte: »1883 äußerte Marx in einem Brief an Nicholas Danielson, einen der Theoretiker der russischen Volkstümler (Narodniki), sollte das Proletariats in Europa die Macht ergreifen, ehe die Geschichte die russische Obschina (dörfliche landwirtschaftliche Kommune) völlig zerstört haben würde, dann könnte sogar diese Obschina zu einem der Ausgangspunkte einer kommunistischen Entwicklung werden. Und Marx hatte damit absolut recht.« (»Die Neue Ökonomische Politik und die Weltrevolution«, in: The First Five Years of the Communist International, Bd. 2. London, 1974, S. 230, aus dem Englischen)

Wenn Thatcher sarkastisch die Frage nach der Bedeutung Trotzkis stellt, sollte er uns erklären, weshalb er ein 240-Seiten-Buch geschrieben hat, um seine Bedeutungslosigkeit zu verkünden. Warum hat er zusammen mit seinem früheren Kollegen von der Universität Glasgow James D. White das kurzlebige »Journal of Trotsky Studies« gegründet, dessen Herausgabe das erste größere Anti-Trotzki-Projekt Thatchers war? Warum hat Swain seine 237-Seiten-Biografie geschrieben?

Bemerkenswerterweise hat Thatcher keine Zweifel an der Bedeutung Stalins. Bei einer Besprechung mehrerer Arbeiten über Stalin, die anlässlich des fünfzigsten Todestags des Diktators erschienen waren, verriet er, wo ihn der Schuh drückt, gestand eine gewisse Sehnsucht nach »einer gutartigen Version des Stalinismus« und fügte hinzu: »Stalin übt eine anhaltende Faszination aus und löst immer noch Momente moralischer Unsicherheit aus«.[111] Welche Art von moralischer Unsicherheit, muss man sich fragen, kann vom Handeln eines blutrünstigen Tyrannen ausgelöst werden, der eine ganze Generation von Sozialisten liquidierte, die Prinzipien der Oktoberrevolution verriet und die Entwicklung in Gang setzte, die zur Zerstörung der Sowjetunion führte?

5. Schlussbemerkung

Thatchers und Swains Trotzki-Biografien durchzuarbeiten, war eine unangenehme Erfahrung. Ungeachtet der Länge dieses Aufsatzes konnte ich keinesfalls auf alle Verzerrungen und Verfälschungen in den beiden Büchern eingehen. Eine umfassende Darstellung erforderte nichts weniger als ein eigenes Buch. Diese Besprechung hat aber deutlich gemacht, glaube ich, dass keiner der beiden Biografien ein wissenschaftliches Verdienst zukommt. Noch bleibt aber die Frage: Weshalb wurden diese Bücher geschrieben? Welchen Zweck verfolgen sie? Die Antwort ist meiner Auffassung nach auf dem Feld der Politik zu finden. Obwohl

---

111 Ian Thatcher, Stalin and Stalinism: A Review Article, in: Europe-Asia Studies, Jg. 56, Nr. 6, September 2004, S. 918, aus dem Englischen.

Thatcher gegen Ende seines Buchs zynisch über die Bedeutung Trotzkis spekuliert, glaubt er wohl kaum, dass Trotzki eine so unbedeutende historische Erscheinung ist. Thatchers zwanghaftes Interesse an Trotzki legt vielmehr die Vermutung nahe, dass er im Stillen eine deutlich andere Meinung vertritt. Daran täte er gut, denn die Bedeutung Trotzkis als historische Gestalt ist unlösbar verbunden mit dem komplizierten Verlauf des internationalen Klassenkampfs. Um Trotzkis Bedeutung zu bestimmen, muss man sich einige andere Fragen stellen: Welche Bedeutung hat der Sozialismus? Worin besteht die Bedeutung des Marxismus? Welche Bedeutung hat der Klassenkampf in der modernen Gesellschaft? Hat der Kapitalismus eine neue und dauerhafte Stabilität erlangt? Ist gar die Auffassung einer »Krise des Kapitalismus« historisch überholt? Diese Fragen gilt es sich zu stellen, wenn es um den Platz Trotzkis in der Geschichte geht und um die Bedeutung seiner Ideen in der Welt von heute.

Leo Trotzkis Ideen erscheinen im Lichte objektiver Entwicklungen alles andere als fern. Zum einen haben die Entwicklungen auf technologischem Gebiet und ihre Auswirkungen auf Produktion und Handel eine globale Ökonomie geschaffen, die auf die althergebrachten nationalstaatlichen Strukturen einen gewaltigen Druck ausübt. Und der steile Niedergang der USA und ihrer Position in der Weltwirtschaft macht eine neue Weltordnung, die die zwischenstaatlichen Beziehungen reguliert und globale Stabilität garantieren kann, wenig wahrscheinlich. Die kapitalistische Weltordnung steuert auf einen systemischen Zusammenbruch zu, der in seinem Ausmaß an den Zusammenbruch von 1914–1945 heranreicht.

Die Brüchigkeit der wirtschaftlichen und politischen Weltordnung hat sich durch innere soziale Spannungen zwischen den Klassen deutlich erhöht. Im Verlauf des vergangenen Vierteljahrhunderts sind wir Zeuge des Zusammenbruchs der alten Massenparteien und Organisationen der Arbeiterklasse geworden. Es gibt wohl nirgendwo mehr eine politische Partei auf der Welt, die bei den Massen noch in nennenswertem Maße Glaubwürdigkeit genießt. Die alten kommunistischen und sozialdemokratischen Parteien sind entweder zusammengebrochen (so die allermeisten stalinistischen Organisationen) oder fristen ihr Leben als

Organisationen, die nur durch einen völlig korrupten Apparat aufrechterhalten werden. Wenn man sie noch als Organisationen der »Arbeiterklasse« bezeichnet, missbraucht man die historische Bedeutung dieses Begriffs. Sie sind allesamt rechte bürgerliche Parteien, die der Verteidigung des Kapitalismus und den imperialistischen Interessen der transnationalen Konzerne ebenso sehr verpflichtet sind wie die alten traditionell bürgerlichen Parteien.

Die stalinistisch und sozialdemokratisch geprägten reformistischen Organisationen der Arbeiterklasse brechen zusammen, während gleichzeitig die soziale Ungleichheit wächst und sich die Klassengegensätze verschärfen. Den alten Organisationen fehlt es an den politischen Mitteln und der Glaubwürdigkeit, sich die zunehmende soziale Unzufriedenheit zunutze zu machen oder sie so zu kanalisieren, dass sie die Stabilität des kapitalistischen Systems nicht gefährden. Die Zuspitzung der Klassengegensätze wird an irgendeinem Punkt einen intellektuellen und politischen Ausdruck finden. Viele werden nach Alternativen zu den bestehenden Verhältnissen suchen. So wird eine geistige und gesellschaftliche Basis entstehen für ein wieder erwachendes Interesse an der Geschichte der sozialistischen Bewegung, an den revolutionären Kämpfen der Vergangenheit. Es ist unvermeidlich, dass mit dem Entstehen eines derartigen Klimas das Interesse an Leben und Werk Leo Trotzkis wieder erwachen wird. Das geschah während der letzten großen Welle der Radikalisierung von Arbeitern und Studenten. Die politisch nachdenklicheren Teile der Bourgeoisie erkennen diese Gefahr und fürchten sie. Wir leben bekanntermaßen in der Zeit von Präventivkriegen, und diese Bücher sind eine Art Präventivschlag, um zu verhindern, dass der Trotzkismus erneut Einfluss gewinnt. Deshalb geben angesehene Verlagshäuser wie Routledge und Longman Biografien in Auftrag, wie sie von Thatcher und Swain produziert wurden.

Die politische Krise geht mit einer tief greifenden intellektuellen Krise einher. Wie soll man die wohlwollende Aufnahme dieser beiden jämmerlichen Bücher erklären? Das hängt meiner Ansicht nach mit der Vorherrschaft reaktionärer Denkweisen seit mehr als einem Vierteljahrhundert zusammen, Denkweisen, die dem Postmodernismus nahestehen und allein die Auffassung ablehnen, es gebe eine objektive Wahrheit. Im Laufe der Besprechung dieser beiden Biografien habe ich mehrmals E. H. Carr erwähnt, und das tue ich jetzt noch einmal. Vor beinahe einem halben Jahrhundert warnte er vor der Anwendung des Prinzips Nietzsches, das in »Jenseits von Gut und Böse« formuliert wird, auf die Geschichte: »Die Falschheit eines Urteils ist uns noch kein Einwand gegen ein Urteil.«[112] Die heutige Zurückweisung objektiver Wahrheit mit der Begründung, es gehe nur um die innere Stimmigkeit einer Erzählung, die nach ihren eigenen Maßstäben beurteilt werden müsse, steht einer ernsthaften wissenschaftlichen Arbeit, ja sogar dem rationalen Denken überhaupt feindselig gegenüber. Damit wird ein geistiges Klima gefördert, in dem »alles erlaubt ist«, in dem Fälschungen Konjunktur haben, das keinen Protest kennt, wenn Geschichtslügen verbreitet werden.

Und was bedeutet das? Am Anfang dieses Essays ging ich auf die Moskauer Prozesse und Stalins Terror ein. Ich erklärte, dass das, was mit Geschichtsfälschungen begann, im Massenmord endete. Diese Entwicklung wiederholt sich in unserer Zeit. Wer die Bedeutung und die Auswirkungen von Geschichtslügen ermessen will, muss nur an die Lügen denken, die benutzt wurden, um die öffentliche Meinung auf den Krieg gegen den Irak vorzubereiten. »Massenvernichtungswaffen« war eine Lüge, die bereits Hunderttausende das Leben gekostet hat.

Eine neue Generation steht heute vor gewaltigen und lebensbedrohlichen Problemen. In allen Lebensbereichen ist sie mit Krise und Verfall konfrontiert. Die Zukunft des Planeten selbst steht in Frage, wenn auf die Krise des Weltkapitalismus keine Antwort gefunden wird. Das Studium der Geschichte muss bei der Entdeckung der Antworten, auf die die Menschheit im 21. Jahrhundert angewiesen ist, eine zentrale Rolle spielen. Doch wie kann die Geschichte studiert werden, wenn sie gefälscht ist? Die Arbeiter und Jugendlichen der Welt brauchen Wahrheit, und der Kampf, sie zu entdecken und zu verteidigen, ist die geistige Triebkraft menschlichen Fortschritts.

---

112 Friedrich Nietzsche, Jenseits von Gut und Böse. Vorspiel einer Philosophie der Zukunft, in: Werke, Bd. 2. Stuttgart, 1938, S. 4.

Leo Trotzki in Mexiko 1940.

Teil III:
Der Beitrag Robert Services zur Geschichtsfälschung

Leo Trotzki im Exil in Prinkipo (Türkei) um 1930.

Fortsetzung der »großen Lüge«[1]

Eine Besprechung der Trotzki-Biografie von Robert Service[2]

Das Gespenst des Leo Trotzki

1955 besprach James Burnham, der intellektuelle Pate des modernen amerikanischen Neokonservatismus, den ersten Band der groß angelegten Biografie Leo [Lew Dawidowitsch] Trotzkis von Isaak Deutscher, »Der bewaffnete Prophet«. Fünfzehn Jahre zuvor hatte Burnham die Vierte Internationale auf dem Höhepunkt einer politischen Auseinandersetzung verlassen, in deren Verlauf er sich heftige polemische Gefechte mit Trotzki lieferte. Für Burnham war das eine schwierige Erfahrung gewesen, fühlte er sich doch bei diesem politischen und literarischen Kräftemessen ziemlich unterlegen. »Ich muss verwundert innehalten«, hatte Burnham an Trotzki geschrieben, »wegen der technischen Perfektion Ihrer Satzgebilde, der dynamischen Wucht Ihrer Rhetorik, dem glühenden Ausdruck Ihrer unbezwingbaren Hingabe an das Ideal des Sozialismus, den spontanen, geistreichen, treffenden Metaphern, die auf ihren Seiten aufblitzen.«[3]

Nach seiner Abkehr vom Sozialismus bewegte sich Burnham rasch weit nach rechts (wie Trotzki bereits vorausgesagt hatte). Mitte der 1950er-Jahre sah er Trotzkis Leben und Werk durch das Prisma seines eigenen ideologischen Engagements für den

---

1 Erstmals veröffentlicht auf der World Socialist Web Site (www.wsws.org) am 11. November 2009, deutsch am 1. Dezember 2009 [http://www.wsws.org/de/2009/dez2009/serv-d01.shtml]

2 Robert Service, Trotsky: A Biography. Harvard University Press 2009, 600 Seiten

3 James Burnham, Science and Style: A Reply to Comrade Trotsky, in: Leon Trotsky, In Defense of Marxism. London, 1971, S. 233, aus dem Englischen.

globalen Kampf gegen den Marxismus. Deutschers Werk alarmierte ihn. Dabei ging es nicht um literarische Fragen. Burnham erkannte sofort, wie meisterhaft der Autor Trotzkis revolutionäre Persönlichkeit wieder aufleben ließ. Burnham schrieb:»Mr. Deutscher hat seine Geschichte Trotzkis in klassischer Weise gestaltet, und dies zu Recht. Sein Trotzki ist ein Protagonist von höchster Brillanz, der 1905, 1917 und im Bürgerkrieg immer neue Höhen erklomm, wobei er mit der Geschichte verschmolz und zu ihrer Stimme wurde.« Burnham gestand dem Autor zu, dass es ihm gelungen war, seinen Lesern Trotzkis außerordentliche Fähigkeiten zu schildern,»die Begeisterungsfähigkeit eines Redners, von dem viele, die ihn hörten, überzeugt waren, dass er der größte unseres Jahrhunderts sei, seine Wortgewandtheit, seine geistreiche und lebhafte Prosa, die Geschwindigkeit, mit der Trotzki jedes neue Thema durchdrang, seine weit gefächerten Interessen, die unter entschlossenen Revolutionären so selten sind«.

Burnham bemerkte, Deutschers Porträt von Trotzki sei nicht einseitig, vielmehr habe er»bewusst auch Trotzkis Schwächen dargestellt«. Aber trotz der vielen literarischen Vorzüge der Biografie erklärte Burnham sie zu einer»intellektuellen Katastrophe«. Burnhams Grund für dieses Urteil war, dass»Mr. Deutscher von einem Standpunkt aus schreibt, der die bolschewistische Revolution billigt und rechtfertigt«. Die Biografie sei»organisch verzerrt« und nicht zu akzeptieren.»Alle gelehrten Zitate aus allen möglichen Bibliotheken reichen nicht aus, um den Makel des Bolschewismus abzuwaschen.«

Burnham bekannte, es erschrecke ihn, dass Deutscher»sich der Unterstützung unserer führenden Forschungsinstitute, der Hilfe unserer Stiftungen, unserer Zeitschriften, Publikationen und der Förderung durch den großen angelsächsischen Verlag Oxford Press erfreuen durfte«. Hatte das Establishment etwa nicht bemerkt, welche Gefahr darin lag, wenn es zuließ und sogar begünstigte, dass Trotzkis heroisches Leben und seine revolutionären Ideen in allen Einzelheiten einem breiten Publikum bekannt gemacht wurden?

Burnham schloss seine Besprechung mit dem verzweifelten Ruf:»Der Geist unserer Universitätsstudenten und Meinungsmacher wird stark geprägt durch die äußerst wichtigen Fragen, die Deutscher behandelt, durch seine Ideen. Es ist ein Anzeichen von vielen für den selbstmörderischen Kurs der westlichen Welt.«[4] Die Besprechung legte nahe, Deutschers Buch und ähnliche Bücher, die die Oktoberrevolution und ihre Führer sympathisch darstellen, sollten besser nicht veröffentlicht werden.

Zumindest von seinem eigenen politischen Standpunkt aus, hatten Burnhams Befürchtungen durchaus ihre Berechtigung. Er sah voraus, welches subversive Potenzial die Rehabilitierung Trotzkis durch Deutscher in sich barg. Schließlich hatte ein Berg stalinistischer Lügen Trotzkis historische Rolle und politische Ideen viele Jahrzehnte lang begraben. Im Februar 1956 hatte Chrustschow in seiner »Geheimrede« auf dem zwanzigsten Parteitag der Kommunistischen Partei der Sowjetunion mehr oder weniger zugegeben, dass Stalin ein Massenmörder war, und damit die Anklagen bestätigt, die der unversöhnliche Gegner des Diktators schon zwanzig Jahre zuvor erhoben hatte. In den folgenden Jahren wurde die politische Persönlichkeit Trotzkis auf der ganzen Welt immer stärker wahrgenommen.

Vor dem Hintergrund einer wachsenden Militanz der Arbeiterklasse und Radikalisierung der Jugend brachte Deutschers biografische Trilogie (»Der bewaffnete Prophet«, »Der unbewaffnete Prophet« und »Der verstoßene Prophet«) zahllosen Jugendlichen, Intellektuellen und Arbeitern das Wirken und die Ideen Leo Trotzkis nahe. In den 1950er- und 1960er-Jahren entstanden etliche Organisationen, die sich auf das Erbe Trotzkis beriefen. Das war vor allem in Großbritannien der Fall. Bereits 1964 ging die Führung der Young Socialists, der Jugendbewegung der britischen Labour Party, in die Hände der trotzkistischen Socialist Labour League über. Während der 1960er-, 1970er- und bis in die 1980er-Jahre kümmerte sich der britische Inlandsgeheimdienst MI5 intensiv um die trotzkistischen Organisationen.[5]

---

4   James Burnham, Review of The Prophet Armed by Isaac Deutscher, Russian Review, Jg. 14, Nr. 2, April 1955, S. 151 f., aus dem Englischen.

5   Siehe: Christopher Andrew, Defend The Realm: The Authorized History of MI5. New York, 2009 und Peter Wright, Spycatcher. New York, 1987.

Eine neue Offensive gegen Trotzki

Diese historische Erfahrung sollte man sich in Erinnerung rufen, wenn man ein eigenartiges literarisches Phänomen betrachtet: Die Veröffentlichung von drei Trotzki-Biografien durch britische Historiker innerhalb von etwas mehr als fünf Jahren. 2003 erschien bei Routledge das Buch »Trotsky« von Ian Thatcher (Universität Leicester, früher Universität Glasgow). Drei Jahre später veröffentlichte Geoffrey Swain (ebenfalls Universität Glasgow) seinen »Trotsky« bei Longman. Und jetzt, Ende 2009, bringt Robert Service, Professor am St. Antony's College in Oxford, sein Buch »Trotsky: A Biography« heraus. In Großbritannien wurde das Buch von Macmillan verlegt und in den Vereinigten Staaten von der Harvard University Press. Was macht Trotzki, der seit fast siebzig Jahren tot ist, für britische Historiker heute so interessant?

An anderer Stelle[6] habe ich die Werke von Thatcher und Swain ausführlich analysiert und nachgewiesen, dass sie vor historischen Fälschungen nur so strotzen und absolut wertlos sind für jemanden, der etwas über das Leben und die Ideen Trotzkis erfahren will. Als ob sie Burnhams Aufforderung folgen würden, bemühen sich Thatcher und Swain, Trotzki auf keinen Fall eine Plattform zu geben. Daher waren sie so vorsichtig, möglichst wenig aus seinen Schriften zu zitieren. Beide Bücher zielen darauf ab, das positive Bild von Trotzki, das von Deutschers großer Trilogie gezeichnet wurde, ins Gegenteil zu verkehren. Thatcher und Swain bezichtigen Deutscher, er habe den »Mythos« von Trotzki als dem großen Revolutionär, marxistischen Theoretiker, militärischen Führer, Analytiker der Politik und Gegner der totalitären Bürokratie geschaffen. Die Biografien von Swain und Thatcher sollen ein neues, antitrotzkistisches Bild erzeugen, wobei sie sich der herkömmlichen stalinistischen Lügen und Fälschungen im Interesse eines zeitgenössischen Antikommunismus bedienen.

Jetzt schließt sich Robert Service mit seinem Beitrag diesen Bemühungen an, Trotzkis historisches Ansehen zu diskreditieren. In einer Vorankündigung behauptet die Harvard University Press:

---

6   Siehe S. 67–142 (Teil II dieses Buchs).

»Obwohl Trotzkis Anhänger beharrlich die Ansicht vertreten, er sei ein wahrer Revolutionär und mächtiger Intellektueller gewesen, der von Stalin ins Exil getrieben wurde, ist die Wirklichkeit doch recht anders. Das erhellende Porträt des Mannes und seines Erbes rückt dieses Bild zurecht.«[7] Tut es das wirklich?

Biografie als Rufmord

»Trotsky: A Biography« ist ein geschmackloses und widerwärtiges Buch und wurde ohne Rücksicht auf elementare geschichtswissenschaftliche Standards verfasst. Service betrieb seine »Forschung«, wenn man sie denn so nennen will, in böser Absicht. Sein »Trotsky« ist nicht Geschichtsschreibung, sondern vielmehr der Versuch, einen Ruf zu vernichten. Service begnügt sich nicht damit, Trotzkis politische Taten und Ideen zu verzerren und zu fälschen. Häufig gleitet er auf die Ebene von Klatschgeschichten der Boulevard-Presse hinab. Service versucht, Schmutz über Trotzkis Privatleben auszugießen. Zu seinen Lieblingsthemen gehören »Gerüchte« über Trotzkis intime Beziehungen, ohne dass er die Quelle der Gerüchte nennt, geschweige denn ihre Glaubwürdigkeit überprüft.

Trotzki erklärte einmal, als er sich gegen die Verleumdungen des Stalin-Regimes verteidigte: »Meine Ehre als Revolutionär ist makellos.«[8] Service jedoch stellt Trotzki als ein Individuum dar, das überhaupt keine Ehre hat. Er versucht ihn nicht nur als revolutionären Politiker, sondern auch als Menschen zu diskreditieren. Trotzki ist bei Service eine herzlose und eingebildete Person, die ihre Mitarbeiter für ihre eigenen, egoistischen Zwecke benutzt, ein treuloser Ehemann, der kaltblütig seine Ehefrau verlässt, und ein Vater, der seinen Kindern gegenüber kalt und gefühllos, ja sogar für ihren Tod verantwortlich ist. »Die Leute

---

7   Harvard University Press, Katalogeintrag für Robert Service, Trotsky: A Biography, http://www.hup.harvard.edu/catalo/SERTRO.html, aus dem Englischen.

8   Trotsky, Writings 1939–40. S. 158.

merkten schnell, wie eingebildet und ichbezogen er war«, heißt
es bei Service an einer typischen Stelle. [56]⁹
Die Biografie von Service strotzt vor solchen kleinkarierten
Beleidigungen. Trotzki war »unberechenbar und unzuverlässig«.
»Er war eine arrogante Person«, die »auf egozentrische Weise
annahm, dass seine Überzeugungen ihm zum Sieg verhelfen würden, wenn er sie energisch genug vorbringe«.»Seine Selbstbezo-
genheit war extrem. Als Ehemann behandelte er seine erste Frau
einfach schäbig. Er ignorierte die Bedürfnisse seiner Kinder, besonders wenn sie seinen politischen Interessen zuwiderliefen.« [4]
Trotzkis Leben als Intellektueller und Politiker war, so möchte
Service seine Leser glauben machen, ebenso schändlich wie sein
Privatleben. Trotzkis »Hang zum Diktator wurde im Bürgerkrieg
ganz offen sichtbar. Er trampelte auf den Bürgerrechten von Millionen Menschen herum, die Industriearbeiter eingeschlossen.«
Was seine spätere politische Niederlage angeht, so tut Service
Trotzkis Analyse vom Anwachsen der Sowjetbürokratie und ihrer
Machtergreifung ohne Begründung ab. Service unterstellt einfach, als läge es auf der Hand, dass Trotzki einem Mann [Stalin]
und einer Clique unterlag, die ein besseres Verständnis für das
politische Leben der Sowjetunion hatten. [4]
Service zufolge war Trotzki lediglich ein zweit- oder drittklas-
siger Denker. Trotzki, so schreibt er, »erhob keinen Anspruch
auf intellektuelle Originalität: Er hätte sich lächerlich gemacht,
wenn er das versucht hätte.«[109] »Geistig wechselte er von
einem Thema zum nächsten und fühlte sich nicht bemüßigt, sein
Denken zu systematisieren.« [110] Trotzki habe rasch und oberflächlich geschrieben: »Er liebte es, einfach an einem Schreibtisch zu sitzen, den Füllhalter in der Hand, und das letzte Werk
herunterzukritzeln. Niemand wagte es, ihn zu stören, wenn sich
der Strom der Worte in seinem Hirn formte.« [319] Und was war
das Ergebnis dieser »Kritzelei«? Service schreibt: »Sein Denken
war ein verwirrtes und verwirrendes Durcheinander.« [353] »Er
verbrachte viel Zeit damit, zu diskutieren, und wenig damit,

---

9   Alle in eckigen Klammern angefügten Seitenzahlen beziehen sich auf:
     Robert Service, Trotsky: A Biography. Cambridge, Massachusetts, 2009, und
     wurden aus dem englischen Original ins Deutsche übersetzt.

nachzudenken. Der Stil siegte über den Inhalt... Damit einher ging letztlich ein Mangel an intellektueller Ernsthaftigkeit.« [356] Das ist Services Verdikt über das literarische Werk eines Mannes, der zu den größten Schriftstellern des zwanzigsten Jahrhunderts gezählt werden muss.[10]

Ein Biograf muss den Gegenstand seines Werks weder mögen noch respektieren. Niemand würde von Ian Kershaw verlangen, er solle Sympathie für Adolf Hitler hegen, dessen Leben er zwei umfangreiche Bände widmete, die das Ergebnis vieler Jahre intensiver Forschungsarbeit waren. Aber unabhängig davon, ob ein Biograf das Objekt seiner wissenschaftlichen Arbeit bewundert, verachtet oder ihm kühl und mit unparteiischer Ambivalenz gegenübertritt, muss er sich an die überlieferten Fakten halten und versuchen, die betreffende Persönlichkeit zu *verstehen*. Der Biograf hat die Verantwortung, ihr Leben im Zusammenhang mit den Zeitumständen zu untersuchen, in der sie gelebt hat. Das übersteigt die intellektuellen Kapazitäten von Service und die Grenzen seiner Kenntnisse. Stattdessen nimmt er auf eine sinnlose und absurde Weise von Beginn an den Standpunkt eines tadelnden Berufsberaters ein. Er schreibt in der Einleitung seiner Biografie, Trotzki »hätte leicht eine große Karriere als Journalist oder Essayist machen können, wenn er nicht die Politik zu seiner Hauptbeschäftigung gemacht hätte« [3]. Aber Trotzki wählte eine politische Laufbahn, und zwar als revolutionärer Politiker. Diese Entscheidung kann Service weder akzeptieren noch verstehen.

10   Es sei angemerkt, dass Service sich eng an die Linie von Geoffrey Swain hält, der sich beschwerte, man mache »aus Trotzki einen weitaus größeren Denker, als er wirklich war. Trotzki schrieb extrem viel, und als Journalist schrieb er gern über Themen, von denen er sehr wenig wusste.« (Geoffrey Swain, Trotsky. S. 3) Service ging in seiner Stalin-Biografie von 2004 mit dem sowjetischen Diktator und Massenmörder sehr viel respektvoller um. »Stalin war ein bedächtiger Mann«, schrieb Service, »und sein gesamtes Leben hindurch versuchte er, sich das Universum so zurechtzulegen, wie er sah. Er hatte eine Menge studiert und wenig vergessen ... Er war weder ein origineller Denker noch ein hervorragender Schriftsteller, aber er war bis an das Ende seiner Tage ein Intellektueller.« Siehe: Fred Williams Rezension von Services »Stalin: A Biography«, erschienen auf der World Socialist Web Site: http://www.wsws.org/articles/2005/jun2005/stal-j02.shtml

Service nennt sein Buch »die erste umfassende Biografie Trotzkis von einem Autor außerhalb Russlands, der kein Trotzkist ist« [xxi]. Was meint er mit »umfassend«? Services Biografie ist sicher lang, quälende 501 Seiten lang. Aber was den Inhalt angeht, ist sie nichts weiter als eine XXL-Version der Biografien von Thatcher und Swain. Wie diesen früheren Werken, so fehlt es auch dieser Biografie an Geschichte. Es gibt nicht ein einziges historisches Ereignis, das auch nur annähernd in der erforderlichen Detailtreue dargestellt wird.

Service reduziert das große und komplexe Drama der revolutionären Epoche Russlands auf eine Reihe nichtssagender Bilder. Sie dienen allenfalls als Staffage für die angeblichen politischen, persönlichen und moralischen Fehler Trotzkis, mit denen er diesen lächerlich machen will. Die Machtübernahme der Nazis 1933, der Ausbruch des spanischen Bürgerkriegs, die Bildung der Volksfront in Frankreich werden in ein paar zusammenhangslosen Sätzen gestreift. Sogar die Moskauer Prozesse und der nachfolgende Terror verdienen kaum mehr als eine Seite. Weit mehr Aufmerksamkeit widmet Service dagegen der kurzen intimen Beziehung Trotzkis zu Frida Kahlo!

Ein Kompendium von Fehlern

Darüber hinaus ist die Biografie voller faktischer Fehler, die auf das äußerst beschränkte Verständnis des Autors für sein historisches Material zurückzuführen sind. Im Verlauf eines verwirrten Exkurses über Trotzkis Ansichten zum revolutionären Terror in der Zeit vor 1917 schreibt Service, dass Trotzki »sich 1909 gegen den ›individuellen Terror‹ aussprach, als die Sozialrevolutionäre den Polizeispitzel ›Evno Azev‹ ermordeten, der ihr Zentralkomitee infiltriert hatte« [113]. In Wirklichkeit wurde *Asef* (so die richtige Transkription aus dem Russischen) nicht 1909 ermordet. Er wurde überhaupt nicht ermordet. Asef, der als Agent der *Ochrana* innerhalb der Sozialrevolutionären Partei terroristische Aktionen und auch Morde begangen hatte, überlebte seine Entlarvung und starb 1918 eines natürlichen Tods. Service verzichtet darauf, auch nur einen einzigen Satz aus Trotzkis wichtigem Artikel zu der Asef-Affäre zu zitieren.

Bei der Erörterung der Ereignisse von 1923 in Deutschland behauptet Service, die Revolution sei gescheitert, nachdem es »in Berlin zu Straßenkämpfen« [310] gekommen sei. In Wirklichkeit gab es in Berlin keine Kämpfe. Die Führung der Kommunistischen Partei hatte den Aufstand abgesagt, bevor es in der Hauptstadt zu Kämpfen kommen konnte. Die einzige deutsche Großstadt, in der es zu ernsthaften Kämpfen kam, war Hamburg.

In einem Absatz, in dem die chinesische Revolution erwähnt wird, behauptet Service, dass die Kommunistische Internationale im April 1927 Anweisungen für einen Aufstand gegen Tschiang Kai Shek und die Kuomintang geschickt habe. »Dies war die Rechtfertigung, die Tschiang benötigte, um die Kommunisten in Shanghai und anderenorts blutig niederzuschlagen.« [355] Das ist falsch. Es existierte kein derartiger Plan, und es gab keine Instruktionen. Service vermengt die Ereignisse in Shanghai im April 1927 mit denen, die später in Kanton stattfanden.

An anderer Stelle schreibt Service, Trotzki habe im Juni 1928 an seiner Kritik des Programmentwurfs für den Fünften Kongress der Komintern gearbeitet [371]. Der Fünfte Kongress fand jedoch 1924 statt. Die Kritik, die Service meint, betraf den Sechsten Kongress, der im Sommer 1928 stattfand.

Service schafft es sogar, das Todesjahr von Trotzkis Witwe Natalja Sedowa falsch anzugeben. Er erklärt: »Sie starb 1960, tief betrauert von ihrem Freundeskreis in Mexiko, Frankreich und Amerika.« [496] In Wirklichkeit starb Sedowa im Januar 1962 im Alter von 79 Jahren. Einige Monate vor ihrem Tod, im November 1961, hatte Natalja Sedowa – was jeder wissen sollte, der mit der Biografie Trotzkis vertraut ist – an die sowjetische Regierung geschrieben und eine Überprüfung der Moskauer Prozesse und die Rehabilitierung Trotzkis gefordert. Am Ende des Buchs macht Service erneut einen groben Fehler, indem er die Frau und die Tochter von Trotzkis jüngstem Sohn Sergej als die seines älteren Sohnes Leon ausgibt [500 f.]. Diese Fehler entgingen nicht nur den Herausgebern bei Macmillan und der Harvard University Press, sondern auch den nicht besonders aufmerksamen Augen von Professor Ian Thatcher, der, so informiert uns Service, das ganze Manuskript gelesen habe.

Service wendet das gleiche Verfahren an wie Thatcher und Swain und befasst sich nicht mit Trotzkis Schriften. Mit Ausnahme von Trotzkis Autobiografie »Mein Leben«, die Service zu diskreditieren versucht, gibt es keinen überzeugenden Hinweis dafür, dass der Biograf auch nur eines von Trotzkis Büchern oder seine Aufsätze und Broschüren systematisch durchgearbeitet hat, bevor er die Biografie niederschrieb. Außer dem Buch Thatchers, das er mit Lob überschüttet, hat Service auch der existierenden wissenschaftlichen Literatur über Trotzki wenig Aufmerksamkeit geschenkt. Er verachtet alle Biografen, die in der marxistischen Tradition ausgebildet waren und Trotzkis literarisches Werk ernsthaft behandelten. So wird der verstorbene Pierre Broué, ein sehr geachteter Historiker und Autor einer gründlich recherchierten, zuverlässigen Trotzki-Biografie, als »Götzendiener« abgekanzelt, und Deutscher bezeichnet er als jemanden, der »an Trotzkis Schrein betet« [xxi].

Es gibt allen Grund, daran zu zweifeln, dass Service die Werke der anderen Historiker, denen er in seinem Vorwort Tribut zollt, überhaupt gelesen hat. Zum Beispiel erwähnt Service Professor Alexander Rabinowitch als einen Historiker, der Trotzki einer »skeptischen Prüfung« unterzogen habe. Er wirft ihn in einen Topf mit James White von der Universität Glasgow, der absurderweise leugnet, dass Trotzki während der Machteroberung in der Oktoberrevolution 1917 eine bedeutsame Rolle gespielt hat [xxi]. In Wirklichkeit belegt Rabinowitch in seinem Buch »The Bolsheviks Come to Power« Trotzkis Rolle als wichtigster Taktiker und praktischer Führer beim Sieg der Bolschewiki.

Obwohl Service seine Biografie selbstgerecht als »umfassend« bezeichnet, finden sich darin buchstäblich keinerlei Auszüge oder adäquate Zusammenfassungen von Trotzkis wichtigsten politischen Werken. Service geht nicht einmal auf die wesentlichen Auffassungen und Perspektiven in Bezug auf die Theorie der permanenten Revolution ein, die über 35 Jahre hinweg für Trotzkis politische Arbeit grundlegend waren. Seine umfangreichen Schriften zu China, Deutschland, Spanien, Frankreich und auch Großbritannien werden kaum erwähnt.

Wenn Service sich doch einmal auf Trotzkis Bücher bezieht, liegt er in der Regel falsch. In einem höchst konfusen Hinweis auf Trotzkis »Literatur und Revolution« schreibt er diesem die Ansicht zu, es werde »viele Jahre dauern, ... bis eine weitgehend

›proletarische Kultur‹ entsteht« [317]. Trotzki hat aber, wie jeder weiß, der »Literatur und Revolution« gelesen hat, die Auffassung von einer »proletarischen Kultur« entschieden abgelehnt.[11] Aber Service weiß es nicht, entweder weil er das Buch nicht gelesen oder weil er es nicht verstanden hat.

An dieser Stelle muss sich der Leser fragen, wie Service es schafft, 501 Seiten über Trotzki zu füllen, ohne auf seine Schriften einzugehen. Wie ist es möglich, die »umfassende Biografie« eines Mannes zu schreiben, der zu den produktivsten Schriftstellern des zwanzigsten Jahrhunderts gehört, ohne seinem literarischen Werk die notwendige Aufmerksamkeit zu schenken?

Die Aufdeckung von Trotzkis »verborgenem Leben«

Als ob er diese Frage vorausgesehen hat, informiert Service seine Leser gleich am Anfang, dass sein Hauptanliegen nicht auf das gerichtet sei, was Trotzki geschrieben oder getan habe. »Der Zweck dieses Buchs«, so schreibt Service, »besteht darin, das verborgene Leben aufzudecken.« Er gesteht ein, dass das »Ausgangsmaterial in den Werken besteht, seinen Büchern, Artikeln und Reden, die er zu Lebzeiten veröffentlicht hat«. Aber das sei nicht genug. Selbst das Studium aller Werke Trotzkis würde »uns zwar über seine großen Ziele berichten, ohne dabei aber immer seine persönlichen oder fraktionellen Zwecke in jedem Augenblick deutlich zu machen. Als aktiver Politiker konnte er nicht immer aussprechen, was er wirklich vorhatte.« [4 f.]

---

11 Im Gegensatz zu den Befürwortern des »Proletkults« Anfang der 1920er-Jahre vertrat Trotzki den Standpunkt, dass das Proletariat als unterdrückte Klasse keine eigene Kultur hervorbringen könne. Die Kultur der Zukunft, die auf der Grundlage einer weit höheren Entwicklung der Produktivkräfte entstehen würde, wenn keine Notwendigkeit für eine Klassendiktatur mehr bestünde, »wird schon keinen Klassencharakter mehr tragen. Hieraus muss man die allgemeine Schlussfolgerung ziehen, dass es eine proletarische Kultur nicht nur nicht gibt, sondern auch nicht geben wird, und es besteht wahrhaftig keinerlei Veranlassung dazu, dies zu bedauern. Das Proletariat hat ja gerade dazu die Macht ergriffen, um ein für allemal der Klassenkultur ein Ende zu setzen und der Menschheitskultur den Weg zu bahnen. Das scheinen wir nicht selten zu vergessen.« (Leo Trotzki, Literatur und Revolution. Essen, 1994, S. 188)

Service fährt fort:

Was er schriftlich hinterlassen hat, darf nicht die ganze Geschichte ausmachen. Manchmal lässt sich sein Werdegang anhand des für nebensächlich Gehaltenen viel effektiver rekonstruieren als anhand der großen öffentlichen Stellungnahmen: anhand seiner Lebensführung, seines Einkommens, seiner Wohnverhältnisse, seiner Familienbeziehungen, seiner Eigenheiten und seiner alltäglichen Anschauungen über die restliche Menschheit ... Wie bei Lenin und Stalin ist es darüber hinaus genauso wichtig herauszustellen, worüber Trotzki Stillschweigen bewahrte, wie worüber er sprach und schrieb. *Seine unausgesprochenen Grundüberzeugungen waren integraler Bestandteil des Amalgams seines Lebens.* [5, Hervorhebung hinzugefügt.]

Auch Stalin, der es sehr sorgfältig vermieden hat, anderen Menschen mitzuteilen, was er wirklich dachte, könnte dieser Feststellung bedenkenlos zustimmen. Sie passt hervorragend zu dem inquisitorischen Prinzip, das Stalin bei den Moskauer Prozessen anwandte. Die Beweise für die Verbrechen fanden sich nicht in den öffentlichen Stellungnahmen, Schriften und Handlungen der alten Bolschewiki, die angeklagt waren. Vielmehr ergaben sich ihre Verschwörungen aus den »unausgesprochenen Grundüberzeugungen«, die sich hinter ihrem öffentlichen Auftreten verbargen.

Und wie versucht nun Professor Service, Trotzkis »unausgesprochene Grundüberzeugungen« aufzuspüren? Service verkündet, Trotzkis »verborgenes Leben« könne aufgedeckt werden, indem man unveröffentlichte Entwürfe seiner Schriften untersuche. »Die Streichungen und Hinzufügungen sagen uns, was er anderen nicht mitteilen wollte. Das trifft besonders auf seine Autobiografie zu.« [5]

Diese Behauptung bildet die Grundlage für den Hauptvorwurf, den Service gegen Trotzki erhebt: Die Autobiografie »Mein Leben«, die Trotzki 1930 schrieb, sei ein unzuverlässiges und suspektes Werk. Service beklagt, dass »Generationen von Lesern [Trotzkis] Bericht über sich selbst unkritisch akzeptierten. Die

Wirklichkeit war anders, denn immer, wenn unbequeme Fakten das von ihm erwünschte Selbstbildnis verdunkelten, hat er sie weggelassen oder zurechtgebogen.« [11]

Trotzkis »wunde Punkte«

Was genau soll Trotzki in »Mein Leben« verfälscht oder verborgen haben? Zwei größere Unstimmigkeiten behauptet Service entdeckt zu haben, als er den ersten Entwurf von Trotzkis Autobiografie, der sich im Archiv der Hoover Institution an der Stanford University befindet, mit der ersten veröffentlichten Fassung verglich. Erstens soll Trotzki den tatsächlichen Wohlstand seines Vaters David Bronstein verschwiegen haben. Die zweite Unstimmigkeit, mit der sich Service geradezu zwanghaft beschäftigt, ist Trotzkis angeblicher Versuch, seine jüdische Abstammung herunterzuspielen. Service schreibt:

> Als Marxist war ihm der Reichtum seiner Eltern peinlich, und niemals hat er ihre außerordentlichen Fähigkeiten und das von ihnen Erreichte wirklich anerkannt. Darüber hinaus tendierte er in der veröffentlichten Fassung der Autobiografie dazu, bei der Darstellung seiner Kindheit jene Passagen auszulassen, in denen er furchtsam oder verhätschelt erscheint. Seinen jüdischen Ursprung leugnete er zwar nicht, strich diesbezügliche Stellen aber zusammen. Die Überprüfung der Entwürfe und der Korrekturfahnen gibt uns einen flüchtigen Blick auf Aspekte seiner Kindheit, die lange verborgen geblieben sind. So stellte er öffentlich lediglich fest, sein Vater sei ein wohlhabender, tüchtiger Landwirt gewesen. Dies ist stark untertrieben. David Bronstein, der mit Aneta verheiratet war, gehörte zu den tatkräftigsten Landwirten weit und breit in der Provinz Cherson. Durch harte Arbeit und Zielstrebigkeit hatte er sich auf der Leiter des wirtschaftlichen Erfolgs emporgearbeitet und war vollkommen zu Recht stolz darauf. [12]

Bevor wir auf Services Vorwurf eingehen, Trotzki habe den Reichtum seines Vaters heruntergespielt und versucht, seinen ethnischen und religiösen Hintergrund zu verbergen, wollen wir uns mit der zweifelhaften Voraussetzung befassen, auf der dieser Vorwurf beruht: dass man die Herausarbeitung der Endfassung eines Buchs über verschiedene Entwurfstadien hinweg als einen Prozess des Vertuschens und Fälschens verstehen müsse. Service behauptet hier, was er erst beweisen müsste. Um seinen Vorwurf zu untermauern, hätte er nachweisen müssen, warum Trotzkis »Streichungen und Hinzufügungen« nicht das Ergebnis des richtig genutzten Ermessensspielraums eines großen Meister sind. Es gibt zahlreiche Gründe, die nichts mit absichtlichem Verbergen zu tun haben, warum Trotzki manche Passagen gestrichen und andere hinzugefügt haben könnte.

Service schafft es nicht, auch nur ein einziges Beispiel zu nennen, wo Trotzkis veröffentlichte Fassung des Berichts über seine Kindheit sich auf gravierende Weise von einem früheren Entwurf unterscheidet. Jedenfalls sind die Einwände von Service unbegründet. Dass Trotzki »der Reichtum seiner Eltern peinlich war«, ist eine Behauptung, für die Service außer seiner eigenen Fantasie keinen Beleg zitieren kann. Trotzki berichtet über den wachsenden Wohlstand seines Vaters, wobei darauf hingewiesen werden muss, dass David Bronstein erst zu größerem Reichtum kam, als Trotzki das Elternhaus bereits verlassen hatte. Die Familie Bronstein zog erst aus dem Lehmhaus aus, in dem Trotzki geboren worden war, und übersiedelte in ein Haus aus Ziegelsteinen, als der zukünftige Revolutionär fast siebzehn Jahre alt war. In Wirklichkeit schildert Trotzki in »Mein Leben« den rastlosen Kampf seines Vaters, in der Welt voran und zu Wohlstand zu kommen, in vielen Einzelheiten und voller Zuneigung. Seine eigene Lage als Kind beschreibt er so: »Als Sohn eines wohlhabenden Gutsbesitzers gehörte ich eher zu den Privilegierten als zu den Unterdrückten.«[12]

Max Eastman berichtet in seiner 1926 erschienenen biografischen Skizze über Trotzkis Jugend, dass »David Bronstein reich wurde, indem er arbeitete und Bauern einstellte, die mit ihm arbeiteten. Er hatte ungefähr tausend Hektar Land in der Umgebung des kleinen ukrainischen Dorfs Janowka, besaß die Mühle

---

12 Leo Trotzki, Mein Leben. Frankfurt am Main, 1974, S. 86.

und war so der bedeutendste Mann des Orts.« Eastman kannte diese Tatsachen, weil Trotzki sie ihm erzählt hatte. Eastman schrieb: »Trotzki ist stolz auf seinen Vater, stolz auf die Tatsache, dass er bis zu seinem Tod arbeitete und verständig war. Er erzählte gern von ihm.«[13]

Services eigene Beschreibung der Familie Bronstein, die er als »tapfere Juden« bezeichnet, stützt sich ausschließlich auf das, was in »Mein Leben« und in Eastmans »Young Trotsky« steht. Er hat keinerlei neue und selbstständige Forschung betrieben, die entweder etwas hinzufügen oder das widerlegen könnten, was Trotzki und Eastman berichtet haben. Nicht ein einziges Detail in Services Darstellung der frühen Kindheit lässt sich nicht auf diese beiden früheren Werke zurückverfolgen.

Das ist umso erstaunlicher im Licht seiner Behauptung, dass Trotzkis Autobiografie nicht zu trauen sei. In seiner Beschreibung stützt er sich nahezu vollständig auf die gedruckte Version von »Mein Leben«, nicht auf den früheren Entwurf. Im zweiten Kapitel seiner Biografie mit dem Titel »Erziehung« finden sich neun umfangreiche Auszüge aus Trotzkis autobiografischem Werk. Acht davon stammen aus der gedruckten Ausgabe von »Mein Leben«, nur einer aus dem früheren Entwurf. Nicht an einer einzigen Stelle kann Service eine bedeutende Diskrepanz zwischen dem gedruckten Werk und dem Entwurf nachweisen.

Das heißt allerdings nicht, dass Service nach seiner Erforschung des Entwurfs von »Mein Leben« mit völlig leeren Händen dasteht. Zum Beispiel hat er entdeckt, dass ein junger Schulkamerad, den Trotzki in der gedruckten Autobiografie Karlson nennt, in dem Entwurf als »Kreitser« identifiziert wird [505]. Diese Entdeckung, die Service stolz in einer Fußnote bekannt gibt, muss als größerer Durchbruch auf dem Gebiet der Trotzki-Forschung anerkannt werden! Selbst wenn er sonst nichts erreicht hätte, hat er doch den Namen des jungen Kreitser in einer Fußnote wieder an seinen richtigen historischen Platz gerückt.

---

13   Max Eastman, The Young Trotsky. London, 1980, S. 3, aus dem Englischen.

Trotzkis Herkunft

Wenden wir uns nun der Behauptung von Service zu, Trotzki habe seine jüdische Abstammung herunterzuspielen versucht. Um es offen zu sagen, ist Services Konzentration auf diese Frage ziemlich unerfreulich und suspekt. Dass Trotzki Jude war, spielt in der Biografie von Service eine wichtige Rolle. Er verliert diese Tatsache nie aus den Augen und erinnert seine Leser ständig daran, als ob er besorgt wäre, sie könnte ihnen entfallen. Angesichts des Gewichts, das er auf Trotzkis ethnischen Hintergrund legt, hätte er sein Buch auch *Trotzki: Biografie eines Juden* nennen können.

Bevor wir dieses verstörende Element von Services Biografie detaillierter untersuchen, sollten wir zunächst auf die Unterstellung eingehen, Trotzki habe versucht, seine Abstammung zu verbergen oder die Aufmerksamkeit davon abzulenken. Diese Behauptung des Biografen ist ebenso falsch wie die, Trotzki habe versucht, den Reichtum seiner Eltern herunterzuspielen. Wie immer nimmt Service an, sein Publikum werde sich nicht die Mühe machen, Trotzkis Autobiografie zu lesen. Er legt in »Mein Leben« nicht die geringste Zurückhaltung an den Tag, seinen ethnischen und religiösen Hintergrund zu erörtern. Wie hätte er auch ein solches Thema vermeiden können? Die Umstände seiner Kindheit waren unauflöslich mit seiner jüdischen Herkunft verknüpft.

Trotzkis Schilderung zu seinem jüdischen Hintergrund und dessen Stellenwert in seiner intellektuellen und politischen Entwicklung stimmt vollkommen mit dem überein, was man über das allgemeine soziale und kulturelle Milieu weiß, in dem er lebte. Aufrichtig beschreibt Trotzki die Art und Weise, wie seine Familie mit Religion umging:

> Religiosität existierte in der elterlichen Familie nicht. Anfangs wahrte man noch den Schein: an großen Feiertagen fuhren die Eltern in die Synagoge der Kolonie, an Sonnabenden nähte die Mutter nicht, mindestens nicht offen. Aber auch diese rituelle Religiosität nahm mit den Jahren ab, mit dem Heranwachsen der Kinder und des Wohlstandes der Familie. Der Vater glaubte schon seit seinen jungen Jahren nicht an Gott, und im späteren Alter sprach er darüber offen vor der Mutter und den

Kindern. Die Mutter zog vor, diese Fragen zu umgehen, und schlug bei passenden Gelegenheiten die Augen zum Himmel empor.[14]

Was seine eigene Beziehung zu seiner jüdischen Herkunft betraf, erklärte Trotzki:

> Das nationale Moment nahm in meinem Bewusstsein keinen selbstständigen Platz ein, da ich es im Alltagsleben nur wenig zu spüren bekam. Nach den einschränkenden Gesetzen von 1881 konnte mein Vater zwar kein Land mehr hinzukaufen, was er so sehr erstrebt hatte, und musste es nun unter Verschleierung pachten. Aber mich berührte das wenig. Als Sohn eines wohlhabenden Gutsbesitzers gehörte ich eher zu den Privilegierten als zu den Unterdrückten. Die Sprache der Familie und des Gutshofs war Russisch-Ukrainisch. In die Schulen wurden Juden zwar nur nach einer Prozentnorm aufgenommen, weshalb ich ein Jahr verlor.[15]

Über den Zusammenhang seines jüdischen Hintergrunds mit seiner intellektuellen Entwicklung machte sich Trotzki folgende Gedanken:

> Wahrscheinlich hat die nationale Ungleichheit einen unterirdischen Anstoß zu meiner Unzufriedenheit mit dem bestehenden Regime gegeben; aber diese Ursache löste sich in den anderen Erscheinungen sozialer Ungerechtigkeit auf und spielte keine ausschlaggebende, überhaupt keine selbstständige Rolle.[16]

Die Thora und der Rabbi

Mit dieser Erklärung, die zu zitieren er sich nicht einmal die Mühe macht, gibt sich Service natürlich nicht zufrieden. Er geht daran, Trotzkis Darstellung zu »korrigieren«, indem er dessen Leben den

---

14 Trotzki, Mein Leben. S. 84.
15 Ebd. S. 86.
16 Ebd. S. 86.

Vorurteilen des Biografen anpasst. Damit untergräbt Service aber nur seine eigene Glaubwürdigkeit. In einer Schlüsselpassage, die angeblich »Mein Leben« widerlegt, schreibt Service, dass Trotzki

> gern den Eindruck erweckte, er sei in jeder Hinsicht in die Aktivitäten des Schulalltags integriert gewesen. Das war aber nicht der Fall. In der Schule des Hl. Paulus musste, wie in allen Schulen des Zarenreichs, Religion gelehrt werden. Leiba Bronstein trat als Jude in diese Schule ein und konvertierte nicht zum Christentum. Er musste seinen religiösen Aufgaben unter Anleitung eines Rabbi nachkommen, der die jüdischen Schüler unterrichtete, und David Bronstein zahlte für dessen Dienste. Der betreffende Rabbi erklärte nie, ob es sich bei der Thora um gute Literatur oder eine heilige Schrift handelte – und Leiba zog später die Schlussfolgerung, dass er in Wirklichkeit eine Art Agnostiker war. [37]

Diese Darstellung führt Service auf Max Eastmans Buch »The Young Trotsky« zurück, das 1926 veröffentlicht wurde. Aber hat Service Eastmans Bericht wirklich wahrheitsgetreu wiedergegeben? Lasst uns einen Blick auf den Ursprungstext werfen. So erzählt Eastman diese Geschichte:

> Es war der Ehrgeiz seines Vaters – der so kulturelle Erbauung und konventionelle Frömmigkeit miteinander verband – einen privaten Lehrer zu beauftragen, mit seinem Sohn das hebräische Original zu lesen. Trotzki, damals erst elf Jahre alt, war gegenüber dem bärtigen alten Gelehrten, der diese Aufgabe übernahm, etwas verlegen. Und der alte und pflichtbewusste Gelehrte zögerte, seinem noch so jungen Schüler seine eigenen kritischen Ansichten zu offenbaren. Daher war zunächst nicht klar, ob sie die Bibel als Geschichte oder als Literatur lasen oder als Offenbarung von Gottes Wort.[17]

---

17   Eastman, The Young Trotsky. S. 12 f.

Zwischen den beiden Berichten gibt es einen bemerkenswerten Unterschied. Aus Eastmans Bibel wird bei Service die »Thora«. Eastmans »bärtiger alter Gelehrter«, der sich als Agnostiker zu erkennen gibt, wird von Service in einen »Rabbi« verwandelt. Es ist nicht unmöglich, dass es sich bei dem Text tatsächlich um die Thora handelt – obwohl dieser Begriff im Allgemeinen mehr Texte umfasst als nur den Pentateuch. Da aber Service keine weiteren Informationen zu bieten hat als Eastman, warum ändert er dann das Wort? Noch weniger gerechtfertigt ist die Umwandlung des Gelehrten in einen Rabbi. Es handelt sich hier nicht um einen Übersetzungsfehler. Service bezieht sich auf einen Text in englischer Sprache.

Man könnte dies als Imagination des Autors vernachlässigen, wäre da nicht die Tatsache, dass Service immer wieder wie besessen auf Trotzkis religiösem Hintergrund herumreitet. Das ist abstoßend und, weil es so oft wiederholt wird, abscheulich. Er bedient sich der Methode, eine antisemitische Haltung anzuprangern, um sie dann selbst zu bekräftigen. Dem Leser werden Absätze wie der folgende geboten:

Russische Antisemiten hatten die Juden als Rasse ohne patriotische Gefühle für Russland gebrandmarkt. Als Trotzki Außenminister einer Regierung wurde, *die mehr Interesse daran hatte, die Weltrevolution zu verbreiten, als die Interessen des Landes zu verteidigen,* entsprach er dem verbreiteten Stereotyp des »Judenproblems« … So wie die Dinge standen, war er bereits der berühmteste Jude auf Erden. Der Leiter des amerikanischen Roten Kreuzes in Russland, Oberst Raymond Robins, drückte dies in treffender Schärfe aus. Im Gespräch mit Robert Bruce Lockhart, dem Chef der britischen Botschaft in Moskau, beschrieb er Trotzki als »mehrfachen Mistkerl, aber den größten Juden seit Christus«. Darüber hinaus war Trotzki der berühmteste Jude im Rat der Volkskommissare, in dem Juden überproportional vertreten waren. Dasselbe traf auf die innere Führung der bolschewistischen Partei zu. Wenn Lenin auf die Dienste der fähigen Juden hätte verzichten müssen, hätte er niemals ein Kabinett bilden können. [192, Hervorhebung hinzugefügt.]

Robert Service und die Juden

Kurz nach dieser Passage folgt ein Kapitel mit der Überschrift
»Trotzki und die Juden«, das mit den Worten anfängt: »Trotzki
hasste es, wenn man seinen jüdischen Hintergrund betonte.«
[198] Diese Reaktion hatte möglicherweise etwas mit den Leuten zu tun, die diesen Hintergrund gerne betonten. Dann folgen
etliche Seiten mit belanglosen und lächerlichen Beobachtungen.
Der Leser wird darüber informiert, dass »Trotzkis Ablehnung des
Judentums keineswegs bedeutete, dass er den Umgang mit einzelnen Juden vermieden hätte« [201]. Es werden einige Juden
erwähnt, mit denen Trotzki gut stand (alle waren leitende Persönlichkeiten der russischen und europäischen sozialistischen Bewegung), und Service bemerkt (auf der gleichen Seite), dass »Trotzki
auch Gefährten hatte, die Kosmopoliten waren, ohne Juden zu
sein« [201]. Zum Beispiel sprach Trotzki »viel mit August Bebel«,
dem Gründungsvater der Sozialdemokratischen Partei Deutschlands. Der Biograf gibt zu, dass in »Trotzkis Lebensalltag im
Erwachsenenalter keine Spur des Judentums« auszumachen war,
obwohl es viele »säkularisierte Juden« gab, »die weiterhin die
religiösen Lebensmittelvorschriften beachteten und die traditio-
nellen Feste begingen« [201].

Anschließend macht Service seine Leser, für den Fall, dass sie
es nicht selber merken, darauf aufmerksam, dass Trotzkis vier
Kinder – Nina, Sina, Leon und Sergej – »Namen ohne jeden Bezug
zum Judentum« erhielten.

Auf der nächsten Seite folgen noch wichtigere Angaben:
Trotzki »*war von herausfordernder Klugheit und freimütig in seinen
Meinungen. Niemand konnte ihn einschüchtern. Trotzki hatte diese
Eigenschaften in höherem Maße als die meisten anderen Juden,* die
sich von den Traditionen ihrer religiösen Gemeinschaft und den
Zwängen der Reichsordnung emanzipiert hatten. Er war offen-
kundig eine außerordentlich begabte Person. Aber er *war bei Weitem nicht der einzige Jude, der es offensichtlich genoss, sich öffentlich
selbst darzustellen. In* späteren Jahren wurde das *zu einem Vorbild, dem jüdische Jugendliche in der kommunistischen Weltbewegung
nacheiferten, wenn sie,* wie die Kommunisten aller Nationalitäten,
sich laut zu Wort meldeten und scharf schrieben, ohne auf die
Gefühle anderer Leute Rücksicht zu nehmen. Trotzki könnte man

kaum als den sich selbst hassenden Juden bezeichnen. Er war zu überzeugt von sich selbst und seinem Leben, als dass er sich seiner Ahnen geschämt hätte.« [202, Hervorhebung hinzugefügt.]

Nachdem er unterstellt hat, Trotzkis Laufbahn als Revolutionär sei ein Beispiel dafür, wie Juden die Gelegenheit ergreifen, »sich öffentlich selbst darzustellen«, führt Service diese Idee im nächsten Absatz weiter aus:

»Trotzki war einer von Zehntausenden gut ausgebildeten Juden im russischen Reich, die sich in Situationen behaupten konnten, in denen ihre Eltern noch vor der adeligen Bürokratie hatten buckeln und kriechen müssen.« [202] Viele Juden, bemerkt Service umsichtig, hätten versucht, in anerkannten Berufen vorwärts zu kommen. Aber »die Alternative war, sich einer revolutionären Partei anzuschließen, in der Juden einen übergroßen Anteil ausmachten« [202]. Das ist eine altbekannte Theorie antisemitischen Ursprungs: Die Revolution als Rache aggressiver, ehrgeiziger Juden an einer von Christen dominierten Gesellschaft. Doch Service hat noch mehr zu diesem Thema zu sagen. Er erklärt:

»Junge jüdische Männer und Frauen, die in den starren Regeln der Thora ausgebildet waren, fanden eine gleichartige säkulare Orthodoxie in den Feinheiten des Marxismus. Haarspalterische Dispute waren im Marxismus und im Judaismus (wie auch im Protestantismus) gleichermaßen üblich.« [202] Jetzt wird verständlich, warum Service das vorherige Zitat von Eastman umgeschrieben hat. Trotzki war, dem verdrehten Bericht von Service zufolge, auch in den »starren Regeln der Thora ausgebildet« worden. Von dort, so soll der Leser glauben gemacht werden, sei es für den karrierebewussten Bronstein nur ein Katzensprung zum »Kapital«, zur Theorie der permanenten Revolution und zu einer Eckwohnung im Kreml gewesen.

Service schreibt: »Die Führung der Partei war allgemein als jüdische Clique bekannt.« [205] Für diese Feststellung gibt er keine Quellenangabe. Er fügt ein paar Sätze später hinzu: »Juden sollen in der Tat die Tonangeber der bolschewistischen Partei gewesen sein.« Wieder liefert er keine Quellenangabe. Diese Behauptungen werden nicht infrage gestellt, geschweige denn widerlegt. Danach gibt Service einen Absatz aus einem »anonymen Brief an die sowjetischen Behörden« wieder, der eine einzige, heftige antisemitische Verleumdung der »Vollblutjuden [ist], die sich russische Vornamen gegeben haben, um das russische Volk an der Nase herumzuführen« [206].

In einer anderen bizarren Passage über die berühmten Verhandlungen Trotzkis mit den Vertretern Deutschlands und Österreich-Ungarns 1918 in Brest-Litowsk schreibt Service: »Als die Deutschen und Österreicher zum Verhandlungstisch schritten, erwarteten sie, mit Ehrerbietung behandelt zu werden. Sie verhielten sich, als sei ihr Sieg bereits gewiss. Sie teilten die Vorurteile ihrer Klasse. Für sie waren Sozialisten jeglicher Art kaum Menschen. Russlands Kommunisten, in deren Führung sich so viele Juden befanden, waren kaum besser als Abschaum.« [197]

Service gibt wieder keine Quelle an, die diese Einschätzung zur Haltung der deutschen Delegierten stützen würden. In seiner Autobiografie schrieb Trotzki: »Die erste Sowjetdelegation mit Joffe an der Spitze war in Brest-Litowsk von allen Seiten hofiert worden. Der bayerische Prinz Leopold empfing sie als seine ›Gäste‹. Zu Mittag und zu Abend aßen alle Delegationen gemeinsam.« Trotzki notiert amüsiert: »Der Stab des Generals Hoffmann gab für Gefangene eine Zeitung, die ›Russki Westnik‹ (Russischer Bote), heraus, die in der ersten Zeit über die Bolschewiki nicht anders als mit rührender Sympathie sprach.«[18]

Natürlich war diese anfängliche Freundlichkeit politisch motiviert und dauerte nicht lange. Der tödliche Ernst der Fragen, vor denen die gegnerischen Parteien in Brest-Litowsk standen, drückte sich unweigerlich in einer zunehmend spannungsgeladenen, feindlichen Atmosphäre aus. Dieser Prozess wird von Trotzki in »Mein Leben« großartig beschrieben. Seine Charakterisierungen der Hauptakteure Kühlmann, Hoffmann und Czernin sind lebensecht. Es sind politische Reaktionäre, Repräsentanten der aristokratischen Elite, aber keine Monster. Ihre Haltung gegenüber den Bolschewiki ist eine komplexe Mischung aus Neugier, Verwirrung, Angst, Hass und Respekt. In Trotzkis Bericht gibt es keine Anhaltspunkte dafür, dass er mit Leuten verhandelte, die die Bolschewiki, mit oder ohne Juden, als »Abschaum« ansahen.

---

18   Trotzki, Mein Leben. S. 314.

Dies kann man Service unterstellen, aber nicht den Führern der deutschen und österreichischen Delegationen in Brest-Litowsk.

Trotz der Besessenheit, mit der er Trotzkis religiöse Abstammung behandelt, ist Service ziemlich uninformiert, was das jüdische Leben in Odessa und im russischen Zarenreich betrifft. Das wichtige Buch von Steven J. Zipperstein von der Stanford University ist in der Bibliografie von Service nicht aufgeführt. Es findet sich nicht mehr als ein flüchtiger Hinweis auf die blutigen antisemitischen Pogrome, bei denen Tausende ihr Leben verloren. Service erwähnt nicht einmal den berüchtigten Fall von Mendel Beilis, dem jüdischen Arbeiter, der 1911 verhaftet wurde, weil er einen Ritualmord an einem russischen Jugendlichen begangen haben sollte – ein Fall der internationale Empörung über die Zarenherrschaft auslöste. Hätte er dies getan, so hätte er vielleicht Trotzkis wichtigen und einflussreichen Essay zu diesem Fall zur Kenntnis genommen.

Als Rezensent möchte ich auch meine Abscheu darüber bekunden, dass Service in die Illustrationen seiner Biografie ohne jeden ersichtlichen Grund die Nazi-Karrikatur »Leiba Trotzki-Braunstein« aufgenommen hat. Service bemerkt dazu: »In Wirklichkeit war seine Nase weder lang noch gebogen, und niemals ließ er es zu, dass sein Spitzbart zu lang wurde oder sein Haar schlecht gekämmt war.« Sollte das als Witz gemeint sein? Wenn ja, dann ist es ein schlechter.

Was soll man also von der Besessenheit halten, mit der sich Service auf Trotzkis jüdischen Hintergrund fixiert? Die Benutzung des Antisemitismus als politische Waffe gegen Trotzki ist so allgemein bekannt, dass man unmöglich annehmen kann, Services unaufhörliches Herumreiten auf Trotzkis jüdischer Herkunft geschehe ohne böse Absicht. Was immer die persönliche Haltung von Mr. Service zu dem sein mag, was er als »jüdische Frage« bezeichnet, appelliert er offensichtlich an Antisemiten, für die Trotzkis jüdischer Hintergrund von großer Bedeutung ist. Es ist ziemlich sicher, dass die russische Übersetzung der Biografie Anhänger in diesen reaktionären Kreisen finden wird. Der Verdacht drängt sich auf, dass Professor Service dies einkalkuliert hat.

Die Quellen von Service

Ein beträchtlicher Teil des Buchs von Service ist der Herabwürdigung von Trotzkis Persönlichkeit gewidmet. Er weitet seine Bemühungen, Trotzki als politischen Revolutionär zu diskreditieren, auf jeden Aspekt seines Privatlebens aus. Service scheint zu glauben, die Theorie der permanenten Revolution sei weniger überzeugend, wenn es gelinge, Trotzki als unangenehmen Menschen zu präsentieren. Auf diese Weise bleibt das Porträt Trotzkis bei Service immer eine primitive Karikatur. Er ist bei ihm immer eitel, unsensibel, herrschsüchtig und ichbezogen. Service versucht zu zeigen, dass diese angeblichen Charakterzüge Trotzkis bereits in jugendlichem Alter unangenehm auffielen. Sein einziger Zeuge ist dabei Gregory A. Ziv, der Trotzki Ende der 1890er Jahre in der ersten Zeit seiner revolutionären Tätigkeit kennengelernt hatte. Viel später, im Jahre 1921, nach seiner Übersiedlung in die Vereinigten Staaten, verfasste Ziv verbitterte Erinnerungen, in denen er äußerst feindselig über seinen früheren Freund und Genossen schrieb, der inzwischen zum weltberühmten Führer der Oktoberrevolution geworden war.

Niemand würde bestreiten, dass die Erinnerungen von Ziv ein Dokument sind, das ein ernsthafter Historiker zur Vorbereitung einer Trotzki-Biografie heranziehen wird. Immerhin kannte Ziv Trotzki an einem kritischen Wendepunkt im Leben des künftigen Revolutionärs. Aber ein Historiker hat die Pflicht, Dokumente und Quellen kritisch zu betrachten und sorgfältig zu überlegen, wieweit er den darin enthaltenen Informationen trauen kann. Bei Ziv ist ein kritisches Herangehen sicherlich höchst angebracht. Es gibt viele Gründe an der Objektivität und Verlässlichkeit seiner Einschätzung zur Persönlichkeit Trotzkis zu zweifeln. Vor allem nahm Ziv, nachdem er in den Vereinigten Staaten angekommen war, eine äußerst feindliche Haltung zu Trotzkis Einschätzung des imperialistischen Kriegs ein. Ziv unterstützte Russlands Teilnahme am »Krieg für die Demokratie«. Diese Information enthält Service seinen Lesern vor. Aber Eastman, der Zivs Erinnerungen kannte, liefert die folgende Hintergrundinformation:

Als Trotzki [im Januar 1917] während des Kriegs nach New York kam – als Anti-Patriot, Kriegsgegner, Revolutionär – traf er Doktor Ziv, der, wie er wusste, dort eine kleine, den Krieg befürwortende Zeitschrift in russischer Sprache herausgab. Er begegnete ihm freundlich und lud ihn zu sich nach Hause ein, um sich der freundschaftlichen Gefühle vergangener Zeiten zu entsinnen. Sie sprachen lange miteinander und schwelgten in alten Erinnerungen. Aber da Trotzki wusste, dass Ziv ihn nichts lehren konnte und er Ziv nicht überzeugen konnte, sprach er keine politischen Fragen an. Das war eine für ihn bezeichnende höfliche, freundliche und durchdachte Entscheidung. Aber für die journalistische Eitelkeit des Doktors war es anscheinend ein untragbarer Affront, ein Ausdruck der selbstbezogenen intellektuellen Arroganz, die, wie der nun entdeckte, die Tätigkeit seines Freunds seit der Wiege gekennzeichnet hatte. Daher ist dieser kleine Band gekennzeichnet von kranker und absurder persönlicher Gehässigkeit.[19]

Ankläger sind juristisch verpflichtet, der Verteidigung entlastende Beweise zugänglich zu machen. Ein Biograf sollte diesem allgemeinen Prinzip folgen und seinen Lesern Informationen nicht vorenthalten, die die Glaubwürdigkeit von Zeugen infrage stellen, deren Aussage er zitiert. Aber Service kümmern solche grundsätzlichen Überlegungen nicht. Er besteht zwar darauf, dass Trotzkis Memoiren höchst skeptisch geprüft werden müssen, zeigt aber nicht die geringste Neigung, etwas zu hinterfragen, was Ziv in seinen Erinnerungen geschrieben hat. So zitiert er Zivs Feststellung, dass »Trotzki seine Freunde liebte und ihnen ergeben war; aber seine Liebe war von derselben Art wie die eines armen Bauern zu seinem Pferd, das ihm dabei hilft, seine Identität als Bauer zu erhalten« [46]. Service ist von dieser Bemerkung derart beeindruckt, dass er sie wiederholt: »Ljowa sah auf seine revolutionären Genossen hinab wie der Bauer auf sein Pferd ...« [46]. Welcher intelligente Leser könnte solchen Unsinn glauben?

19   Eastman, The Young Trotsky. S. 21.

Schopenhauer tritt auf

Eine andere Behauptung von Ziv, die Service aufgreift, betrifft den Einfluss einer Broschüre Artur Schopenhauers, des idealistischen deutschen Philosophen des neunzehnten Jahrhunderts, auf den jungen Trotzki. Service zitiert nicht wörtlich aus dieser Passage, sondern gibt nur eine Zusammenfassung. Um diese Frage zu klären, die einiges Licht auf Services Methode wirft, hat sich der Autor dieser Zeilen Zivs Originaltext noch einmal vorgenommen.

Ziv widmet dieser Frage in seinen Memoiren kaum mehr als einen Absatz. Er bemerkt, dass Schopenhauers Broschüre »irgendwie in seine [Trotzkis] Hände geriet«, und gibt dann eine kurze Zusammenfassung der Argumentation des Philosophen. Die Broschüre handle davon, »wie man seinen Gegner in einer Debatte niederringen kann, ob man nun recht hat oder unrecht«. Ziv zufolge »stellt die Broschüre nicht Regeln auf, die man in einer Debatte befolgen muss, sondern entlarvt – mehr oder weniger plumpe oder raffinierte – Tricks, zu denen Diskutanten greifen, um aus einer Debatte als Sieger hervorzugehen«. Dann lässt Ziv etwas überraschend erkennen, dass er nicht genau wisse, welchen Eindruck die Broschüre auf seinen Freund gemacht habe. Er schreibt: »*Man kann sich vorstellen, wie überglücklich Bronstein über diese kleine Broschüre war, deren Wert nicht durch ihren geringen Umfang geschmälert wurde.*« Sicher, man kann sich verschiedene Dinge vorstellen, aber das ist kein Nachweis ihrer Wahrheit. Zivs Formulierung lässt vermuten, dass ihm keine direkten Informationen darüber vorlagen, ob das Werk Trotzki sonderlich beeindruckte. Er schreibt z. B. nicht: »Bronstein sagte mir, er sei überglücklich über diese Broschüre.« Hätte Ziv als Zeuge der Anklage unter Eid in einem Prozess aussagen müssen, hätte ihn der Verteidiger zu diesem Punkt sorgfältig befragt. Nach Zivs Eingeständnis, er wisse nicht genau, wie Trotzki in den Besitz der Broschüre gelangt sei, hätte er wahrscheinlich gefragt: »Mr. Ziv, ist es nicht so, dass Sie eigentlich gar nicht wissen, ob Trotzki ›Die Kunst der Kontroverse‹ tatsächlich gelesen hat? Ist es nicht so, dass Sie selbst nicht gesehen haben, dass er das Buch las?« Auf der Grundlage dessen, was Ziv geschrieben hat, können wir nicht wirklich wissen, ob Trotzki »Die Kunst der Kontroverse« tatsächlich gelesen hat. Für die Beurteilung der vorliegenden Biografie ist die Antwort auf diese Frage allerdings weniger wichtig als die Tatsache, dass Service Zivs Behauptung nicht kritisch hinterfragt hat.

Service geht sogar noch weiter als Ziv. Er schreibt: »Ljowa bereitete sich wie auf einen militärischen Kampf vor. Er studierte Schopenhauers ›Die Kunst der Kontroverse‹ gründlich mit dem Ziel, seine Debattierkünste zu verbessern.« [45] Wie wir gezeigt haben, kann Service diese Behauptung nicht belegen.

Warum ist das wichtig? Service impliziert, Schopenhauers Argumente lieferten einen Schlüssel zum Verständnis von Trotzkis polemischem Stil und seiner angeblich aggressiven und dominanten Persönlichkeit. Weit von Zivs Text abweichend, bietet er seine eigene gefärbte Interpretation Schopenhauers. Er stellt den Philosophen als Befürworter skrupelloser rhetorischer Manöver und Tricks hin. »Sieg, vernichtender Sieg«, doziert Service, »war das einzig erstrebenswerte Ziel.« Der Philosoph habe erklärt, »dass die Ideen ›einfacher Menschen‹ nichts gälten«. [45]

Schließlich schreibt Service: »Schopenhauer *gehörte nicht* zum regulären Arsenal des russischen revolutionären Denkens, und Ljowa Bronstein *legte nicht offen Rechenschaft* über dessen Einfluss auf seine Argumentationstechnik ab. Aber *wahrscheinlich fand er* vieles in ›Die Kunst der Kontroverse‹, das er für seine Politik und seine Persönlichkeit nutzbar machen konnte.« [45, Hervorhebung hinzugefügt.]

Was also bleibt am Ende übrig? Services Behauptung, Trotzki habe in Schopenhauer eine philosophische Rechtfertigung für seine angebliche Verachtung der Menschheit und seine giftigen Polemiken gefunden, stützt sich auf Unterstellungen, Annahmen und Schüsse ins Blaue, die durch keinerlei Fakten untermauert sind.

Nehmen wir für einen Moment an, Trotzki habe Schopenhauers »Die Kunst der Kontroverse« nicht nur gelesen, sondern sogar gründlich studiert, dann sagt uns das noch nicht, ob er damit übereinstimmte oder nicht übereinstimmte, was er akzeptierte und was er verwarf. Trotzki las als Jugendlicher vieles, so auch John Stuart Mill, wie er uns in »Mein Leben« wissen lässt. Aber niemand würde Trotzki deswegen unterstellen, ein Bewunderer des britischen Empirismus und Liberalismus zu sein. Schließlich scheint Service anzunehmen, Trotzkis angebliche Lektüre von

»Die Kunst der Kontroverse« habe nur schädliche Wirkungen haben können. Der Autor dieser Zeilen ist eher der Meinung, dass Trotzki, falls er »Die Kunst der Kontroverse« tatsächlich gelesen hat, darin vielleicht Material gefunden hat, das ihm später bei der Entlarvung der Verleumdungen, Verzerrungen, Halbwahrheiten und Lügen seiner zahlreichen skrupellosen Feinde nützlich war. Man kann annehmen, dass der Stalinismus Trotzki viel mehr zum Thema unlauterer Polemik gelehrt hat als Schopenhauer.

Trotzki und Sokolowskaja

Die unerbittlichen Bemühungen, Trotzki zu verleumden, schlagen fehl und tauchen Service selbst in ein wenig schmeichelhaftes Licht. Er ist offenbar organisch unfähig, auch nur das geringste Mitgefühl für die vielen emotionalen Verletzungen und Traumata zu empfinden, welche die von ihm beschriebene Person im Laufe eines Lebens erlitten hat, das der revolutionären Sache gewidmet oder – um mit den Worten seiner ersten Frau und Geliebten Alexandra Sokolowskaja zu sprechen – geweiht war. Selbst wenn er das Los des in Einzelhaft eingekerkerten neunzehnjährigen Lew Davidowitsch beschreibt, ist Services Haltung verächtlich und spöttisch. Er zitiert zum Beispiel aus einem bewegenden Brief, den Trotzki im November 1898 an Sokolowskaja schrieb. Der junge Mann ist von Einsamkeit verzehrt und leidet unter Schlaflosigkeit. Er bekennt, an Selbstmord gedacht zu haben, aber versichert Alexandra dann, dass er »sehr am Leben hängt«. Und was ist die Reaktion von Robert Service? Er schreibt: »Diese Haltung zeigt Effekthascherei und Unreife. Er war ein selbstbezogener junger Mann.« [52]

Schließlich heiraten Trotzki und Sokolowskaja und werden nach Sibirien ins Exil geschickt. Sie haben zwei Kinder. Trotzkis Ruf als brillanter junger Schriftsteller zieht die Aufmerksamkeit der wichtigsten Führer des russischen Sozialismus auf ihn. Der Wunsch, den Wirkungskreis seiner Aktivität in der revolutionären Bewegung zu erweitern, lässt in ihm die Entschlossenheit wachsen, aus dem sibirischen Exil zu fliehen. In seiner Autobiografie schreibt Trotzki, Sokolowskaja habe ihn in seiner Absicht bestärkt.

Aber Service widerspricht Trotzkis Darstellung, ohne dafür irgendwelche Indizien anzuführen: »Es fällt schwer, das einfach so zu glauben. Bronstein plante, sie in der Wildnis Sibiriens allein zu lassen. Sie hatte niemanden, der für sie sorgen konnte, und sie hatte zwei Kleinkinder zu versorgen. Der Winter stand bevor.« Services Schimpftirade gipfelt in einer vulgären Bemerkung: »Kaum hatte er zwei Kinder gezeugt, machte er sich aus dem Staub. Wenige Revolutionäre hatten so einen Schlamassel hinterlassen.« [67] Sich selbst widersprechend gibt Service zu, dass Trotzki »sich im Rahmen des revolutionären Verhaltenskodex' bewegt« habe [67]. Aber dann erklärt er: »Selbst wenn Alexandra ihre Zustimmung gab, zeigte Lew wenig Verständnis für das Opfer, das er ihr abverlangte. ›Das Leben‹, sagte er, als spreche er von einer unabänderlichen Tatsache, ›hatte uns auseinander gebracht‹. In Wirklichkeit hatte er entschieden, seinen ehelichen und elterlichen Pflichten zu entfliehen.« [67]

Einmal abgesehen von dem verleumderischen Charakter dieser Behauptung, der allem widerspricht, was man über die Realität des revolutionären Kampfs weiß, ist kaum ein anachronistischeres Herangehen an die Geschichtsschreibung vorstellbar. Service nimmt sich heraus, das Verhalten von Revolutionären im Russland des späten neunzehnten Jahrhunderts zu beurteilen, die auf Leben und Tod im Kampf mit der zaristischen Autokratie lagen, und er misst es an der Latte eines wohlhabenden, konservativen und selbstzufriedenen Philisters aus der oberen Mittelschicht des heutigen Englands.

Es sei erwähnt, dass Service Trotzkis Satz nicht zu Ende zitiert. »Das Leben hatte uns auseinander gebracht«, schrieb Trotzki, »aber es hat unsere geistige Verbindung und unsere Freundschaft unerschüttert bewahrt.«[20]

Der dauerhafte Charakter dieser tiefen Freundschaft und wechselseitiger Solidarität zwischen Trotzki und Sokolowskaja wurde von Letzterer in Gesprächen mit Max Eastman in den 1920er-Jahren bestätigt. Alexandra hat diese Freundschaft nie verraten, wofür sie letztlich mit ihrem Leben bezahlte. Stalin ermordete sie

---

20 Trotzki, Mein Leben. S. 123.

1938. Service hat zu ihrem tragischen Schicksal folgenden kalten und verächtlichen Kommentar: »Ihre Probleme begannen mit der kurzen Ehe, die eingegangen wurde, damit sie und Trotzki in Sibirien nicht getrennt wurden – und in Sibirien hauchte sie ihr Leben aus.« [431]

Das tragische Schicksal von Trotzkis Tochter Sina, die im Januar 1933 in Berlin Selbstmord beging, behandelt Service erbarmungslos und bösartig. Er schreibt: »Trotzki versuchte, mit der Tragödie fertig zu werden, indem er Stalin und dessen Behandlung seiner Tochter für alles verantwortlich machte.«

Er fährt fort: »Diese Beschuldigung, die Trotzki häufig wiederholte, verfehlte ihr Ziel. Sina konnte sich so lange in Sochumi aufhalten, wie sie wollte; Trotzki selbst hatte sie ins Ausland gerufen, nicht Stalin hatte sie deportiert – und sie hatte bei Trotzki leben wollen. Trotzkis Versuch, ihren Tod politisch auszunutzen, war nicht sein stärkster Moment.« [386]

Service zitiert lieber nicht aus dem Brief, den Trotzki am 11. Januar an das Zentralkomitee der KPdSU schrieb, weniger als eine Woche nach dem Selbstmord seiner Tochter. Er teilt seinen Lesern auch nicht mit, dass Sina nicht nach Russland zurückkehren konnte, wo ihr Mann, ihre Tochter und ihre Mutter noch lebten, weil das stalinistische Regime ihr die Staatsbürgerschaft aberkannt hatte. Trotzki schrieb: »Dass man ihr die Sowjetbürgerrechte absprach, war ein purer, sinnloser Racheakt gegen mich.«[21]

Weil Service Trotzki, wo immer möglich, verleumden will, spricht er das stalinistische Regime von jeder Verantwortung für den Tod seiner Tochter frei. Und das trotz der Tatsache, dass Stalin, wie Service genau weiß, nur wenige Jahre später Trotzkis erste Frau, seine Söhne, seine Brüder, seine Schwester und sogar seine Schwiegereltern ermordete.

---

21 Der Brief Trotzkis wurde veröffentlicht in: Die Weltbühne, Jg. 29, 1933, S. 150 f.

Eine schändliche Episode

Obwohl diese Besprechung nicht ganz kurz geraten ist, bleibt vieles ungesagt. Eine umfassende Richtigstellung aller Verdrehungen und Falschdarstellungen von Service würde leicht ein ganzes Buch füllen. Der Autor dieser Zeilen behält sich die Entlarvung von Services politischen Fälschungen und seiner ständigen Verteidigung Stalins gegen Trotzki für eine andere Gelegenheit vor. In dieser Hinsicht wird eine weitere wichtige Frage zu klären sein: die Bedeutung des Zusammentreffens von neostalinistischen Fälschungen und traditionellem angloamerikanischem Antikommunismus in den Trotzki-Biografien von Thatcher, Swain und Service. Es ist auffallend, wie sehr der andauernde Feldzug gegen Trotzki auf die Lügen und Fälschungen der Stalinisten zurückgreift.

Ein letzter Punkt verdient Aufmerksamkeit: Das ist die Veröffentlichung dieser Biografie durch Harvard University Press. Man muss sich wirklich fragen, weshalb der Verlag seinen Namen für ein solch beklagenswertes und beschämendes Werk hergegeben hat. Es ist kaum vorstellbar, dass Services Manuskript auch nur ansatzweise einer kritischen Überprüfung unterzogen wurde. Es müsste doch an der historischen Fakultät von Harvard auch heute noch Professoren geben, die ernsthafte historische Arbeit von Schund unterscheiden können.

Früher war Harvard einmal zu Recht stolz auf seine Rolle als Archivar des nicht-öffentlichen Teils von Trotzkis Nachlass, den die Universität auf Wunsch von Trotzki und Natalja Sedowa fast vierzig Jahre lang verschlossen hielt. Die Houghton Library betrachtete diese Papiere als wichtigen Teil ihrer historischen Sammlung. 1958 veröffentlichte Harvard aus eigenem Antrieb Trotzkis Tagebücher im Exil von 1935. Im Vorwort des Herausgebers heißt es respektvoll, Trotzki sei »heute für viele ein Held unserer Zeit«[22]. Ein halbes Jahrhundert später gibt der Verlag seinen Namen für ein verleumderisches und schlampiges Werk her. Versucht Harvard etwa, in der heutigen Zeit politischer Reaktion

---

22 Vorwort zu »Trotsky's Diary in Exile, 1935«, New York, 1963, aus dem Englischen.

und intellektuellen Verfalls, Buße für seine früheren Prinzipien und wissenschaftliche Integrität zu tun? Aus welchem Grund auch immer, Harvard University Press hat sich mit Schande bedeckt. Man hofft, dass der Verlag irgendwann in der Zukunft, wenn Moral und Mut wieder etwas gelten, mit großem Bedauern auf diese Episode zurückschauen wird.

*Leo Trotzki als junger Revolutionär, 1897 in Nikolajew,
vor seiner ersten Verhaftung.*

Politische Biografie und historische Lüge

Eine Betrachtung der Trotzki-Biografie von Professor Robert Service[1]

Wie die Zeitung »Evening Standard« berichtete, soll Professor Robert Service bei der Präsentation seiner neuen Trotzki-Biografie am 22. Oktober 2009 bei Daunt Books in London erklärt haben:»Noch ist Leben in dem alten Kerl Trotzki – aber wenn der Eispickel nicht gereicht hat, ihn endgültig zu erledigen, habe ich das nun hoffentlich geschafft.«

Man darf sich ernsthaft fragen, was für eine Art von Historiker – eigentlich sogar was für eine Art Mensch – ist das, der seine eigene Arbeit auf diese Weise beschreibt und daraus offensichtlich noch Befriedigung zieht? Ist es wirklich das Ziel eines seriösen Biografen, das literarische Äquivalent zu einem Mord zu begehen? Jede mögliche Interpretation dieser Aussage spricht gegen Robert Service. Trotzki wurde ermordet und zwar auf besonders grausame und schreckliche Weise. Der Attentäter rammte die stumpfe Seite eines Eispickels in Trotzkis Schädel. Seine Frau Natalja war nebenan, als es passierte. Sie hörte den Schrei ihres Manns, mit dem sie 38 Jahre lang ihr Leben geteilt hatte, und als sie in sein Arbeitszimmer rannte, sah sie sein Blut über Stirn und Augen fließen.»Sieh nur, was sie mir angetan haben«, rief Trotzki Natalja zu.

Der Tod Trotzkis wurde von vielen als schrecklicher Verlust empfunden. In Mexiko-Stadt begleiteten 300 000 Menschen sei-

---

1   Rede vom 13. Dezember 2009 im Friends Meeting House in London. Erstveröffentlicht auf der World Socialist Web Site (www.wsws.org) am 15. Dezember 2009, deutsch am 19. Januar 2010 [http://www.wsws.org/de/2010/jan2010/serv-j19.shtml].

nen Sarg durch die Straßen der Hauptstadt. Ein privater Brief des amerikanischen Schriftstellers James T. Farrell vermittelt ein Gefühl der traumatischen Erfahrung von Trotzkis Ermordung. »Das Verbrechen ist unaussprechlich. Es fehlt an Worten, um es zu beschreiben. Ich fühlte mich betäubt, verletzt, verbittert, ohnmächtig vor Wut. Er war der größte lebende Mann, und sie haben ihn umgebracht, und die Regierung der Vereinigten Staaten hat sogar Angst vor seiner Asche. Gott!«[2]

Ein ernsthafter Trotzki-Biograf würde keine Witze über »Eispickel« machen. Das ist ein verachtungswürdiges Kennzeichen der politischen Reaktion. Professor Service würde vielleicht protestieren, seine Biografie habe Trotzki nur insofern »umgebracht«, als dass sie jedes Interesse an diesem Individuum ersterben lässt und die Diskussion um ihn beendet. Aber ist das ein legitimer Anspruch? Jeder wahre Wissenschaftler möchte doch mit seinem Werk zur Entwicklung der historischen Diskussion beitragen und diese nicht ersticken. Doch das ist ganz klar nicht die Absicht von Robert Service. Wie er dem »Evening Standard«[3] mitteilte, hofft er, mit seiner Biografie zu erreichen, was Stalins Mord nicht schaffte – nämlich Trotzki als bedeutende historische Figur »endgültig zu erledigen«. Wenn man dieses Ziel kennt, hat man eine gewisse Vorstellung davon, wie Service an das Verfassen der Biografie herangin.

Services Worte bei der Buchvorstellung scheinen eine Geisteshaltung zu spiegeln, die in dem reaktionären Milieu, in dem er sich bewegt, recht verbreitet ist. Eine Besprechung der Biografie, die der rechte britische Historiker Norman Stone, ein Bewunderer von Margaret Thatcher und Augusto Pinochet, verfasst hat, trägt den Titel »The Ice Pick Cometh« (»Der Eispickel naht«), eine Anspielung auf das Broadwaystück »The Iceman Cometh« (»Der Eismann naht«). Eine weitere begeisterte Rezension aus der Feder von Robert Harris und erschienen in der Londoner *Sunday Times*

2   Zitiert nach Alan M. Wald (Hg.), James T. Farrell: The Revolutionary Socialist Years. New York, 1978, S. 87, aus dem Englischen.

3   »Londoner's Diary«, London Evening Standard, 23. Oktober 2009, [http://londonersdiary.standard.co.uk/2009/10/index.html], aus dem Englischen.

gratuliert Service, er habe »Trotzki letztlich noch einmal ganz und gar umgebracht«[4]. Dies ist die Sprache von Menschen, die sich sehr bedrängt fühlen – persönlich wie politisch. Siebzig Jahre nach Trotzkis Tod zittern sie noch vor dem Schreckgespenst des großen Revolutionärs. Schon der Gedanke an diesen Menschen lässt sie unwillkürlich an Mord denken. Aber glauben sie wirklich, Services Buch könne erreichen, was die Macht von Stalins totalitärem Polizeistaat nicht konnte? Allein dass Professor Service und seine Bewunderer so denken, zeigt schon, wie wenig sie von Trotzki und den Ideen verstehen, denen er sein Leben widmete.

Leo Trotzki – Führer der Oktoberrevolution, Gegner des Stalinismus, Gründer der Vierten Internationale – wurde von einem Agenten der sowjetischen Geheimpolizei GPU im August 1940 ermordet. Die letzten elf Jahre seines Lebens hatte er im Exil verbracht. Trotzki lebte in seinen eigenen Worten auf einem »Planet ohne Visum« und zog von der Türkei nach Frankreich, nach Norwegen und schließlich im Jahre 1937 nach Mexiko. In den Jahren zwischen seiner Ausbürgerung aus der UdSSR und seiner Ankunft in Mexiko hatte die internationale politische Reaktion enorm an Stärke gewonnen: In Deutschland war Hitler an die Macht gelangt, die revolutionären Bewegungen der Arbeiterklasse in Frankreich und Spanien waren von den stalinistischen und sozialdemokratischen Bürokratien im Namen der »Volksfront« erstickt worden, und die Inszenierung der Moskauer Prozesse sowie der sich ausbreitende Große Terror löschten praktisch alle Vertreter marxistischer Politik und sozialistischer Kultur in der UdSSR aus.

Der erste der Moskauer Prozesse fand im August 1936 statt. Zu den sechzehn Angeklagten zählten historische Führer der bolschewistischen Partei wie etwa Grigori Sinowjew und Lew Kamenew. Ihnen wurde zur Last gelegt, Mordanschläge und verschiedene Terrorakte geplant zu haben. Kein einziges Beweisstück wurde im Prozess präsentiert, nur die Geständnisse der Angeklagten. Alle wurden von dem Tribunal zum Tode verurteilt. Die Berufungen

---

4   Robert Harris, Trotsky: A Biography by Robert Service; The Sunday Times, 18. Oktober 2009, aus dem Englischen.

der Angeklagten waren schon wenige Stunden nach dem Urteil des Tribunals abgelehnt. Am 25. August 1936 wurden sie erschossen. Obschon nicht anwesend, waren Leo Trotzki und sein Sohn Leon Sedow die Hauptangeklagten. Aus seinem norwegischen Exil verurteilte Trotzki den Prozess vehement als »eine der größten, plumpesten und verbrecherischsten Intrigen der Geheimpolizei gegen die Weltmeinung«.[5]

Auf Druck des Sowjetregimes internierte die sozialdemokratische Regierung Norwegens Trotzki, um ihn davon abzuhalten, weiterhin öffentlich Stalins mörderische Schauprozesse gegen die bolschewistische Führung anzuprangern. Beinahe vier Monate lang wurde er von jedem Kontakt mit der Außenwelt abgeschnitten, während das stalinistische Regime Lügen über ihn verbreitete. Die norwegische Internierung endete erst am 19. Dezember 1936, als Trotzki an Bord eines Frachters mit dem Ziel Mexiko gebracht wurde; die mexikanische Regierung hatte ihm Asyl zugesagt.

Die letzte Nachricht, die Trotzki vor seiner Abreise verfasste, war für seinen ältesten Sohn Leon Sedow bestimmt. Da Trotzki nicht wusste, was ihn auf seiner Reise nach Mexiko erwartete, informierte er Leon darüber, dass er und sein jüngerer Bruder Sergej ihn beerben würden und alle Nutzungsrechte für seine Schriften erhalten sollten. Trotzki merkte an, dass er nichts weiter besitze. Sein Brief endete mit einer bewegenden Bitte an Leon Sedow: »Falls du Sergej jemals triffst«, schrieb Trotzki, »so sag ihm, dass wir ihn nie vergessen haben und ihn nie auch nur für einen Augenblick vergessen werden.«[6] Aber Leon Sedow sollte seinen jüngeren Bruder nicht mehr sehen oder sprechen. Sergej wurde auf Stalins Befehl am 29. Oktober 1937 hingerichtet. Auch Leon sollte seinen Vater und seine Mutter nicht mehr treffen. Er wurde am 16. Februar 1938 von Agenten der sowjetischen Geheimpolizei ermordet.

Trotzki und Natalja Sedowa kamen am 9. Januar 1937 in Mexiko an. Sie lebten als Gäste von Diego Rivera in seinem

---

5   Leon Trotsky, Writings 1935–1936. New York, 1977, S. 413, aus dem Englischen.
6   Ebd. S. 502.

berühmten Blauen Haus in Coyoacán, damals ein Vorort von Mexiko-Stadt. Trotzki nahm sofort den Kampf gegen Stalins Verleumdungen auf, um die wahren Hintergründe der Schauprozesse aufzudecken. Der zweite Prozess gegen die Alten Bolschewiken stand kurz bevor. Diesmal handelte es sich um 21 Angeklagte, darunter Juri Pjatakow und Karl Radek. In einer Rede, die am 30. Januar 1937 aufgenommen wurde und heute leicht im Internet zu finden ist, erklärte Trotzki:

> Stalins Prozess gegen mich beruht auf falschen Geständnissen, die durch moderne inquisitorische Methoden gewonnen wurden, im Interesse der herrschenden Clique. *In der Geschichte gibt es keine Verbrechen, die in Absicht oder Durchführung schlimmer wären als die Moskauer Prozesse gegen Sinowjew-Kamenew und gegen Pjatakow-Radek.* Diese Prozesse entspringen nicht dem Kommunismus oder Sozialismus, sondern dem Stalinismus, das heißt dem unverantwortlichen Despotismus der Bürokratie über das Volk!
>
> Was ist nun meine Hauptaufgabe? Die *Wahrheit* zu enthüllen. Zu zeigen und zu beweisen, dass die wahren Verbrecher sich hinter der Maske des Anklägers verstecken.[7]

Trotzki forderte die Einrichtung einer internationalen Untersuchungskommission, um die Vorwürfe, die das Sowjetregime gegen ihn erhob, zu prüfen und ein Urteil zu fällen. Er war bereit, der Kommission alles zur Verfügung zu stellen: »All meine Akten, Tausende persönlicher und offener Briefe, die die Entwicklung meiner *Gedanken* und meiner Taten Tag für Tag widerspiegeln, lückenlos. Ich habe nichts zu verbergen!«[8] Trotzki erklärte, sein Gewissen sei rein, er habe sich weder persönlich noch politisch irgendetwas zuschulden kommen lassen.

Nach nur knapp drei Monaten wurde am 10. April 1937 in Coyoacán die Kommission einberufen, die unter dem Vorsitz des bekannten amerikanischen Philosophen John Dewey tagte. Von

7   Trotsky, Writings 1936–1937. S. 179.
8   Ebd.

den Stalinisten und den Legionen ihrer liberalen Freunde, darunter Lillian Hellman, Malcolm Cowley und Corliss Lamont, war ein immenser Druck aufgebaut worden, um das Zusammentreten der Kommission zu verhindern oder, wenn dies nicht gelingen sollte, sie in ihrer Arbeit zu behindern. Eine Woche lang sagte Trotzki vor der Kommission aus, beantwortete zahlreiche Fragen zu den Vorwürfen des stalinistischen Regimes. Keiner von jenen, die stundenlang Zeugen seiner Ausführungen waren, sollte dieses Erlebnis je vergessen. James T. Farrell, der als Beobachter anwesend war, erinnerte sich in seinen Schriften später an die überwältigende moralische Kraft, die Trotzki als Person repräsentierte.

Sein Schlusswort, das er in Englisch hielt und das mehr als vier Stunden dauerte, bewegte die Kommissionsmitglieder zutiefst. »Alles, was ich sagen kann, wird gegen diesen Höhepunkt abfallen«, erklärte Dewey, nachdem Trotzki seine Rede geschlossen hatte.[9] Im Dezember 1937 veröffentlichte die Dewey-Kommission ihr Ergebnis. Trotzki wurde für »nicht schuldig« befunden und die Verfahren in Moskau als Schauprozess bezeichnet.

Die Ergebnisse der Dewey-Kommission bedeuteten einen großen moralischen Sieg für Trotzki. Aber die politische Reaktion hatte sich noch nicht erschöpft. Innerhalb der Sowjetunion brachte Stalins Polizei jeden Tag mehr als tausend Menschen um. In Spanien sorgten die konterrevolutionäre Politik der Kommunistischen Partei und die mörderische Raserei von Stalins Geheimpolizei für den sicheren Sieg Francos. Gelähmt vom Verrat der Stalinisten war die europäische Arbeiterklasse nicht in der Lage, dem Faschismus Einhalt zu gebieten und den Krieg zu verhindern. Trotzki konzentrierte seine Energie auf die Gründung der Vierten Internationale. »Die weltpolitische Lage als Ganzes«, schrieb er im Frühjahr 1938, »ist vor allem durch eine historische Krise der proletarischen Führung gekennzeichnet.«[10]

Die Stalinisten reagierten auf Trotzkis Bemühungen, indem sie ihre Gewalt gegen seine engsten Gesinnungsgenossen und

9   The Case of Leon Trotsky, Report of Hearings on the Charges Made Against Him in the Moscow Trials, by the Preliminary Commission of Inquiry. New York, 1968, S. 585, aus dem Englischen.
10 Leo Trotzki, Das Übergangsprogramm. Essen, 1997, S. 83.

Unterstützer verstärkten. Im Juli 1937 wurde Erwin Wolf, einer von Trotzkis politischen Sekretären, in Spanien ermordet. Zwei Monate später fiel Ignaz Reiss, der sich von der GPU abgewandt, Stalin öffentlich angeklagt und seine Sympathie für die Vierte Internationale erklärt hatte, in der Schweiz einem Attentat zum Opfer. Im Februar 1938 tötete die GPU Sedow. Und im Juli 1938 wurde Rudolf Klement, der Sekretär der Vierten Internationale, in Paris entführt und umgebracht.

Trotz der Herrschaft des stalinistischen Terrors fand im September 1938 die Gründungskonferenz der Vierten Internationale statt. In einer Rede, die einen Monat später aufgenommen wurde, erklärt Trotzki, das Ziel der Vierten Internationale »ist die volle materielle und geistige Befreiung der Werktätigen und Ausgebeuteten durch die sozialistische Revolution«. Er spottete dem Terror der Sowjetbürokratie. »Die Henker denken in ihrer Beschränktheit und ihrem Zynismus, dass sie uns einschüchtern können. Sie irren! Unter den Schlägen werden wir stärker. Die bestialische Politik Stalins ist nur die Politik der Verzweiflung.«[11]

Nach der Gründung der Vierten Internationale blieben Trotzki nicht einmal mehr zwei Jahre zu leben. Seine intellektuelle Kreativität und politische Weitsicht waren ungetrübt. Nicht nur erkannte er die Unvermeidbarkeit des Zweiten Weltkriegs, Trotzki sagte auch voraus, dass Stalin den katastrophalen Konsequenzen seiner internationalen Politik zu entgehen versuchen werde, indem er eine Allianz mit Hitler anstrebe. Trotzkis Analyse wurde durch den Hitler-Stalin-Pakt bestätigt, der im August 1939 geschlossen wurde. Trotzki warnte aber auch, dass Stalins Verrat die Sowjetunion nicht vor den Schrecken des Kriegs bewahren würde. Es sei nur eine Frage der Zeit, bis Hitler seine Militärmacht gegen die UdSSR richten werde.

In den letzten Monaten seines Lebens, als in Westeuropa bereits Krieg herrschte, verteidigte Trotzki die historische Perspektive des Sozialismus angesichts weit verbreitetem Skeptizismus und Verzweiflung. Er versuchte nicht, schwankende

---

11 Leon Trotsky, Writings 1938–1939. New York, 1974, S. 93 f., aus dem Englischen.

Anhänger mit der Vorhersage einer bevorstehenden Revolution zurückzugewinnen.

Anstelle einer Vorhersage stellte Trotzki eine Frage: »Wird die objektive historische Notwendigkeit letzten Endes einen Weg in das Bewusstsein der Vorhut der Arbeiterklasse finden, d. h. wird im Verlauf dieses Kriegs und der tief reichenden Erschütterungen, die er verursachen muss, eine wirklich revolutionäre Führung geschaffen werden, die in der Lage ist, das Proletariat zur Eroberung der Macht zu führen?«[12]

Er verstand, dass die vielen Niederlagen der Arbeiterklasse eine weit verbreitete Skepsis in ihre revolutionären Fähigkeiten aufkommen ließen. Viele gaben nicht den politischen Führern, sondern der Arbeiterklasse selbst die Schuld an den Niederlagen. Für jene, die der Ansicht waren, die vergangenen Niederlagen hätten die Unfähigkeit der Arbeiterklasse »bewiesen«, die Staatsmacht zu erobern und zu halten, konnten die historischen Bedingungen der Menschheit nur hoffnungslos erscheinen. Aber dieser Perspektive der Verzweiflung und Demoralisierung setzte Trotzki eine andere entgegen: »Allerdings stellt sich die Sache für denjenigen völlig anders dar, der sich klar geworden ist über den tiefen Antagonismus zwischen dem organischen, tiefgehenden und unüberwindlichen Drängen der Arbeitermassen, sich aus dem blutigen kapitalistischen Chaos zu befreien, und dem konservativen, patriotischen und durch und durch bürgerlichen Charakter der überlebten Arbeiterführung.«[13]

Trotzki erwartete nicht, das Kriegsende zu erleben. Er ging davon aus, dass Stalin keine Mühe scheuen würde, um ihn zu töten, bevor die Sowjetunion in den offenen Konflikt mit Nazi-Deutschland gezogen würde. In den frühen Morgenstunden des 24. Mai 1940 drang ein Mordkommando unter Führung des Malers David Alfaro Siqueiros in die Villa ein, in der Trotzki und Natalja lebten. Robert Sheldon Harte, ein stalinistischer Agent, der auf dem Anwesen arbeitete, hatte die Tore der Villa geöffnet. Die stalinistischen Attentäter erreichten das Schlafzimmer

---

12 Trotzki, Verteidigung des Marxismus. S. 14.
13 Ebd. S. 15.

von Trotzki und Natalja und schossen eine Maschinengewehrsalve hinein. Die beiden überlebten fast wie durch ein Wunder das Attentat. Trotzki war sich aber bewusst, dass der Anschlag vom Mai nicht der letzte wäre. Er verstand die Gefahr, in der er sich befand, besser als jeder andere. »In einer reaktionären Epoche wie der unseren«, erklärte er, »muss ein Revolutionär gegen den Strom schwimmen. Ich tue dies nach besten Fähigkeiten. Der Druck, den die weltweite Reaktion ausübt, zeigt sich vielleicht am unerbittlichsten in meinem persönlichen Schicksal und dem Schicksal jener, die mir nahestehen. Ich betrachte dies nicht als mein Verdienst: Es ist das Ergebnis miteinander verbundener historischer Umstände.«[14]

Am 20. August wurde Trotzki von einem GPU-Agenten angegriffen und erlag am nächsten Tag seinen schweren Verletzungen. Er war 60 Jahre alt.

Mehrere Monate nach dem Mord schrieb Max Eastman eine letzte Hommage an Trotzki. Sie wurde unter anderem in dem prestigeträchtigen bürgerlichen US-Magazin »Foreign Affairs« veröffentlicht. Eastman hatte Trotzki über zwanzig Jahre hinweg sehr gut gekannt. Er hatte Trotzkis Biografie geschrieben und viele seiner wichtigsten Werke, darunter die »Geschichte der Russischen Revolution«, ins Englische übersetzt. Eastman war kein unkritischer Bewunderer Trotzkis. Ihre Beziehung war zeitweise von scharfen Konflikten gekennzeichnet. Während der letzten Lebensjahre Trotzkis hatte Eastman seine radikalen Ansichten abgelegt, endgültig dem Marxismus abgeschworen und sich immer schärfer nach rechts bewegt. Als sich Trotzki und Eastman im Februar 1940 letztmalig in Mexiko trafen, betrachteten sie sich nicht als Genossen, sondern als alte Freunde, die sich irgendwie fremd geworden waren. Keiner von den beiden versuchte, den anderen von der Richtigkeit der eigenen Position zu überzeugen.

Die Tatsache, dass Eastman Trotzki nicht länger politisch verbunden war, gibt seinem Nachruf einen besonderen Wert. Sein Essay mit dem Titel »Charakter und Schicksal Leo Trotzkis« beginnt mit den folgenden Worten:

---

14 Trotsky, Writings 1939–1940. S. 299.

Trotzki hielt den Schicksalsschlägen der vergangenen fünfzehn Jahre heldenhaft stand – Degradierung, Ablehnung, Exil, systematische verleumderische Falschdarstellung, Verrat durch jene, die ihn verstanden hatten, wiederholte Anschläge auf sein Leben durch jene, die ihn nicht verstanden hatten, und die Gewissheit, letztlich ermordet zu werden. Seine Gefährten, seine Sekretäre, seine Verwandten, seine eigenen Kinder wurden von einem höhnischen und sadistischen Feind zu Tode gejagt. Privat litt er unbeschreiblich, doch nie verließ ihn seine ungeheure Disziplin. Er verlor nicht für einen erkennbaren Augenblick seinen Halt, ließ nie einen Schicksalsschlag die Schärfe seines Geistes, seine Logik oder seinen literarischen Stil beeinträchtigen. Unter einem Kummer, der wohl fast jeden kreativen Künstler in die Psychiatrie und dann ins Grab gesandt hätte, entwickelte und verfeinerte Trotzki beständig seine Kunst. Seine unvollendete Lenin-Biografie, die ich teilweise übersetzt hatte, wäre sein Meisterwerk geworden. Er gab uns in einer Zeit, in der die Menschheit dringend solche Stärkungsmittel braucht, die Vision eines Menschen.

An seinem großen Platz in der Geschichte kann kein Zweifel bestehen. Sein Name wird fortbestehen, neben dem von Spartakus und den Gracchen, Robespierre und Marat, als der eines herausragenden Revolutionärs, eines kühnen Führers der Massen im Aufruhr.[15]

Diese Worte vermitteln ein Gefühl für die fortwährende Bedeutung von Trotzkis Leben. Eastman teilte seinen Lesern mit, dass man sich auch in 2000 Jahren noch an Trotzki als an einen der großen Kämpfer für die menschliche Freiheit erinnern werde.

Aber wir befinden uns siebzig Jahre nach Trotzkis Tod inmitten einer politisch reaktionären und intellektuell unaufrichtigen Kampagne, um ihm seinen »großen Platz in der Geschichte« zu nehmen. Die Veröffentlichung von Robert Services Trotzki-Biografie ist ein Meilenstein in dieser Kampagne historischer Verzerrung und Verfälschung, deren erklärtes Ziel darin besteht, die

---

15 Foreign Affairs, Jg. 19, Nr. 2, Januar 1941, S. 332, aus dem Englischen.

Taten und Ideen dieser Schlüsselfigur der modernen Geschichte in Verruf zu bringen.

Bevor wir Services »Trotsky« besprechen, sind ein paar Bemerkungen zur Behandlung von Trotzki durch Historiker innerhalb und außerhalb der UdSSR vorauszuschicken. Während Stalins Diktatur war Trotzki natürlich ein völliges Anathema in der UdSSR. Seit den frühen 1920er Jahren wurde der politische Kampf der aufstrebenden Sowjetbürokratie gegen Trotzki zuerst und vor allem auf der Grundlage von Geschichtsfälschungen geführt. Dies betraf Geschichte und Entwicklung der Sozialdemokratischen Arbeiterpartei Russlands, des langen Konflikts zwischen den bolschewistischen und menschewistischen Fraktionen der Partei, der verschiedenen Tendenzen und Einzelpersonen in diesem allgemein sehr hitzigen Kampf und schließlich der Oktoberrevolution. Trotzkis Rolle bei diesem letztgenannten Ereignis und dem folgenden Bürgerkrieg war so immens, dass die Diskreditierungskampagne gegen ihn, die ernsthaft im Jahre 1923 einsetzte, eine systematische Fälschung der Geschichte notwendig machte.

Die Lügenkampagne begann in den Jahren 1923–1924 mit dem Vorwurf, Trotzki unterschätze die Bauernschaft. Diese absurde Anschuldigung, in der sich programmatische Differenzen aus der Zeit vor 1917 sowie zunehmende Konflikte im Sowjetstaat über die Wirtschafts- und Außenpolitik widerspiegelten, wurde zum Auftakt eines allgemeinen Angriffs auf Trotzkis Theorie der permanenten Revolution. Doch eben diese hatte die strategische Grundlage für die bolschewistische Eroberung der Staatsmacht und ihr Ziel der sozialistischen Weltrevolution gebildet. Der Kampf gegen Trotzki beinhaltete die Zurückweisung des internationalistischen Programms der Oktoberrevolution durch eine Bürokratie, die sich zunehmend auf die Verteidigung ihrer sozialen Privilegien im nationalen Rahmen konzentrierte. Somit existierte eine symbiotische Verbindung zwischen den immer bösartigeren Klagen über Trotzkis angebliche Häresien – auf Basis einer falschen Darstellung der Fraktionskonflikte zwischen Trotzki und Lenin in den Jahren vor 1917 – und der Einführung des Programms vom »Sozialismus in einem Land«. Die Lügen, die 1923 begannen, hatten tragische Konsequenzen. Wie Trotzki

1937 schrieb, begannen die Fälschungen der Moskauer Prozesse mit scheinbar »kleineren« Geschichtsverdrehungen.

Selbst nach der Enthüllung von Stalins Verbrechen im Jahre 1956 vermied die Sowjetbürokratie peinlich jede historische und politische Rehabilitierung Trotzkis. Auch wenn offiziell nicht länger behauptet wurde, dass er mit der Gestapo gemeinsame Sache gemacht habe, verteidigten und unterstützten das Sowjetregime und seine Verbündeten weiterhin den Kampf gegen den »Trotzkismus«, der von Stalin in den 1920er Jahren begonnen worden war. Die systematischen Fälschungen bezüglich Trotzkis Rolle in der Geschichte des russischen Sozialismus, an der Spitze der Oktoberrevolution, beim Aufbau der Roten Armee und deren Sieg im Bürgerkrieg und, allem voran, beim Kampf gegen die Sowjetbürokratie blieben bestehen – sogar bis zur Auflösung der UdSSR. Service behauptet, Gorbatschow habe 1988 Trotzkis Rehabilitierung angeordnet [2]. Dies ist nur einer von Professor Services unzähligen Fehlern. Trotzki wurde von der Sowjetregierung niemals offiziell rehabilitiert.

Außerhalb der UdSSR wurde Trotzki gänzlich anders behandelt. Wohlbekannt ist die Rolle, die Isaac Deutschers dreibändige Trotzki-Biografie dabei spielte, ein neues Interesse an Trotzki zu wecken. Aber Deutschers Darstellung des außergewöhnlichen Lebens Trotzkis fand auch ein aufmerksames Publikum bei einem großen Spektrum von Wissenschaftlern, die zwar dem Marxismus in der Regel eher ablehnend gegenüberstanden, aber Trotzkis überragende Rolle in der Geschichte des zwanzigsten Jahrhunderts als unbestreitbare Tatsache betrachteten. Daher musste selbst ein Historiker wie Richard Pipes, der Trotzkis Ideen gegenüber feindselig eingestellt war, in einer Rezension von Deutschers »wunderbarem« zweiten Band feststellen: »Persönlicher Mut und intellektuelle Aufrichtigkeit besaß Trotzki ohne Frage, und dies unterschied ihn deutlich von den anderen Anwärtern auf die Nachfolge Lenins, die in bemerkenswertem Maße feige und hinterlistig waren.«[16]

---

16   The American Historical Review, Jg. 54, Nr. 4, Juli 1960, S. 904, aus dem Englischen.

Die wachsende Anerkennung von Trotzkis Rolle in der sowjetischen Geschichte ist keineswegs ausschließlich Deutschers Biografie zuzuschreiben. Das Werk anderer wichtiger Historiker, die in den 1950er, 1960er und 1970er Jahren schrieben, trug ebenfalls zu einem tieferen Verständnis der russischen Revolutionsgeschichte und Trotzkis Rolle darin bei. Von besonderer Bedeutung waren dabei die Arbeiten von E. H. Carr, Leopold Haimson, Moshe Lewin, Alexander Rabinowitch, Richard B. Day, Pierre Broué, Robert V. Daniels, Marcel Liebman und Baruch Knei-Paz.

Bezeichnenderweise wurde in den letzten Jahren der Sowjetunion und nach ihrer Auflösung ein grundlegender Wandel in der Behandlung Trotzkis sichtbar. Mit der wachsenden Krise des stalinistischen Regimes verloren einerseits die alten Geschichtsfälschungen innerhalb der Sowjetunion unvermeidbar an Glaubwürdigkeit. Diese Entwicklung, sollte man meinen, konnte sich auf Trotzkis historischen Ruf nur positiv auswirken. Und sicherlich hungerten Dissidenten nach 1956 nach allen Informationen, die sie über ihn finden konnten. Doch ab den 1970er-Jahren bewegte sich die sowjetische Intelligenzija nach rechts. Solschenizyns »Archipel Gulag«, der sich kaum mit der Linken Opposition gegen den Stalinismus befasste, wurde zum wichtigsten Text der Dissidentenbewegung. Diese Opposition lehnte den Stalinismus nicht als eine Perversion des Marxismus ab, sondern vielmehr den Marxismus selbst und das gesamte revolutionäre Projekt. Daher wurde Trotzki in der »Dissidentenliteratur« der 1970er- und 1980er-Jahre ausgesprochen feindselig behandelt.

Betont wurde dabei allgemein nicht sein Widerstand gegen den Stalinismus, sondern eine angebliche Kontinuität zwischen Trotzkis Politik und dem politischen Kurs Stalins, nachdem Trotzki aus der kommunistischen Partei ausgeschlossen und aus der Sowjetunion verbannt worden war. Diese Tendenz trat besonders in der Ära Gorbatschow hervor, als erstmals echte historische Dokumente über Trotzkis Rolle, auch einige seiner Bücher, verfügbar waren. Ganz als ob sie den guten Eindruck zerstören wollten, den diese Dokumente und Bücher auf eine Öffentlichkeit machen mussten, die die Frage nach einer Alternative zu Stalin und dem Stalinismus stellte, nahm die neue Opposition gegen Trotzki die Form an, negative Bemerkungen zu seiner Persönlichkeit zu streuen. Eine weitere häufige Erscheinungsform des Antitrotzkismus in den letzten Jahren der Sowjetunion und direkt nach ihrer Auflösung war die deutliche und offen antisemitische Betonung von Trotzkis jüdischer Abstammung.

Das reaktionäre Klima des politischen Triumph-Gehabes, das auf den Zusammenbruch des stalinistischen Regimes von 1991 folgte, spiegelte sich nicht weniger scharf in der Behandlung Trotzkis außerhalb der ehemaligen UdSSR wider. Es begann eine Kampagne, das historische Bild Trotzkis als Vertreter einer historischen Alternative zum Stalinismus zu unterhöhlen und gar zu zerstören. In den frühen 1990er Jahren gab die Universität Glasgow das »Journal of Trotsky Studies« heraus. Es erwies sich schnell, dass diese Zeitschrift Trotzki mit der Behauptung diskreditieren sollte, sein historischer Ruf sei unverdient, da er auf einer allzu unkritischen Akzeptanz der Geschichte auf Grundlage von Trotzkis Schriften beruhe. Diese Schriften, wurde behauptet, seien im eigenen Interesse verfasst und gar unehrlich. Hauptziel des Angriffs war Trotzkis Autobiografie »Mein Leben«, die über viele Jahrzehnte hinweg als literarisches Meisterwerk des zwanzigsten Jahrhunderts Anerkennung gefunden hatte.

Jede Facette von Trotzkis Leben – wie in seiner Autobiografie und den Werken anderer Historiker dargestellt – wurde in Zweifel gezogen. Trotzki leitete den Oktoberaufstand? Nein, er verbrachte die entscheidende Nacht der bolschewistischen Machtergreifung mit unbedeutenden Sekretärsaufgaben. Trotzki führte die Rote Armee zum Sieg? Nein, er war ein eitler Gockel, der gern im Militärdress umherstolzierte. Trotzki stand gegen die Bürokratie? Nein, er war ein alter Fraktionalist und Unruhestifter, der einfach den Streit liebte.

Der wichtigste Spezialist dieser Art der Neuschreibung von Geschichte war Ian Thatcher, der als Mitherausgeber des »Journal of Trotsky Studies« an der Universität Glasgow auftrat, bevor er an die Universität Leicester und die Brunel University in Westlondon wechselte. Thatchers Karriere basiert fast ausschließlich auf seiner Gründung einer neuen Schule antitrotzkistischer Fälschung. Höhepunkt seines Schaffens in diesem Bereich war das Verfassen einer Trotzki-Biografie, die 2003 bei Routledge erschien. Ich muss heute nicht auf Thatchers Werk eingehen, da ich bereits eine umfassende Analyse seiner armseligen Sammlung von Verdrehungen und Lügen verfasst habe.[17] Es ist für die heutige Diskussion nur insofern relevant, als es den Vorläufer und die Hauptinspirationsquelle für Robert Services Biografie darstellt. Service versäumt denn auch nicht, Thatcher im Vorwort seinen besonderen Dank auszusprechen. »Ian hat sein akademisches Leben damit verbracht, über Trotzki zu schreiben«, bemerkt Service, »und ich weiß die Großzügigkeit seines Geistes zu schätzen, meinen Entwurf kritisch zu prüfen und Vorschläge zu machen.« [xx] In der Tat durchzieht Ian Thatchers »Geist« Services Biografie. Die Behauptung, sein Werk entlarve den wahren Charakter von Trotzkis »ausweichender und selbstdarstellerischer« Autobiografie, zeigt, dass Service Thatchers Ansatz vollständig übernommen hat.

»Umfassende Biografie«

Im Vorwort beschreibt Service sein Werk als »die erste umfassende Biografie Trotzkis aus der Feder von jemandem außerhalb Russlands, der kein Trotzkist ist«. [xxi]

Was bedeutet hier »umfassend«? Allgemein bezieht sich die Bezeichnung »umfassende Biografie« nicht einfach nur auf die Länge eines Buchs, sondern vielmehr auf seine Breite und Tiefe. Jede bedeutende Biografie untersucht ihren Gegenstand im Kontext der Epoche, in der die Person lebte. Sie zählt nicht nur die Taten eines Individuums auf, sondern untersucht auch die Ursprünge und Entwicklung seiner Gedanken. Sie möchte die objektiven und subjektiven Einflüsse aufdecken und erklären, die sie oder ihn emotional wie intellektuell prägten. Die Biografie von Service tut nichts von allem – und zwar nicht nur, weil ihr Autor einen pathologischen Hass auf den Gegenstand seiner Untersuchung pflegt (was allerdings ein ernsthaftes Handikap darstellt). Tatsache ist, dass Professor Service einfach nicht genug über Trotzkis Leben und Denken weiß. Er hat der Vorbereitung dieses Buchs viel zu wenig Zeit und intellektuelle Anstrengung

---

17 Siehe S. 67–142 (Teil II dieses Buchs).

gewidmet, als dass es mehr sein könnte als eine Verhackstückelung.

Ein wahrer Wissenschaftler, der über das notwendige Wissen, den Wagemut und vielleicht sogar die Kühnheit verfügt, die »umfassende« Biografie einer führenden historischen Figur zu schreiben, nimmt einiges auf sich. Der Biograf muss bereit sein, soweit dies möglich ist, das Leben des anderen im eigenen Geiste nachzuvollziehen und wieder aufleben zu lassen. Ein solches Unterfangen ist oftmals sehr belastend für den Biografen, erfordert über viele Jahre Studium, Recherche und Schreiben. Es ist sowohl intellektuell als auch emotional eine Herausforderung – für den Autor ebenso wie für die Menschen, die mit ihm leben. Darum finden sich in den Vorworten vieler Historiker so häufig Dankesworte an den Ehegatten, an Kinder, Freunde und Kollegen, die eine intellektuelle, moralische und emotionale Unterstützung waren.

Man kann als Beispiel dieses Prozesses das Verfassen der Plechanow-Biografie durch Professor Samuel Baron anführen. Viele Jahre nach ihrem Erscheinen veröffentlichte Baron einen Essay, in dem er seine erlittenen Qualen darlegte. Das Projekt hatte 1948 begonnen, als Baron seine Doktorarbeit zu einem Aspekt von Plechanows Werk schrieb. Ihre Fertigstellung dauerte vier Jahre. Doch Baron befand, dass seine Dissertation zu eng angelegt war, um eine Veröffentlichung verdient zu haben, und

daher beschloss ich ohne wirkliches Bewusstsein dessen, was dies beinhalten würde, eine umfassende Biografie zu schreiben. Da die Quellen so umfangreich, das Subjekt so komplex und meine freie Zeit so begrenzt waren, brauchte es elf Jahre, um den Plan umzusetzen. Zwar war ich während dieser Jahre stark mit Lehrveranstaltungen belastet und musste mich auch um meine Familie kümmern, doch Plechanow war in Gedanken stets bei mir. Ich verbrachte viele Abende, Wochenenden, freie Tage und Urlaube mit Recherche und Schreiben ... Im Bett wie am Tage dachte ich oft über meinen Gegenstand nach. Die Aufgabe, die ich mir gesetzt hatte, schien so unerfüllbar, dass ich mich oft laut fragte, ob sie mir ein Ende setzen würde, bevor ich sie beenden könnte. Doch ans Aufhören war nicht zu denken, denn ich hatte schon zu viel investiert, und so verrichtete ich sklavisch weiter meine Sisyphusarbeit.[18]

Wie lange brauchte Professor Service, um für seine Trotzki-Biografie zu recherchieren und sie zu schreiben? Sein vorausgegangenes größeres Buch, ein zusammenhangsloses und unausgereiftes Werk mit dem Titel »Comrades: A History of World Communism«, erschien 2007. Davor hatte Service im Jahre 2004 eine Stalin-Biografie veröffentlicht. Ich will mich zur Qualität der beiden Werke hier nicht weiter äußern, sondern nur kurz feststellen, dass beide abgrundtief schlecht sind. Aber damit beschäftigen wir uns ein anderes Mal. Uns interessiert hier lediglich, dass Service seine »umfassende« Trotzki-Biografie nur zwei Jahre nach der Veröffentlichung seiner *Geschichte des Weltkommunismus* herausgebracht hat. Damals, so lässt sich aus seinem früheren Werk ableiten, war Services Wissen über Trotzkis Leben recht begrenzt. Seine Bemerkungen zu Trotzki haben einen nebensächlichen Charakter und beinhalten eine Reihe von auffälligen faktischen Fehlern. Er datiert den ersten Anschlag auf Trotzkis Leben durch David Alfaro Siqueiros falsch. Er fand im Mai 1940 statt, doch Service nennt den Monat Juni für das Attentat. Noch erstaunlicher ist jedoch, dass er Trotzkis Todestag falsch benennt.

Doch nur zwei Jahre nach der Veröffentlichung von »Comrades« liegt nun Services »Trotsky« in den Regalen der Buchhandlungen. Man überlege sich, was erforderlich ist, um eine Trotzki-Biografie zu verfassen. Trotzkis politisches Leben umfasst 43 Jahre. Er spielte als Vorsitzender des Petrograder Sowjets eine bedeutende Rolle in der Revolution von 1905. 1917, nachdem er nach Russland zurückgekehrt war und sich der bolschewistischen Partei angeschlossen hatte, wurde Trotzki wieder Vorsitzender des Petrograder Sowjets. Er wurde auch Vorsitzender des Militärrevolutionären Komitees, das unter Trotzkis Leitung den Oktoberaufstand 1917 organisierte und leitete, der die Arbeiterklasse an die Macht brachte. 1918 wurde er Volkskommissar für das

---

18 Samuel H. Baron, My Life With G. V. Plekhanov, in: Plekhanov in Russian History and Soviet Historiography. Pittsburgh, 1995, S. 188, aus dem Englischen.

Kriegswesen und spielte in dieser Funktion die führende Rolle bei der Organisation und Leitung der Roten Armee. Von 1919 bis 1922 war Trotzki neben Lenin die einflussreichste Gestalt in der Kommunistischen Internationale. Gegen Ende des Jahres 1923, mit der Gründung der Linken Opposition, trat er als zentrale Figur im Kampf gegen die stalinistische Bürokratie hervor. Nach seiner Verbannung aus der Sowjetunion 1929 inspirierte Trotzki die Gründung einer Internationalen Linken Opposition und arbeitete in den Jahren 1933 bis 1938 die theoretischen und programmatischen Grundlagen der Vierten Internationale heraus.

Zusätzlich zu dem immensen Umfang seiner politischen und praktischen Aktivitäten gehörte Trotzki zu den produktivsten Schriftstellern des zwanzigsten Jahrhunderts. Man schätzt, dass eine vollständige Sammlung seiner veröffentlichten Schriften wohl mehr als hundert Bände umfassen würde. Noch heute ist ein beträchtlicher Teil seiner Schriften, darunter Briefe und Tagebücher, nicht veröffentlicht und in andere Sprachen übersetzt worden. All das läuft darauf hinaus, dass eine ernsthafte, umfassende Trotzki-Biografie zu schreiben, eine Aufgabe darstellt, die dem gewissenhaften Forscher viele Jahre konzentrierter Arbeit abverlangt.

Darüber hinaus muss der Biograf ein tiefes Verständnis der historischen und gesellschaftlichen Umgebung haben, in der sein Forschungsgegenstand lebte, und mit den politischen und theoretischen Voraussetzungen vertraut sein, die die Basis seiner Auffassungen bildeten. Professor Service betont stark, dass seine Biografie nicht von einem Trotzkisten geschrieben wurde, und bezeichnet den verstorbenen Pierre Broué, der der trotzkistischen Bewegung politisch verbunden war, abschätzig als »Götzendiener« [xxi]. Ganz abgesehen von der Tatsache, dass Broué unabhängig von seinen politischen Überzeugungen ein hervorragender Historiker war, gibt es Grund zu der Annahme, dass seine persönliche Verbundenheit mit sozialistischer Politik, ähnlich wie bei Deutscher (der kein Trotzkist war), einen entscheidenden Vorteil beim Verfassen der Trotzki-Biografie darstellte. Broué und Deutscher waren durch Jahrzehnte politischer Arbeit beide schon vor Beginn ihrer biografischen Tätigkeit tatsächlich mit der marxistischen und sozialistischen Kultur vertraut.

Service verfügt über keine der Qualifikationen, die man zum Schreiben einer Trotzki-Biografie mitbringen muss. Das Fehlen persönlicher Erfahrung in der marxistischen Bewegung muss sicherlich kein absolutes Hindernis sein, um eine solche Biografie zu verfassen. Vielleicht ergibt sich daraus sogar ein Maß an wissenschaftlichem »Abstand« zum Forschungsgegenstand, der dem politisch engagierten Historiker schwerer fällt. Doch Professor Service ist weder politisch distanziert noch unabhängig. Man kann Service, der Broué als »Götzendiener« bezeichnet, wohl mit durchaus größerer Berechtigung als »Hasserfüllten« bezeichnen. Und Hass, besonders in seiner subjektiven und bösartigen Spielart, die Service so offensichtlich antreibt, ist unvereinbar mit wahrer Wissenschaft. Darüber hinaus disqualifiziert sich Service als Biograf und Historiker noch durch einen anderen Umstand, und zwar durch das vollkommene Fehlen von intellektueller Integrität und Neugierde.

Ich habe bereits eine längere Kritik zu Professor Services Trotzki-Biografie verfasst, die im November auf der jährlichen Konferenz des amerikanischen Slawistenverbands AAASS[19] weite Verbreitung fand. Hier kamen mehrere Tausend Spezialisten auf dem Gebiet der russischen Geschichte zusammen. Eine bedeutende Zahl von Historikern erhielt und las meine Kritik. In späteren Diskussionen äußerten sich einige von ihnen leicht missbilligend, was den scharfen Ton meiner Worte betrifft. Aber keiner von ihnen bestritt auch nur eine der von mir dargestellten Tatsachen.

Die veröffentlichte Kritik mit dem Titel »Im Dienste der Geschichtsfälschung« umfasste mehr als 10 000 Wörter. Man könnte sich fragen, ob es noch mehr über Services Buch zu sagen gibt. Fakt ist, dass meine erste Kritik kaum die Oberfläche der Fälschungen, Verdrehungen, Halbwahrheiten und dreisten Lügen von Professor Service angekratzt hat.

Ich will nicht einfach die Punkte wiederholen, die ich bereits angesprochen habe. Aber ich will meine Auflistung der Verzerrungen von Professor Service fortsetzen, indem ich zu einer Frage

19   Siehe S. 53–65 (Teil I/2).

zurückkehre, die eine so zentrale Rolle in seiner Trotzki-Biografie spielt, nämlich Trotzkis jüdische Abstammung. Ich hatte bereits in meiner früheren Rezension festgestellt:»Um es offen zu sagen, ist Services Konzentration auf diese Frage ziemlich unerfreulich und suspekt. Dass Trotzki Jude war, spielt in der Biografie von Service eine wichtige Rolle. Er verliert diese Tatsache nie aus den Augen und erinnert seine Leser ständig daran, als ob er besorgt wäre, sie könnte ihnen entfallen.«[20] Ich bemerkte bereits, dass seine Beschreibungen Trotzkis vor ethnischen Stereotypen nur so strotzen (z. B. dass Trotzki »auf aufdringliche Weise schlau war, unverblümt in seinen Meinungsäußerungen. Niemand konnte ihn einschüchtern. Bei Trotzki waren diese Charakteristika ausgeprägter als bei den meisten anderen Juden«, »Er war bei Weitem nicht der einzige Jude, der die Gelegenheiten zu öffentlicher Selbstdarstellung sichtlich genoss« [202], »In Wirklichkeit war seine Nase weder lang noch gebogen« und so weiter).

Mit Vorliebe bedient sich Service der Methode, eine antisemitische Haltung einfach festzustellen, ohne sie zu beweisen. Ein Beispiel:»Juden sollen in der Tat die Tonangeber der bolschewistischen Partei gewesen sein.« [205] Wer war dieser Meinung? Die bewusste Verwendung der indirekten Rede, um eine Behauptung aufzustellen, die durch keine erkennbare Quelle bewiesen wird, ermöglicht es Service, einen antisemitischen Beigeschmack zu erzeugen, ohne dafür die Verantwortung zu übernehmen. Das ist kein unbedachter Fehler. Wissenschaftliche Arbeit folgt definitiven Regeln. Service, der seit Jahrzehnten als professioneller Historiker arbeitet, verletzt diese Regeln immer wieder mit Absicht.

Ich möchte die Aufmerksamkeit auf ein weiteres Beispiel lenken, das ich bisher noch nicht eingeführt habe. Es zeigt Services Bemühen, Trotzkis jüdische Abstammung hervorzuheben. Es geht um seine konsequente Benennung des jungen Trotzki als »Leiba Bronstein«. Service schreibt:»Bis zum Alter von dreiundzwanzig Jahren, als er sein berühmtes Pseudonym annahm, hieß Trotzki Leiba Bronstein.« [11] Und so nennt er den jungen Mann auf den

20   Siehe S. 162

ersten vierzig Seiten seiner Biografie ausschließlich »Leiba«. Auf Seite 41 kündigt Service dann einen bedeutsamen Wendepunkt an. »Leiba« war inzwischen achtzehn und immer stärker in die revolutionäre Aktion involviert. Er machte in der Provinzstadt Nikolajew neue Bekanntschaften, er lernte Ilja Sokolowski, Alexandra Sokolowskaja and Gregory Ziv kennen. Sie waren Juden, schreibt Service, »aber sie redeten, schrieben oder sprachen nicht Jiddisch. Außerdem hatten sie russische Vornamen und zogen es vor, mit sehr russischen Kosenamen angesprochen zu werden: Ilja als Iljuscha, Alexandra als Sascha, Schura oder Suruschka und Gregory als Grischa. Leiba, der wie sie sein wollte, ließ sich fortan Lëwa nennen, der Diminutiv von Lew, der Ljowa ausgesprochen wurde. Semantisch hatte das nichts mit dem jiddischen Namen Leiba zu tun; aber es war ein verbreiteter Vorname, und praktischer Weise klang er ähnlich.« [41 f.]

Diese Geschichte von Leibas Verwandlung in Ljowa unterstreicht ein zentrales Thema von Services Argumentation: Trotzki habe sich seiner jüdischen Abstammung geschämt und sie in seiner Autobiografie herunterzuspielen versucht. (Dies soll ein Beispiel für deren »ernst zu nehmende Ungenauigkeiten« sein.) So versucht Service seinen Lesern glaubhaft zu machen, dass er die wirkliche Geschichte aufgedeckt habe, wie der kleine »Leiba Bronstein«, der Sohn des »beherzten Juden« David Bronstein, zu Ljowa Bronstein und später zu Leo Trotzki wurde.

Eine interessante Geschichte, aber stimmt sie auch? In seiner Autobiografie erinnert sich Trotzki daran, dass man ihn von früher Kindheit an Ljowa nannte. In »Mein Leben« schreibt der englische Übersetzer Max Eastman in einer Fußnote: »Trotzkis voller Geburtsname war Lew Dawidowitsch Bronstein. Der Name seines Vaters war David Leontijewitsch Bronstein. ›Ljowa‹ ist einer von zahlreichen Kosenamen von Lew, was wörtlich ›Löwe‹ bedeutet. Im Englischen und Französischen wurde Trotzki Leon genannt, im Deutschen Leo.«[21]

Service liefert keinerlei dokumentarisches Material, um seine Behauptung zu stützen, dass der kleine Junge je anders

---

21 Leon Trotsky, My Life. New York, 1970, Vorwort S. 3, aus dem Englischen.

gerufen wurde als Ljowa oder mit abgeleiteten Kosenamen wie
»Ljowotschka«. Die Familie Bronstein sprach nicht Jiddisch, also
gab es auch keinen Grund, den Jungen Leiba zu nennen. Die in
seinem Elternhaus gesprochene Sprache war eine Mischung aus
russisch und ukrainisch.

Was soll man also von Services Geschichte halten, der junge
»Leiba« habe den Namen Ljowa angenommen, um wie seine
Freunde einen russisch klingenden Vornamen zu haben? Service
verweist für diese Geschichte in einer Fußnote auf zwei Stellen. 1.
auf die feindseligen Memoiren von Gregory Ziv, der einer der ersten Gefährten des jungen Trotzki in der revolutionären Bewegung
war, und 2. auf einen Brief des jungen Trotzki an seine große
Liebe, Alexandra Sokolowskaja, vom November 1898.

Der Leser sollte sich darauf verlassen können, dass diese Dokumente Services Geschichte faktisch untermauern. Die meisten
Leser haben jedoch weder die Zeit noch die Möglichkeit, sich
Zugang zu den Originaldokumenten zu verschaffen. Keins der
beiden Dokumente liegt in Englisch vor. Zivs 1921 veröffentlich-
tes Buch gibt es in wenigen Büchereien in der russischen Ori-
ginalsprache. Den Brief an Sokolowskaja gibt es, ebenfalls auf
Russisch, auf Mikrofilm in den Archiven der Hoover-Institution
an der Universität Stanford.

Eine Überprüfung dieser Dokumente führt zu der nicht völlig überraschenden Entdeckung, dass sie absolut keine Informationen enthalten, die Services Geschichte stützen. Das erste
Kapitel von Zivs Memoiren, in dem er seine frühesten Kontakte
zu Trotzki überliefert, ist mit »Ljowa« betitelt. Es steht dort
nicht das Geringste darüber, dass Trotzki seinen Vornamen von
»Leiba« in »Ljowa« oder Lew geändert habe. Der junge Mann,
den er traf, hieß Ljowa. Punkt. Der Name »Leiba« kommt nicht
ein einziges Mal in den Memoiren vor. Ziv schreibt ausführlich
über den Wechsel des Nachnamens seines früheren Genossen
von Bronstein zu Trotzki (den der junge Revolutionär vornahm,
als er aus dem Exil entfloh: Er nahm offenbar den Namen eines
früheren Gefängniswärters an). Es gibt keinen Grund zu der
Annahme, dass Ziv den Vornamen Leiba einfach vergessen habe.
Ziv schrieb ihn nicht auf, weil Ljowa nie mit diesem Namen
gerufen wurde.

Wie steht es nun mit dem zweiten Dokument, das Service nennt, dem Brief Trotzkis an Alexandra Sokolowskaja vom November 1898? Es ist ein sehr persönlicher und intimer Brief von einem jungen Mann an die Frau, in die er sehr verliebt ist. Dieser Brief ist ein wichtiges Dokument, auf das Service mehrfach zu sprechen kommt. Erklärt der junge Trotzki in diesem sehr persönlichen Brief, wie er an den Namen Ljowa kam? Die Antwort ist NEIN! Es gibt dort überhaupt nichts über eine solche Änderung. Der Brief ist übrigens mit »Ljowa« unterzeichnet, dem Namen, den er in seiner ganzen Jugend getragen hat.

Bis Professor Service also einen echten Nachweis für seine Geschichte von der Verwandlung von »Leiba« in »Ljowa« vorlegt, dürfen wir annehmen, dass er die ganze Sache schlicht und einfach erfunden hat.

Die Frage von Trotzkis ursprünglichem Namen ist sowohl von historischer als auch von politischer Bedeutung. Es ist bekannt, dass die stalinistische Bürokratie ab Mitte der 1920er Jahre immer häufiger von Trotzki als Bronstein sprach. Er hatte diesen Namen seit 1902 nicht mehr benutzt. Diese Benennung fiel mit der verstärkten Kampagne gegen die Linke Opposition zusammen. Die Benennung Trotzkis als Bronstein (sowie Sinowjews als Radomilski und Kamenews als Rosenfeld) entwickelte sich zu einer Standardmethode der Stalinisten. Während der Moskauer Prozesse machte Trotzki auf die antisemitischen Untertöne in diesen Prozessen aufmerksam, in denen zahlreiche Juden angeklagt waren. Interessanterweise verurteilten in den Vereinigten Staaten viele bürgerliche Liberale jüdischer Abstammung Trotzki, weil er auf diesen Aspekt der Prozesse aufmerksam machte. Unter ihnen befand sich auch der politisch prominente Rabbi Stephen Wise. Diese Bereitschaft, den Mantel eines höflichen Schweigens über den antisemitischen Gestank zu decken, der dem Kreml entstieg, entsprang der nachsichtigen Haltung der Liberalen gegenüber dem Stalinismus in der Volksfrontperiode.

Jahrzehnte später, in der Glasnost-Periode, und dann wieder nach der Auflösung der Sowjetunion, wurde Trotzkis jüdische Abstammung für eine breite Schicht russischer Antisemiten zur Obsession. Der herausragende Historiker Walter Lacqueur hat darauf hingewiesen:

Es wäre falsch, den wirklichen Hass von Teilen der russischen Rechten und Neostalinisten auf Trotzki zu unterschätzen. Er war die Personifizierung allen Übels, und er war als Kommunist und als Jude doppelt verhasst; sein ›eigentlicher Name‹, Leiba Bronstein, wurde von seinen Feinden immer mit liebevoller Sorgfalt hervorgehoben. Diese Praxis war früher das Monopol der Nazis. Niemand wäre auf die Idee gekommen, Lenin Uljanow, Gorki Peschkow oder Kirow Kosirikow zu nennen.[22]

In einer Fußnote schreibt Lacqueur, dass Trotzkis Kindheitsname Ljowa war.

Auf mehreren Veranstaltungen zur Vorstellung der Biografie wurde Professor Service zu seinem Umgang mit Trotzkis jüdischem Hintergrund befragt. Statt seine Haltung professionell zu begründen, reagierte er aggressiv, als ob er mit einer Zivilklage drohe:»Nennen Sie mich einen Antisemiten?« Nur Service selbst und vielleicht seine engsten Bekannten kennen seine innerste Haltung zu Juden. Aber darum geht es nicht. Wer, aus welchen Gründen auch immer, anti-jüdische Vorurteile anspricht, schürt und ausnutzt, *praktiziert* Antisemitismus. Wenn Service Juden zu seinen persönlichen Freunden zählt, tut das nichts zur Sache. Es ist eine bekannte historische Tatsache, dass Karl Lueger, der Gründer der antisemitischen Christlichsozialen Partei und Bürgermeister von Wien im Österreich des Fin de Siècle, mehrere jüdische Freunde hatte. Für Lueger war der Antisemitismus lediglich eine politische Waffe, um die verbitterte Wiener Kleinbourgeoisie hinter seinem reaktionären politischen Banner zu sammeln. Als er gefragt wurde, wie er seine antisemitische Demagogie mit seinen leutseligen Gelagen mit Juden vereinbare, antwortete Lueger zynisch:»In Wien entscheide ich, wer Jude ist.« Professor Service praktiziert eine ähnliche doppelte Buchführung.

Einen letzten Punkt zu diesem Thema. In seiner Stalin-Biografie von 2004 legte Professor Service Wert darauf, Stalin vom

---

22 Walter Lacqueur, Stalin: The Glasnost Revelations. New York, 1990, S. 59 f., aus dem Englischen.

Antisemitismus freizusprechen. Er zitiert eine Bemerkung Stalins am Ende eines frühen Parteitags der Sozialdemokratischen Arbeiterpartei Russlands. Stalin stellte fest, dass es unter den Menschewiken einen höheren Prozentsatz Juden gab als unter den Bolschewiken, und sagte:»Es würde nicht schaden, wenn wir, die Bolschewiken, ein kleines Pogrom in der Partei veranstalten würden.« Service schreibt mit bemerkenswerter Nachsicht, Stalins Äußerung sei »später benutzt worden, um ihm Antisemitismus nachzuweisen. Sie war grob und taktlos. Aber sie reicht kaum, um ihm einen Hass auf *alle* Juden nachzuweisen … Viele Jahre lang sollte er Freund, Gefährte und Führer zahlloser Juden sein.« [77, Hervorhebung hinzugefügt.] Was für eine außerordentlich generöse Deutung von Stalins Haltung gegenüber Juden! Insoweit Stalin nicht alle Juden hasste und sogar einige Juden zu seinen Freunden zählte, war er kein Antisemit! Im Übrigen sollte man nicht versäumen, darauf hinzuweisen, dass Service in seinem Stalin-Zitat von der SDAPR-Konferenz folgende Passage ausgelassen hat: »Lenin ist empört, dass Gott ihm Genossen wie die Menschewiken geschickt hat. Was sind das für Leute? Martow, Dan, Axelrod – alles beschnittene Juden … Wissen die georgischen Arbeiter eigentlich, dass das jüdische Volk feige ist und nicht zum Kämpfen taugt?«[23]

Das zentrale Anliegen von Services Biografie – und damit knüpft er dort an, wo sein Mentor Ian Thatcher aufhörte – besteht darin, Trotzki nicht nur als Politiker, sondern auch als Menschen zu diskreditieren. Die Fokussierung auf Trotzkis Person wird dem Biografen gewissermaßen durch die ihm selbst bis zu einem gewissen Grade bewusste Tatsache diktiert, dass er das Ideengebäude Trotzkis intellektuell nicht bewältigen kann. Es ist leichter, Trotzki persönlich anzugreifen, sein Handeln und seine Motive zu entstellen.

Services Porträt Trotzkis wurde von unzähligen rechten Kritikern begrüßt. Robert Harris schrieb beispielsweise in der britischen »Sunday Times«:

---

23   Zitiert nach Hiroaki Kuromiya, Stalin. London, 2005, S. 12, aus dem Englischen.

Wenn man sich den unausstehlichsten, radikalen Mittel-
schichtstudenten vorstellt, den man je traf – verbittert, höh-
nisch, arrogant, eigennützig, eingebildet, verhärtet, unreif,
engstirnig und herablassend – diesem Bild einen Kneifer hinzufügt und es an den Anfang des vergangenen Jahrhunderts
zurückversetzt, dann hat man Trotzki.[24]

Ich könnte mir vorstellen, dass die meisten Adjektive, die der
übereifrige Mr. Harris hier benutzt, ziemlich gut zur Charakterisierung seiner eigenen Person taugen.

Der eigentliche Zweck des verzerrten Trotzki-Bilds ist die
Erfindung einer gänzlich neuen historischen Person. Dieses Bild
wird in der gesamten bürgerlichen Presse seinen Widerhall und
in weiteren pseudohistorischen Arbeiten sein Echo finden, die
pflichtschuldig auf die »Autorität« und das »maßgebliche Werk«
von Professor Service verweisen. Alle Spuren des wirklichen
Trotzki, wie er von Genossen und Freunden beschrieben wurde,
und vor allem, wie er in seinen Schriften und Taten zu erkennen ist, sollen verwischt und entwertet werden. Die Person des
großen Revolutionärs, politischen Genies, militärischen Führers
und Meisters des Worts soll ersetzt werden durch etwas Missge-
staltetes, Fratzenhaftes, dem jede Ähnlichkeit mit dem Menschen
Trotzki abgeht. Trotzki à la Service: ein politisches Monster des
zwanzigsten Jahrhunderts! Genau das haben Service und seine
Freunde im Sinn, wenn sie von einer »zweiten Ermordung« Trotzkis durch das Buch sprechen.

Doch weil die Konstruktion die Wirklichkeit gröblich verfälscht, verheddert sich der Autor in zahllose Widersprüche. Das
Buch beginnt sonderbarerweise mit einer ziemlich treffenden und
objektiven Zusammenfassung der Rolle Trotzkis in der Russischen
Revolution. Service schreibt zu Beginn:

Trotzki erschien wie ein leuchtender Komet am politischen
Himmel ... Er war der beste Redner der Russischen Revolu-

---

24 Robert Harris, Trotsky: A Biography by Robert Service; The Sunday Times,
    18. Oktober 2009, aus dem Englischen.

tion. Er leitete das Militärrevolutionäre Komitee, welches im Oktober den Sturz der Provisorischen Regierung vollzog. Mehr als irgendjemand sonst tat er für den Aufbau der Roten Armee. Er gehörte dem Politbüro der Partei an und hatte großen Einfluss auf seine politische, wirtschaftliche und militärische Strategie. In den frühen Jahren der Kommunistischen Internationale war er eine ihrer Hauptfiguren. Die ganze Welt verbindet die Ausstrahlung der Oktoberrevolution mit ihm und seiner Partnerschaft mit Lenin. [1]

Kaum eine Seite später beginnt Service allerdings damit, seine einführenden Worte zu unterlaufen. Trotzki »übertrieb seine persönliche Bedeutung. Seine Gedanken vor 1917 waren keineswegs so einzigartig und weitgreifend, wie er es selbst gern annahm. Sein Beitrag zur Machteroberung der Bolschewiki war bedeutend, aber nicht in dem Maße, wie er es behauptet« [4], teilt uns Service mit.

Diese beiden Einschätzungen passen nicht zueinander. Wenn Trotzki all das tat, was Service ihm im ersten Abschnitt zuschreibt, wie kann er dann »seine eigene Bedeutung übertrieben« haben?

Nach dem ersten Absatz reiht Service eine Verunglimpfung an die andere, ohne sich um die offensichtliche Anhäufung von Unsinnigkeiten und Widersprüchen zu scheren. Zuweilen behauptet er in einem Satz etwas, das er im selben Abschnitt dann widerlegt! »Leo«, schreibt Service, »hatte keine Gewissensbisse, auf Kosten seines Vaters zu leben und gleichzeitig dessen Hoffnungen und Werte gering zu schätzen.« Die beiden unmittelbar folgenden Sätze lauten: »Der Sohn war ebenso unnachgiebig wie sein Vater. Er wollte sich nicht länger sagen lassen, was er zu tun hätte, und statt sich dem Vater unterzuordnen, zog er es vor, die komfortable Wohnung zu verlassen und sich in Schwigowskis Haus niederzulassen.« [41] Auf diese Weise erfährt der Leser im dritten Satz, in dem Leo die bequeme elterliche Wohnung verlässt, um seinen Idealen nachzugehen, das Gegenteil des ersten Satzes, in dem Leo keine Skrupel hatte »auf Kosten seines Vaters« zu leben.

Wiederholt behauptet Service, Trotzki habe Entwürfe seiner Autobiografie redigiert, um Material herauszunehmen, das ein ungünstiges Licht auf ihn hätte werfen können. Tatsächlich geschah dies nicht ein einziges Mal. Ganz im Gegenteil. In einem frühen Entwurf seiner Autobiografie, wie Service selbst anmerkt, hatte Trotzki einen Zwischenfall erwähnt, bei dem er einem grausamen und sadistischen Gefängniswärter mutig entgegengetreten war, um ihm zu sagen, dass er dessen beleidigende Bemerkungen nicht länger hinnehmen werde. Der Gefängniswärter lenkte ein. Diese durch Zeugen verbürgte Episode wurde in die veröffentlichte Autobiografie »Mein Leben« nicht aufgenommen.

Service kommentiert dies so: »Diese, wie auch andere mutige Episoden seines Lebens nahm Trotzki nicht in seine veröffentlichten Memoiren auf. Sie mussten ihm von den ihn bewundernden Schriftstellern entlockt werden. Obwohl er bestechendes Auftreten in der Öffentlichkeit mochte, lehnte er Prahlerei ab: *Er überließ es anderen, das für ihn zu tun. Er war laut und eingebildet. Die Leute mussten nicht lange warten, um zu erkennen, wie eitel und selbstbezogen er tatsächlich war.*« [56, Hervorhebung hinzugefügt.]

Durch einen ziemlich plumpen Trick findet Service hier den Weg, die Bescheidenheit Trotzkis und seine Verachtung für Prahlerei zu diffamieren.

Service verwendet viel Mühe und Raum darauf, Trotzki als untreuen, seine zwei Kinder und seine Ehefrau im Stich lassenden Ehemann abzustempeln. »Als Ehemann«, lesen wir, habe Trotzki sich seiner Frau gegenüber »schäbig« verhalten. Er habe die »Bedürfnisse seiner Kinder besonders dann ignoriert, wenn sie seinen politischen Interessen in die Quere kamen. Dies hatte katastrophale Folgen sogar für jene, die im öffentlichen Leben der Sowjetunion inaktiv waren. Sein Sohn Leon Sedow, der ihm ins Exil folgte, bezahlte die Zusammenarbeit mit seinem Vater möglicherweise mit dem Leben.« [4]

Wer Services Version der Geschichte folgt, kann kaum auf den Gedanken kommen, dass die repressiven Bedingungen des zaristischen Russlands oder die späteren Verfolgungen durch Stalin irgendetwas mit dem tragischen Schicksal der Familie Trotzkis zu tun gehabt haben. Und tatsächlich kritisiert Service, dass Trotzki die Verantwortung für den Tod seiner Tochter Sina im Jahr 1933 dem Sowjetregime zuwies.

Die Umstände, unter denen die Kinder Trotzkis und seine erste Frau zu Tode kamen, sind für Service jedoch von geringem Interesse. Schwerpunkt seines Interesses ist es vielmehr, Trotzki als unverantwortlichen und abgestumpften Schürzenjäger darzustellen, der seine erste Frau Alexandra Sokolowskaja gedankenlos und egoistisch im Stich gelassen habe.

Service behandelt die Beziehung zwischen Trotzki und Alexandra Sokolowskaja mit wahrlich beleidigender Grobheit. Wiederholt versucht er das junge Paar Leo und Alexandra auf sein eigenes Niveau herabzuziehen.

In diesem Zusammenhang benutzt Service den von mir bereits erwähnten Brief des neunzehn Jahre alten inhaftierten Leo Trotzki aus dem Jahre 1898. Leo schrieb ihn der ebenfalls in Odessa inhaftierten Alexandra. Die beiden konnten nicht persönlich miteinander reden. Als Leo den Brief schrieb, war er krank und niedergeschlagen. Fast ein Jahr waren sie bereits im Gefängnis, und mehrere Monate davon verbrachte Trotzki in Einzelhaft.

Service zitiert eine kurze Passage, in der Trotzki eingesteht, über Suizid nachgedacht und ihn verworfen zu haben, und kommentiert sie so:

> Diese Haltung zeigt Effekthascherei und Unreife. Er war ein selbstbezogener junger Mann. Unbewusst versuchte er Alexandra zu veranlassen, mehr zu tun, als ihn zu lieben: Er wollte ihr Verständnis und ihre Sorge, und vielleicht war das Eingeständnis von Schwäche dem dienlich. Er war niemals wirklich selbstmordgefährdet: Seine Bemerkung diente dazu, in ihr den Wunsch zu wecken, ihn zu schützen. Er hatte erkannt, dass er ihr gegenüber hart und gefühllos gewesen war. Was konnte nun besser sein, als zuzugeben, dass er äußerlich hart sei und darüber »Tränen« vergieße. [52]

Solch hausbackenes Psychologisieren ist von recht zweifelhaftem Wert, selbst wenn es mit den besten Absichten geschieht. Es bekommt aber einen unsinnigen und boshaften Charakter, wenn die Passage, auf die sich die Analyse stützt, gefälscht ist. Trotzki, so erklärt uns Service, spekulierte schlau auf Alexandras Verletzlichkeit, indem er unaufrichtig behauptete, »Tränen« wegen seiner »Härte« vergossen zu haben.

Der Haken an dieser »Interpretation« ist, dass Service den Brief Leo Trotzkis entstellt hat. Um die Fälschung zu verdeutlichen ist es notwendig, die diesbezügliche Briefstelle vollständig und richtig zu zitieren. Der junge Revolutionär schrieb:

> Sascha [Alexandra] ist so gut ... und wenn ich sie so sehr küssen und liebkosen möchte ... Und all das ist unerreichbar: Stattdessen gibt es Einsamkeit, Schlaflosigkeit, abscheuliche Gedanken an den Tod ... brrr ...»die Stunde der Erlösung wird kommen, die Menschen werden ihr Loblied singen, sie werden unser mit Tränen gedenken. Sie werden unsere Gräber aufsuchen«. Unsere Gräber, Sascha: unsere G-r-ä-b-e-r. Oh, mit welchem Grauen werden sie eines Tages über unsere Gesellschaftsordnung sprechen ... Hinter diesen Türen kann ich jetzt in diesem Augenblick den gewohnten Klang vieler Ketten hören ... Sascha, wie sehr haben wir uns daran gewöhnt und wie schrecklich ist es dennoch. Menschen in Ketten ... und das alles ist Recht. Bist Du überrascht über diesen Ausbruch von »Weltschmerz«? Eine ungewöhnliche Empfindsamkeit wächst in mir. Beim Lesen von Belletristik oder Gedichten von Pjotr Jakubowitsch habe ich gelernt, Tränen zu vergießen. Meine Nerven sind angespannt, das ist wohl alles. Die sibirische Taiga wird diese städtische Empfindsamkeit mäßigen. Wie glücklich werden wir andererseits dort sein. Wie olympische Götter. Wir werden immer, immer unzertrennlich sein. – Wie oft habe ich mir dies schon gesagt, und doch möchte ich es immer wieder wiederholen ... Du und ich haben so vieles durchgestanden, wir haben so vieles erlitten, dass wir, sei sicher, unsere Stunde des Glücks verdient haben.

Dieser Brief an sich ist schon ein außergewöhnliches und tief bewegendes Dokument. Dass sein Autor der zukünftige Führer der Russischen Revolution war, verleiht ihm eine besondere Bedeutung. Diesen Brief als Ausdruck von »Effekthascherei« und »Unreife« zu interpretieren, spricht für Services Zynismus und Mangel an Sensibilität. Vom professionellen Gesichtspunkt aus ist eine solche Einschätzung des Briefs jedenfalls unaufrichtig und irreführend.

Zunächst geht es bei Trotzkis, von ihm selbst in Anführungszeichen gesetzter Bemerkung, »Tränen vergießen« gelernt zu haben, nicht darum, dahinter die eigene »steinerne Härte« verbergen zu wollen, sondern unmittelbar um seine Reaktion auf die Lyrik des Dichters Pjotr Jakubowitsch. Wäre Service ein ernsthafter Historiker, hätte er nach sorgfältigem Nachdenken seinen Lesern die Bedeutung dieses Hinweises nahegebracht. Jakubowitsch (1860–1911) war ein bedeutender Lyriker, der als Revolutionär aktiv in der »Narodnaja Wolja« (Volkswille) wirkte. Seine Gedichte rufen Erinnerungen an den Heroismus und die Tragik des zum Scheitern verurteilten Kampfs der revolutionären Terroristen gegen den Zarismus wach und hatten großen moralischen Einfluss auf die Jugend der neunziger Jahre des 19. Jahrhunderts. Die von Jakubowitsch in seinen Gedichten benutzten Bilder, insbesondere die von Tod und Selbstaufopferung, wurden von Trotzki in seinem Brief an Sascha heraufbeschworen. Und sie wird seine Hinweise natürlich sehr gut verstanden haben. Ein gewissenhafter Historiker würde in diesem umfangreichen Brief, aus dem ich nur eine kurze Passage zitiert habe, wertvolles Material für die Herausbildung eines Verständnisses für sein Thema und die betreffende Zeit sehen. Aber Service ist daran einfach nicht interessiert.

Ein Hauch von Gleichgültigkeit und Trägheit durchzieht das ganze Buch. Der Autor zeigt keinerlei Neugier für den Ursprung der intellektuellen und künstlerischen Kreativität Trotzkis. Seine Bemerkungen über Trotzkis frühe, in der sibirischen Verbannung entstandenen, literarischen Bemühungen sind im Allgemeinen so banal und oberflächlich, dass man glauben könnte, ihr einziger Zweck bestehe darin, die Biografie durch eine hohe Seitenzahl »umfassend« erscheinen zu lassen. Ein typisches Beispiel für Services Talent, aufdringliche Erläuterungen anzubringen, ist seine Bemerkung, Trotzki habe »französische Romane bewundert, Ibsen verehrt und sei von Nietzsche beeindruckt gewesen. *Er betrachtete sie alle als Beispiele für die zeitgenössische Weltkultur.*« [207, Hervorhebung hinzugefügt.] Tat er das wirklich? Wer hätte das gedacht!? Aber etwas scheint hier nicht zu stimmen. Die Bezugnahme auf Nietzsche wirft Zweifel auf, und der Leser mag sich wundern: Was an Nietzsche beeindruckte Trotzki?

Ein ernsthafter Leser, der in der Lage wäre, der Sache auf den Grund zu gehen, stieße womöglich auf Trotzkis Essay »Zur Philosophie des ›Übermenschen‹«, der kurz nach dem Tode Nietzsches im Jahre 1900 geschrieben wurde. Schnell würde der Leser daraus entnehmen, dass »beeindruckt« kaum ein passendes Wort für die Reaktion des jungen Trotzki auf Nietzsche ist. Trotzki verstand Nietzsches Philosophie des »Übermenschen« als Rechtfertigung eines neuen und immer mächtigeren sozialen Typus der

> Finanzhasardeure, »Übermenschen« an der Börse, skrupellosen Politiker und Pressemanipulierer, kurz, der ganzen Masse des parasitären Proletariats, das sich eng mit dem bürgerlichen System verbunden hat und auf die eine oder andere Weise – und zwar ziemlich gut – auf Kosten der Gesellschaft lebt, ohne irgendetwas zurückzugeben … Und diese ganze (ziemlich große und immer noch wachsende) Schicht brauchte eine Theorie, die dem intellektuell Überlegenen das Recht zusprach »zu wagen« … Sie wartete auf ihren Apostel und fand ihn in Nietzsche.

Trotzki schließt seinen Essay mit der Aussage, der soziale Boden, auf dem die Philosophie Nietzsches entstand, habe sich als »verfault, bösartig und verseucht« erwiesen.[25]

Vermittelt dies den Anschein, Trotzki sei von Nietzsche »beeindruckt« gewesen? Ist es nicht eher wahrscheinlich, dass Service sich nicht bemühte, Trotzkis Essay zu lesen, und daher einfach nicht weiß, wovon er spricht? Bei Service und anderen seines Schlags verbinden sich intellektuelle Unaufrichtigkeit mit Ignoranz und Scharlatanerie.

Wie ich bereits bemerkte, würde eine erschöpfende Betrachtung aller Fehler und falschen Ausführungen des Buchs selbst ein »umfassendes« Buch erfordern, mindestens so umfangreich wie die Biografie Services. Es ist keine Übertreibung zu sagen, dass es für informierte Leser nicht leicht wäre, in Services Buch eine Seite zu finden, die vom Standpunkt grundlegender geschichtswissen-

---

25 Кое-что о философии »сверхчеловека« (Etwas über die Philosophie des »Übermenschen«), in: L. Trotskii, Sochinenija, Bd. 20. Moskau und Leningrad, 1926, S. 147–162.

schaftlicher Standards nicht zu beanstanden wäre. Es ist nicht einmal möglich, den direkten Quellenangaben des Autors zu trauen, ohne sie zu überprüfen. Immer wieder erweist sich, dass die von Service angegebenen Quellen seine Aussagen nicht stützen.

Um diese Betrachtung zu beenden ist es angebracht auf Services Behandlung der Beziehung zwischen Trotzki und Alexandra Sokolowskaja zurückzukommen. Die Verdrehung der Umstände ihrer Trennung spielt eine wichtige Rolle bei seinem Bemühen, Trotzki als Person, Ehemann und Vater zu diskreditieren. Alle Rezensenten der rechten britischen Presse sprangen begeistert auf diesen Zug auf. Trotzki schildert in seiner Autobiografie »Mein Leben« die Umstände seiner ersten Flucht 1902 aus der sibirischen Verbannung:

> Wir hatten zu dieser Zeit schon zwei Töchter: Die jüngste war noch nicht vier Monate alt. Das Leben unter den sibirischen Verhältnissen war schwer. Meine Flucht musste Alexandra Lwowna eine doppelte Bürde auferlegen. Aber sie entschied diese Frage mit den Worten: *Es muss sein.* Die revolutionäre Pflicht war für sie stärker als alle anderen Erwägungen, besonders persönlicher Art. Sie hatte als erste den Gedanken an meine Flucht gefasst, nachdem wir uns über die neuen Aufgaben klar geworden waren. Sie beseitigte alle auf diesem Wege auftauchenden Zweifel.
>
> Nach meiner Flucht maskierte sie mehrere Tage erfolgreich vor der Polizei meine Abwesenheit. Vom Auslande aus konnte ich mit ihr nur unter großen Schwierigkeiten den Briefwechsel aufrechterhalten. Für sie kam dann die zweite Verbannung. Wir trafen uns in der Zukunft nur vorübergehend. Das Leben hatte uns auseinandergebracht, aber es hat unsere geistige Verbindung und unsere Freundschaft unerschüttert bewahrt.[26]

Service, der Trotzkis Worte nicht zitiert, schreibt: »Er [Trotzki] behauptete später, Alexandra habe seinen Weggang rückhaltlos befürwortet. Das kann man kaum für bare Münze nehmen.« [67]

---

26 Trotzki, Mein Leben. S. 123.

Auf welcher Grundlage behauptet Service dies? Er bringt kein einziges Beweisstück bei – Dokumente, Briefe, persönliche Erinnerungen –, das Trotzkis Darstellung widersprechen würde. Diese Darstellung wurde, was betont werden sollte, 1929 geschrieben, als Alexandra noch lebte. Sie widersprach ihm nicht, obwohl Trotzki zu der Zeit aus der UdSSR ausgewiesen war, öffentlich als größter Feind des sowjetischen Volks dargestellt wurde und obwohl das stalinistische Regime jede persönliche Verurteilung ihres früheren Ehemanns begrüßt hätte.

Service setzt suggestive Wendungen ein, um Trotzkis Handeln in ein möglichst schlechtes Licht zu rücken:»Bronstein hatte die Absicht, sie in der sibirischen Wildnis zurückzulassen ... Kaum hatte er zwei Kinder gezeugt, machte er sich aus dem Staub.« [67] Allerdings diskreditiert Service seine eigenen haltlosen Behauptungen, indem er einräumt, Trotzki habe gemäß dem »revolutionären Verhaltenskodex« gehandelt. Die »Sache« war für die Revolutionäre alles. »Eheliche Beziehungen und Verantwortung gegenüber den Eltern hatten zwar eine Bedeutung, aber niemals bis zu dem Punkt, dass sie junge Kämpfer davon abhielten das zu tun, was ihr politisches Gewissen ihnen vorgab.« [67] Wenn dem so war – und Service fügt ausdrücklich hinzu, dass es so war – aus welchem Grunde behauptet er dann, Trotzkis Bemerkung, Alexandra habe seine Flucht aus der Verbannung befürwortet und sogar angeregt, sei »kaum für bare Münze« zu nehmen?

Tatsache ist, dass Services Verurteilung von Trotzkis Handeln nicht auf einer ehrlichen Betrachtung des historischen Kontexts beruht, in dem die jungen Revolutionäre lebten. Man muss hinzufügen, dass Services Verweis auf die »verlassene« Alexandra eine bewusst böswillige Spekulation ist. Es gibt gute Gründe, als historische Tatsache anzunehmen, dass es Bemühungen gab, Alexandra und ihre Kinder zu unterstützen. Und tatsächlich fügt Service in einem späteren Kapitel selbst Material ein, das auf die maßgebliche Rolle der Familie Bronstein bei der Unterstützung der Kinder Trotzkis hinweist. 1907 nahmen Trotzkis Eltern die Tochter Sina mit nach Westeuropa, als sie ihren Sohn besuchten. Service erwähnt, dass Trotzkis Familie »ein schwieriges Leben führte. Sina lebte damals bei seiner [Trotzkis] Schwester Elisabeth und ihrem Mann im Haus ihrer

Eltern in der Grijasnaja Straße in Cherson. Alexandra schrieb ihnen regelmäßig.« [108]

Es scheint also nicht so, als hätte Trotzki seine Familie »im Stich gelassen«. Als Revolutionäre meisterten sie beide, Lew Dawidowitsch und Alexandra, die außerordentlich schwierigen Umstände so gut sie konnten. Irgendwann in der Zukunft, wenn mehr Dokumente ans Tageslicht gekommen sind, ist es vielleicht möglich, die Einzelheiten ihres persönlichen Verhältnisses genauer zu rekonstruieren. Aber Robert Service wird nicht der Mann sein, der diese Aufgabe übernimmt.

Was die Beziehung zwischen Trotzki und Alexandra betrifft, gibt es ein Dokument, das ihre tiefe und anhaltende Verbundenheit als Genossen und Freunde belegt. Es handelt sich um einen Brief, den Alexandra am 14. August 1935 an Trotzki schrieb. Der letzte Akt der grauenhaften menschlichen Tragödie steht bevor. Sie redet ihn mit »Lieber Ljowa« an und berichtet ihm von den schwierigen Bedingungen, mit denen die einzelnen Familienmitglieder konfrontiert sind. Unter Hinweis auf die Bemühungen Trotzkis, ihr materielle Unterstützung zukommen zu lassen, schreibt sie: »Wie immer hat mich Eure Aufmerksamkeit tief gerührt.« Ihren Brief beendet sie mit: »Ich umarme Euch herzlichst, Eure Alex.«[27]

Lew Dawidowitsch Trotzki und Alexandra Lwowna Sokolowskaja waren außergewöhnliche Menschen, Vertreter einer revolutionären Generation, deren Fähigkeit zur Selbstaufopferung, um das Dasein der Menschheit zu verbessern, offenbar grenzenlos war. Wie können Professor Service und seinesgleichen glauben, sie könnten mit Verunglimpfungen, Fälschungen und Rufmord diese Titanen auf ihr eigenes jämmerliches Niveau herunterziehen!

---

27 Trotzki, Tagebuch im Exil. S. 143.

Trotzki in seinem Arbeitszimmer in Coyoacán, Mexiko, 1937.

Trotzkis bleibende Bedeutung[1]

Letzte Woche sprach Professor Robert Service auf einer Veranstaltung in London, die von Foyle's Books gesponsert wurde. Er erwähnte, dass seine Trotzki-Biografie Thema einer Gegenkampagne der Socialist Equality Party geworden sei und bei öffentlichen Veranstaltungen in aller Welt kritisiert werde – einschließlich dieser, die wir heute in Sydney abhalten. Er sagte: »Ich habe in den vergangenen zwei bis drei Monaten eine Menge Probleme mit trotzkistischen Sektierern gehabt, weil ich kein Götzendiener Trotzkis bin. Ich bete nicht an seinem Schrein.«

Wir sind nicht die einzigen, die Professor Service der Götzendienerei bezichtigt. Gleich zu Beginn seiner Biografie erhebt er dieselben Vorwürfe gegen die bekannten Autoren zweier bedeutender Trotzki-Biografien, Isaac Deutscher und Pierre Broué. Service zufolge war Deutscher Trotzkis oberster »Götzendiener«. Was Broué angeht, so »betete er an seinem Schrein«.

Der Gebrauch der Begriffe »Götzendiener« und »am Schrein beten« impliziert, Trotzki sei Gegenstand semi-religiöser oder kultartiger Verehrung. Er sei ein »Idol« – das ist ein »falscher Gott«, der von geistlosen Heiden verehrt wird, die sich Tatsachen oder vernünftigen Argumenten verschließen. Wer im Glashaus sitzt, sollte nicht mit Steinen werfen, kann man da nur sagen. Schließlich ist es Service selber, der sich als unfähig erweist, Trotzki als echte historische Persönlichkeit darzustellen, die im Zusammenhang mit der Zeit, in der sie gelebt hat, erforscht werden sollte. Für ihn ist Trotzki kein Gott, der angebetet, sondern ein Teufel, der ausgetrieben werden muss.

---

1   Vortrag vom 3. Februar 2010 auf einer Lesung in der Buchhandlung Gleebooks in Sydney, Australien.

Dieser Exorzismus verlangt, Trotzki als Monster darzustellen – als einen Mann ohne jede Menschlichkeit und von gnadenlosem Charakter. Dieser ist kaltblütig, kleinherzig, arrogant und egoistisch; eine seelenlose berechnende Maschine, bereit, die Menschheit in seinem dämonischen Streben nach einer nicht realisierbaren Utopie ins Verderben zu treiben. Und nicht nur das: Services Trotzki ist ein undankbarer Sohn, voller Verachtung für den Glauben und die materiellen Errungenschaften seines Vaters. Er ist auch ein untreuer Ehemann, der seine erste Frau beiläufig schwängert und dann verlässt; ein liebloser und abwesender Vater, der letzten Endes (wegen seiner politischen Besessenheit) am Leid und Tod seiner Kinder Schuld ist, ein sexueller Wüstling, der sich (Gerüchten zufolge) einer bekannten britischen Bildhauerin näherte und seiner Frau, als beide in ihren späten Fünfzigern waren, gar einen Brief mit unzweideutigen sexuellen Anspielungen schrieb (den Service natürlich in allen Einzelheiten zitiert).

Trotzki, so fährt Service fort, sonnte sich in seiner Rolle als Intellektueller und schrieb über Themen, von denen er nichts verstand. Er war darüber hinaus ein Lügner und Fälscher, der eine Autobiografie verfasste, aus der er – im Verlauf verschiedener Fassungen – systematisch alles entfernte, was das öffentliche Bild, das er auf so unehrliche Weise konstruiert hatte, hätte kompromittieren können. Ein wichtiger Umstand, den Trotzki Service zufolge herunterzuspielen versuchte, war die Tatsache, dass er Jude war.

Dieser Versuch, seinen jüdischen Hintergrund zu verheimlichen, war nach Service der Schlüssel zu Trotzkis Leben. Service präsentiert die Verwandlung des jungen »Leiba Bronstein« in den russifizierten »Lew« Bronstein als entscheidenden Wendepunkt im Leben des jungen Manns. Während er sich des verhassten, jüdisch klingenden Vornamens entledigte, öffnete sich der Vorhang für den nächsten Akt der Selbsterfindung: die Schaffung von Lew Dawidowitsch Trotzki! Das Problem dieser Geschichte ist, wie bei so vielem, was Service schreibt, dass sie ohne faktische Belege auskommt. Der Vorname, den Bronstein von Geburt an trug, lautete »Lew« oder »Ljowa«, die Koseform davon.

Services Buch ist eine Aneinanderreihung von Beleidigungen: »Trotzki war laut und von sich selbst eingenommen. Die Menschen merkten schnell, wie eitel und selbstsüchtig er war.« [56] »Jede

Frau, die mit ihm lebte, musste akzeptieren, dass er tat, was ihm gefiel.« [67] »Er schrieb immer, was ihm gerade in den Kopf kam.« [79] »Geistig wechselte er von einem Thema zum nächsten und fühlte sich nicht bemüßigt, sein Denken zu systematisieren.« [110] »Er erhob keinen Anspruch auf intellektuelle Originalität: Er hätte sich lächerlich gemacht, wenn er das versucht hätte.« [109]

Obwohl Trotzki angeblich bemüht war, seine Herkunft zu verbergen, sieht Service überall Zeugnisse seiner semitischen Abstammung. Trotzki war »von herausfordernder Klugheit, und freimütig in seinen Meinungen. Niemand konnte ihn einschüchtern. Trotzki hatte diese Eigenschaften in höherem Maße als die meisten anderen Juden ...« [202] »Er war bei Weitem nicht der einzige Jude, der es offensichtlich genoss, sich öffentlich selbst darzustellen ...« [202] Was die Anziehungskraft des Marxismus auf Trotzki angeht, so versichert uns Service:»Junge jüdische Männer und Frauen, die in den starren Regeln der Thora ausgebildet waren, fanden eine gleichartige säkulare Orthodoxie in den Feinheiten des Marxismus. Haarspalterische Dispute waren im Marxismus und im Judaismus gleichermaßen üblich.« [202]

Die bolschewistische Partei bot Trotzki eine angemessene Heimat. »Die Führung der Partei war allgemein als jüdische Clique bekannt«, informiert Service seine Leser und setzt noch eins drauf:»Juden sollen in der Tat die Tonangeber der bolschewistischen Partei gewesen sein.«[205] Aber Trotzki entsprach nicht allen jüdischen Stereotypen. Service, der seiner Fotosammlung eine groteske Nazikarikatur von »Leiba-Trotzki-Braunstein« hinzufügt, untertitelt sie in hilfreicher Weise folgendermaßen:»In Wirklichkeit war seine Nase weder lang noch gebogen, und niemals ließ er es zu, dass sein Spitzbart zu lang wurde oder sein Haar schlecht gekämmt war.« [136 f.]

Was hat Service außer diesem ganzen Dreck über Trotzkis politische Ideen und seine Schriften zu sagen? Die Antwort lautet in Kürze: praktisch nichts. Service betont sogar mit Nachdruck, er habe gar nicht die Absicht gehabt, Trotzkis gesprochenes oder geschriebenes Wort oder seine öffentlichen Taten in den Mittelpunkt der Biografie zu stellen. Im Gegensatz zum»Götzendiener« Deutscher und zum»Schreinanbeter« Broué erklärt Service, es sei »darüber hinaus genauso wichtig herauszustellen, worüber

Trotzki Stillschweigen bewahrte, wie worüber er sprach und schrieb. Seine unausgesprochenen Grundüberzeugungen waren integraler Bestandteil des Amalgams seines Lebens.« [5]

Was für ein außergewöhnlicher Ansatz für einen Biografen – vor allem, wenn es um einen Menschen geht, der weithin (beispielsweise von Bertolt Brecht) als einer der größten europäischen Schriftsteller seiner Zeit angesehen wurde! Wie kann ein Biograf behaupten, das, was die von ihm erforschte Person nicht gesagt, getan oder geschrieben habe, sei genauso wichtig, wie das, was sie gesagt, getan oder geschrieben habe? Und wie kann er glauben, damit ernst genommen zu werden?

Diese absurde Auffassung ist jedoch für Services Absicht entscheidend. Sie erklärt den Groll, den er gegen Biografen – insbesondere Deutscher und Broué – hegt, für die Trotzkis gewaltiges literarisches Schaffen die wesentliche intellektuelle und politische Grundlage bildet, um zu einer Einschätzung des Menschen zu gelangen. Diesen Ansatz lehnt Service ab – aus Gründen, die erheblich mehr mit Rücksichtnahme auf zeitgenössische Politik als mit historischen Methoden zu tun haben.

Wie Service selber sowohl in seinem Buch als auch in verschiedenen öffentlichen Erklärungen zugibt, hat er seine Biografie in der Absicht geschrieben, den bleibenden Einfluss von Deutschers Trilogie zu überwinden, die zwischen 1954 und 1963 erschien. Service erzählt uns nichts über seine eigenen politischen Verbindungen in den 1960ern und 1970ern. (Wenn ich die Gelegenheit hätte, würde ich ihn gern fragen, ob etwas an dem Gerücht dran ist, er sei Mitglied oder zumindest Sympathisant der rabiat anti-trotzkistischen Kommunistischen Partei Großbritanniens gewesen.) Aber das enorme Wachstum der trotzkistischen Bewegung in jener Zeit hat ihn offensichtlich geärgert, wenn nicht gar traumatisiert.

Es wird gemeinhin und zu Recht angenommen, dass Deutschers Biografie erheblich zu diesem wichtigen politischen Phänomen beigetragen hat. Es ist eine unbestrittene Tatsache, dass Deutschers Trilogie Tausende radikalisierte Jugendliche in Europa, den Vereinigten Staaten und Australien mit dem Leben und den Ideen Leo Trotzkis vertraut gemacht hat.

Als der erste Band von Deutschers Biografie erschien, »Der bewaffnete Prophet« (der die Jahre von Trotzkis Geburt 1879 bis zum Ende des Bürgerkriegs 1921 behandelt), lag Trotzki als historische Person unter einem riesigen stalinistischen Lügengebäude begraben. Es gab keine andere Persönlichkeit des zwanzigsten Jahrhunderts, vielleicht in der ganzen Weltgeschichte keine, die einer solch unerbittlichen Kampagne der Verfälschung und der Verleumdung ausgesetzt war.

Die geradezu unbegrenzten Ressourcen des Sowjetregimes und der stalinistisch geführten Parteien in aller Welt widmeten sich hingabevoll der Aufgabe, Trotzki als anti-sowjetischen Saboteur, Terroristen und faschistischen Agenten in den Dreck zu ziehen. Innerhalb der Sowjetunion wurden seine frühen und späteren politischen Weggenossen gnadenlos ausgerottet. Das stalinistische Regime tötete fast jedes Mitglied der Familie Bronstein, einschließlich Trotzkis Geschwister, Nichten und Neffen, Schwägerinnen und Schwäger und seine beiden Söhne. Bereits in den Jahren vor den Massenmorden stand der Tod von Trotzkis beiden Töchtern in Zusammenhang mit Bedingungen, die das stalinistische Regime durch die Verfolgung des Vaters geschaffen hatte.

Trotzki wurde im August 1940 von einem sowjetischen Agenten ermordet. Zu dem Zeitpunkt hatte der Zweite Weltkrieg bereits begonnen. Nach der Invasion der Sowjetunion im Juni 1941 – die den schändlichen Hitler-Stalin-Pakt von 1939 zu seinem blutigen Ende brachte – waren westeuropäische und amerikanische Intellektuelle kaum in Stimmung, sich an Stalins zahllose Verbrechen gegen die internationale sozialistische Bewegung zu erinnern. Ermutigt von der Roosevelt-Administration produzierte Hollywood einen widerwärtig prostalinistischen Film (»Botschafter in Moskau«), der die Moskauer Prozesse aus der Erinnerung des ehemaligen US-Botschafters in Moskau Joseph E. Davies schildert. Der Film stellte Trotzki als Feind des sowjetischen Volks dar.

Der Beginn des Kalten Kriegs nach dem Zweiten Weltkrieg dämpfte die Begeisterung der Intellektuellen für Stalin, vor allem in den Vereinigten Staaten. Aber Trotzki war zu dem Zeitpunkt als wichtige historische und politische Persönlichkeit bereits aus dem Bewusstsein der Öffentlichkeit verdrängt.

Mit Stalins Tod im März 1953 begannen die langwierige Krise und der Todeskampfs des bürokratischen Regimes. 1956 enthüllte Chrustschows Rede Stalin als Massenmörder. Zu dieser Zeit war

Deutschers erster Band bereits veröffentlicht, und er trug enorm zu einem erneuten Interesse am Leben von Stalins unversöhnlichem Gegenspieler bei. Der zweite Band erschien 1959, der dritte 1963. Die politische Radikalisierung der Jugend hatte zu diesem Zeitpunkt bereits eingesetzt. Deutschers Trilogie zu lesen, wurde für die damalige Generation zur entscheidenden Erfahrung.

An diesem Punkt muss ich über meine eigenen Erfahrungen sprechen. Ich war im November 1969 zu einer Massendemonstration gegen den Vietnamkrieg nach Washington gekommen. Damals war von meiner Hoffnung, die Demokratische Partei vertrete eine progressive oder gar sozialistische Opposition zum Imperialismus, praktisch nichts mehr übrig. Am Vorabend der Massenveranstaltung wurde ich Zeuge einer Demonstration vor dem Weißen Haus. Die Szene erschien mir vollkommen sinnlos. Glaubten die Demonstranten wirklich, dass die Kerzen Nixons Gewissen wecken würden?

Dem Weißen Haus gegenüber, auf der Pennsylvania Avenue, fand ich einen Buchladen. Ein Buch erregte meine Aufmerksamkeit. Auf dem Titel war ein junger Mann abgebildet, dessen Augen zuversichtlich durch einen Kneifer blickten. Der Titel des Buchs war »Der bewaffnete Prophet«. Ich kaufte das Buch, begann es in jener Nacht zu lesen und konnte es nicht aus der Hand legen, bis ich es zu Ende gelesen hatte. Das war der Anfang einer lebenslangen Beschäftigung mit dem Leben und den Ideen Leo Trotzkis.

Worin lag die Kraft von Deutschers Biografie? Zweifellos war Deutscher ein meisterhafter Schriftsteller, dessen Beherrschung der englischen Sprache an die seines großen Landsmanns Joseph Conrad erinnert. Aber Deutschers große Leistung war die Rekonstruktion – auf der Grundlage historischer Zeugnisse – von Trotzkis überragender revolutionärer Persönlichkeit, als Schriftsteller, Künstler, Redner, Militärführer, politischer Stratege, sozialistischer Visionär und, ja, als Mensch. Das Drama und die Tragödie der Russischen Revolution und ihre Widerspiegelung im Leben seiner größten Gestalt fand auf den Seiten von Deutschers Biografie einen mächtigen Ausdruck. Das Werk jedoch als unkritische Heiligenverehrung abzutun, ist völlig falsch. Tatsächlich ist ein erheblicher Teil von Deutschers Biografie – vor allem ihr letzter Teil – einer immer leidenschaftlicheren Darlegung der tiefen und unüberwindlichen Differenzen des Autors mit vielen Aspekten von Trotzkis politischer Perspektive gewidmet.

Ungeachtet aller Kritik hinterlässt Deutscher bei seinen Lesern aber keinen Zweifel an Trotzkis immenser und bleibender historischer Bedeutung. Wer immer die Russische Revolution, das zwanzigste Jahrhundert und überhaupt das historische Schicksal der Menschheit verstehen will, muss sich mit den Ideen Leo Trotzkis auseinandersetzen. Am Ende seines großen Werks entlässt Deutscher seine Leser in der festen Überzeugung, dass Trotzkis Leben Vorbote einer besseren und humaneren Welt ist, einer Welt, in der die großen Ideale, die die Russische Revolution inspiriert haben, schließlich verwirklicht werden. Er begreift Trotzki als prometheische Figur, die, obwohl zu Lebzeiten von den Kräften der Reaktion überwältigt, durch den endgültigen Triumph ihrer Ideale irgendwann von der Geschichte gerechtfertigt wird. Und Deutscher beendet seine Biografie mit einem Zitat aus der letzten Strophe von Shelleys »Der entfesselte Prometheus«:

> Der Macht zu trotzen, die allmächtig scheint,
> Unrecht verzeihn, das schwarz wie Tod und Nacht,
> Und lieben, hoffen, bis der Hoffnung Kraft
> Aus ihren Trümmern das Ersehnte schafft,
> Nicht straucheln, schwanken, nicht der Reue Macht
> In müß'ger Thränenflut den Nacken biegen, –
> Gleich deinem Ruhm, Titan, heißt dies allein
> Gut, groß und frei und schön und freudig sein,
> Ja dies allein heißt leben, herrschen, siegen![2]

Liest man von solch erhabenen Gefühlen, die so wunderbar auf Trotzkis Leben und seine historische Rolle zutreffen, so fragt man sich unweigerlich: Was wird bleiben von Professor Robert Services erbärmlichem und gehässigen Werk?

---

2   Percy Shelley, Der entfesselte Prometheus. Wien, 1896, S. 104.

Trotzki und seine erste Frau, Alexandra Sokolowskaja,
im Exil in Sibirien.

Der Biograf als Verleumder[1]

Seit der Veröffentlichung von Robert Services Trotzki-Biografie im letzten Herbst habe ich eine längere Rezension geschrieben und zwei Vorträge gehalten, zuerst in London und dann in Sydney. Dies ist mein dritter Vortrag über dieses Buch. Was, so könnte man sich berechtigterweise fragen, ist dem, was ich bereits geschrieben und gesagt habe, hinzuzufügen? Dieser Gedanke kam mir, als ich mich auf das Treffen heute Abend vorzubereiten begann. Würde ich das, was ich bereits gesagt hatte, wiederholen müssen, wenn auch vor einem neuen Publikum? Das wird, zumindest größtenteils, nicht der Fall sein. Etwas Wiederholung ist unvermeidlich, aber es gibt noch viel Neues zu sagen.

Als ich mich der Biografie des Herrn Service im Abstand von mehreren Monaten erneut zuwandte, wurden mir zwei Dinge klar. Zum einen ist das Buch noch schlimmer, als ich es in Erinnerung hatte. Zum anderen hatte ich noch nicht alle faktischen Fehler, Halbwahrheiten, Entstellungen, Fälschungen und Verleumdungen dingfest gemacht, die sich in Services Biografie finden. Was ich in meiner ursprünglichen Kritik schrieb, war keine Übertreibung: Wollte man jede Aussage, die faktisch unrichtig ist, die notwendige Untermauerung vermissen lässt und allgemeingültige wissenschaftliche Standards verletzt, zurechtrücken, so würde das ein Werk verlangen, das fast genauso umfangreich wie Services Buch ist. Es gibt kein Kapitel, in dem sich nicht Aussa-

1   Vortrag vom 5. Mai 2010 am St. Catherine's College der Universität von Oxford, erstmals veröffentlicht auf der World Socialist Web Site (www. wsws.org) am 6. Mai 2010, deutsch am 5. Juni 2010 [http://www.wsws. org/de/2010/jun2010/dn-j05.shtml]

gen und Behauptungen finden, die von einem rein akademischen Standpunkt aus vollkommen unakzeptabel sind.

Ich habe zuvor auf einige der bösartigsten Passagen in Herrn Services Biografie aufmerksam gemacht: seine verleumderische Darstellung von Trotzkis Persönlichkeit und Privatleben. Wie Service in seiner Einleitung freimütig gesteht, ist es seine erklärte Absicht, das heldenhafte Bild Trotzkis zu diskreditieren, das durch Isaac Deutschers wegweisende biografische Trilogie entstanden ist und das eine Generation radikalisierter Jugendlicher in den 1960ern erheblich beeinflusst hat. Services Absicht war es, Trotzki nicht nur als politische Figur in Verruf zu bringen, sondern auch als Menschen, ihn als undankbaren Sohn, treulosen Ehemann, kalten und gefühllosen Vater, rüden, störenden und unzuverlässigen Genossen und schließlich als Massenmörder darzustellen, einen Mann, der »den Terror genoss« [497]. Kurzum, Trotzki wird als Monster der Geschichte des zwanzigsten Jahrhunderts porträtiert. Ich stellte auch Services obsessive Beschäftigung mit Trotzkis jüdischer Herkunft zur Debatte, die er auf eine Weise vornahm, die sicherlich bei Antisemiten große Begeisterung auslösen wird.

Die detaillierte Beschäftigung mit der Art und Weise, wie Service Trotzkis Persönlichkeit durch den Dreck zieht, ließ zu wenig Zeit, um seine Behandlung von Trotzkis Politik und Ideen unter die Lupe zu nehmen. Ich sollte jedoch darauf hinweisen, dass Service erklärt, er sei nicht sonderlich daran interessiert zu untersuchen, was Trotzki sagte, schrieb oder auch tat. Service schreibt, es sei ihm darum gegangen, »das verborgene Leben aufzudecken« [4]. Er erklärt, dass er an dem, was Trotzki in seinen Reden und Schriften verschwieg, genauso interessiert sei wie an dem, was er sagte oder schrieb. Service zufolge waren Trotzkis »unausgesprochene Grundüberzeugungen integraler Bestandteil des Amalgams seines Lebens« [5].

Diese Herangehensweise kam Services Absichten sowohl kommerziell als auch politisch entgegen. Zunächst einmal ersparte es ihm die Mühe, Trotzkis Hauptwerke tatsächlich zu lesen, ganz zu schweigen von der systematischen Durchforstung seiner riesigen Hinterlassenschaft veröffentlichter und nicht veröffentlichter Papiere. Wie auch immer, Service wäre nicht in der Lage gewesen, ernsthaft zu recherchieren, selbst wenn er die Absicht gehabt hätte. Seine Trotzki-Biografie wurde nach einem kommerziellen Strickmuster produziert, das er mit seinen Verlegern (MacMillan in Großbritannien, Harvard University Press in den Vereinigten Staaten) ausgehandelt hatte. Die Trotzki-Biografie ist das dritte große Buch von Service, das in gerade einmal fünf Jahren auf den Markt geworfen wurde. Das erste Buch, eine Stalin-Biografie, wurde 2005 veröffentlicht. Es besteht aus 604 Textseiten, sauber aufgegliedert in fünf Teile. Jeder Teil hat 11 Kapitel, die zwischen 10 und 13 Seiten lang sind. Services zweites Buch »Comrades« erschien zwei Jahre später, im Jahr 2007. Als richtungweisende Geschichte des Weltkommunismus vermarktet, besteht dieser Band aus 482 Textseiten, in sechs Teile aufgeteilt. Jeder Teil enthält sechs Kapitel. Jedes Kapitel besteht aus 10 bis 12 Seiten.

»Comrades« ist eine Hohn auf die politische und intellektuelle Geschichte. Services Einleitung zu dem Band ist ein wilder Ritt durch die Ursprünge des Marxismus und liest sich wie ein erster Entwurf zu einer Monty-Python-Parodie. Service informiert seine Leser unter anderem, dass Marx behauptete, »Hegel auf den Kopf gestellt zu haben«, und dass er »Ricardos Eintreten für das private Unternehmertum niemals billigte«. Nachdem er Philosophie und politische Ökonomie derart zeitsparend abgehandelt hat, erklärt er: »Entscheidend für den Marxismus ist der Traum, dass der Apokalypse das Paradies folgt. Diese Denkweise existiert im Judentum, im Christentum und im Islam.« [14] Der Band strotzt nur so vor derart brillanten Geistesblitzen.

Mit seinem nächsten Projekt, »Trotsky«, veröffentlicht 2009, gelang Service und seinen Verlegern die perfekte Balance zwischen kommerziellem Zeitplan und inhaltlichem Herstellungsprozess. »Trotsky« hat 501 Textseiten und besteht aus vier Teilen zu je dreizehn Kapiteln. Insgesamt 52 Kapitel, jedes neun bis zehn Seiten lang. Man kann wohl davon ausgehen, dass pro Woche ein Kapitel von Service erwartet wurde und dass das Schreiben nach einem Jahr abgeschlossen sein sollte. Bedenkt man die zusätzlichen Monate, die fürs Redigieren, Korrekturlesen, Setzen und Drucken gebraucht werden, so ließ der Zwei-Jahres-Rhythmus Service nicht allzu viel Zeit zum Lesen, Durcharbeiten und Einschätzen von Dokumenten oder gar zum Nachdenken. Dies würde zumindest teilweise die erstaunliche Anzahl an faktischen Fehlern in dieser Biografie erklären.

Aber auch wenn Service einen großzügigeren Zeitplan ausgehandelt hätte, wäre im Großen und Ganzen vermutlich dasselbe herausgekommen. Service hatte nichts anderes vor, als einen Anti-Trotzki- und Anti-Trotzkismus-Verriss zu produzieren, der eine aufrichtige gedankliche Beschäftigung mit Trotzkis Schriften und Ideen von vornherein ausschloss. Trotzkis Schriften zu ignorieren, macht es einfacher, seine Ideen zu verfälschen. Für Service ist die Wahrheit oder Unwahrheit irgendeiner Behauptung oder die Frage, ob ein Urteil sich auf glaubhafte Beweise stützte, nichts, womit er sich lange aufhalten muss. So lange er über Trotzki schreibt, ist ihm keine Absurdität zu grotesk.

Dass Trotzki einer der großen revolutionären Intellektuellen des zwanzigsten Jahrhunderts war, wird von keinem ernsthaften Historiker angezweifelt – nicht einmal von denen, die für seine Politik nichts übrig haben. Er war unstreitig ein Schriftsteller von herausragender Kraft. Er war eine ungewöhnlich seltene politische Persönlichkeit: jemand, der die Aufmerksamkeit der Welt durch die Kraft seines Schreibens auf sich zog. Abgeschottet von den konventionellen Hebeln der Macht, in der Isolation des Exils lebend, auf einer Insel vor der Küste Istanbuls in der Türkei, später in Provinzdörfern in Frankreich und Norwegen und schließlich in einem Vorort von Mexiko-Stadt – Trotzkis Worte beeinflussten die Weltmeinung.

Seine Feinde fürchteten ihn auch weiterhin. Das bloße Erwähnen seines Namens versetzte Hitler in Rage. Selbst der mächtige Stalin, im Kreml verschanzt, mit einem gewaltigen Terrorapparat unter seinem Kommando, hatte Angst vor Trotzki. Der verstorbene sowjetische Historiker Dimitri Wolkogonow schrieb: »Speziell für ihn [Stalin] wurden fast alle neuen Schriften Trotzkis übersetzt.«[2] In einer bemerkenswerten Passage schrieb Wolkogonow, der Zugang zu Stalins privaten Unterlagen hatte:

---

2 Dimitri Wolkogonow, Stalin: Triumph und Tragödie. Düsseldorf, 1989, S. 334.

Stalin hasste Trotzki nun mehr als vor dessen Ausweisung. Stalin fürchtete ihn nach wie vor, und ihn beunruhigte das Gefühl, dass er niemals würde loskommen können von diesem Phantom ... Während er den Reden Molotows, Kaganowitschs, Chrustschows und Shdanows zuhörte, wird er gedacht haben: Wie viel klüger war doch Trotzki als diese Funktionäre! Keiner seiner Mitarbeiter war mit Trotzki zu vergleichen. Weder als Organisator, noch als Redner, noch als Publizist. Und Trotzki war klüger und talentierter als er selbst ... Stalin war außer sich vor Wut, aber er konnte nichts tun: Zahlreiche Arbeiten Trotzkis polemisierten bereits in ihrer Überschrift gegen ihn: »Die stalinsche Schule der Fälschungen«, »Stalins Verbrechen«, »Zur politischen Biografie Stalins«.[3]

Siebzig Jahre nach seinem Tod werden Trotzkis Werke in aller Welt in vielen Sprachen gedruckt. Von den Hauptrepräsentanten des klassischen Marxismus – möglicherweise mit Ausnahme von Marx und Engels – bleibt Trotzki der am meisten gelesene. Die mit dem Namen Trotzkis verbundenen Worte »verratene Revolution«, »ungleiche und kombinierte Entwicklung«, »permanente Revolution« und »Vierte Internationale« sind Schlüsselbegriffe für die politische Erfahrung der modernen Geschichte. So lange die Russische Revolution ein Thema des Interesses, der Kontroverse und der Inspiration bleibt – also für viele weitere Generationen – wird Trotzkis »Geschichte der Russischen Revolution« den Verstand, die Vorstellungskraft und die Gefühle der Leser fesseln. Trotzki war unzweifelhaft ein großer politischer Denker. Der bekannte zeitgenössische Historiker Baruch Knei-Paz (der kein Trotzkist ist) schrieb 1978 treffend in einer Studie über Trotzkis Denken:

Viel ist über Trotzkis Leben und seine revolutionäre Karriere geschrieben worden – sowohl an der Macht als auch nach ihrem Verlust – aber relativ wenig über seine gesellschaftlichen und politischen Gedanken. Das ist vielleicht normal, denn sein Leben enthielt viele einzigartige Momente, und er

---

3   Ebd., S. 359 ff.

gilt auch heute noch, vielleicht nicht zu Unrecht, als der Inbegriff des Revolutionärs in einem Zeitalter, dem es an Revolutionären nicht gemangelt hat. Dennoch sind seine Leistungen auf dem Gebiet der Theorie und Ideen in vielerlei Hinsicht nicht weniger erstaunlich: Er gehörte zu den Ersten, die die Entstehung von gesellschaftlichen Veränderungen in rückständigen Gesellschaften des 20. Jahrhunderts analysierten, und er gehörte auch zu den Ersten, die versuchten, die politischen Folgen zu erklären, die sich fast zwangsläufig aus solchen Veränderungen ergaben. Er war sein ganzes Leben lang ein äußerst produktiver Schriftsteller, und der politische Denker in ihm war ebenso ein integraler Bestandteil seiner Persönlichkeit wie der besser bekannte Mann der Tat.[4]

Hören wir uns jetzt einmal Service an: »Er [Trotzki] schrieb, was immer ihm gerade in den Sinn kam.« [78] Trotzki »erhob keinen Anspruch auf intellektuelle Originalität: Er hätte sich lächerlich gemacht, wenn er das versucht hätte.« [109] »Er vermied es, sich mit Recherchen zu Fragen zu belasten, die die intellektuelle Elite der Partei gerade beschäftigten.« [109] »Intellektuell sprang er von Thema zu Thema.« [110] »Er liebte es, einfach an einem Schreibtisch zu sitzen, den Füllhalter in der Hand, und das letzte Werk herunterzukritzeln.« [319] »Sein Denken war ein verwirrtes und verwirrendes Durcheinander.« [353] »Er verbrachte viel Zeit mit Diskussionen, weniger mit Nachdenken ... Darin drückte sich ein ultimativer Mangel an intellektueller Ernsthaftigkeit aus.« [356] »Seine Artikel waren voll von schematischen Projektionen, waghalsigen Gedankengängen und unüberlegten Parolen.« [397]

Wenn man solche Passagen liest, ist man angesichts ihrer schieren Dummheit und Grobheit erstaunt. Glaubt der Autor, dass man solchen Unsinn ernst nimmt? Glaubt er selber daran? Service liefert keine Beispiele für Trotzkis »verwirrtes und verwirrendes Durcheinander« an Ideen und Gedanken. Service versucht nicht einmal, ein einziges Werk Trotzkis zu analysieren oder auch nur angemessen zusammenzufassen. Wertungen wie die oben ange-

---

4 Knei-Paz, The Social and Political Thought of Leon Trotsky. S. viii.

führten werden ohne Untersuchung oder Zitate aus den tatsächlichen Texten aufgetischt. Selbst die bedeutendsten Konzepte und Ideen, die man mit Trotzki verbindet – wie die Theorie der permanenten Revolution und seine Analyse der sozioökonomischen Grundlagen der Sowjetunion als degeneriertem Arbeiterstaat – werden nicht erklärt. Wenn kurz auf spezifische Werke Trotzkis verwiesen wird, geschieht dies auf eine Weise, die den Autor und seine Ideen ins Lächerliche zieht.

Service ist nicht der erste, der diese Methode gegen Trotzki anwendet. Seine Methode ähnelt in der Tat verblüffend der internationalen Anti-Trotzki-Kampagne, die in den späten 1960ern und den frühen 1970ern von der sowjetischen Bürokratie und verbündeten stalinistischen Parteien wie der Kommunistischen Partei Großbritanniens durchgeführt wurde. Als junger Doktorand, der sich mit sowjetischer Geschichte befasste, dürfte Service die Kampagne damals nicht entgangen sein. Die Schriften der Stalinistin Betty Reid, der Anti-Trotzki-Expertin der britischen KP, fanden an britischen Universitäten große Verbreitung. In jenen Jahren machte sich die sowjetische Bürokratie immer mehr Sorgen wegen der Zunahme trotzkistischen Einflusses unter radikalisierten Jugendlichen. Aber da Stalins Verbrechen nach Chrustschows Enthüllungen nicht mehr zu leugnen waren, konnten die ideologischen Agenten des Kreml Trotzki nicht länger einfach nur als »faschistischen Umstürzler« denunzieren, wie sie es in den dreißiger und vierziger Jahren getan hatten. Man musste zu anderen Formen hinterlistiger Verfälschung greifen. Die absichtliche Falschauslegung von Trotzkis Schriften – insbesondere der Versuch, sie absurd oder als die Hirngespinste eines Verrückten erscheinen zu lassen – spielten bei dem erneuten Angriff auf den Trotzkismus eine zentrale Rolle. Natürlich verlangte der Versuch, Trotzkis Ideen zu diskreditieren, dass man Zitate aus seinen Werken auf ein Minimum reduzierte. Ein wichtiger Artikel des namhaften amerikanischen Wissenschaftlers Robert H. McNeal aus dem Jahre 1977, der unter dem Titel »The Revival of Soviet Anti-Trotskyism« erschien, beschreibt die stalinistische Methode:

Es gibt eine Menge Dinge, die in der wiederbelebten Version des sowjetischen Anti-Trotzkismus nicht gesagt werden dürfen. Seine [Trotzkis] Schriften können weder ganz, noch teilweise in Literaturnachweisen aufgeführt werden. Man findet relativ häufig Hinweise (niemals zusätzliche Verlagsangaben) auf die Titel »Permanente Revolution« und »Mein Leben«, aber sonst sehr wenig. Dies ist eine bewusste Vorsichtsmaßnahme. Den Feind lieber nicht mit Hinweisen auf subversive Buchlisten versorgen, vor allem nicht in Ländern, in denen die Büchereien trotzkistische Werke führen. Diese Unbestimmtheit bei den Quellenangaben erleichtert ihre Interpretation ... Es wird vage behauptet, dass Trotzki die Sowjetunion verleumdete, dass er ihren sozialistischen Charakter bestritt, eine Annahme, die als so absurd angesehen wird, dass sie keine Widerlegung erfordert, aber der Inhalt von Trotzkis Kritik am Stalinismus wird nie dargelegt.[5]

Service schreibt, dass man Trotzkis »schriftlichem Nachlass« nicht erlauben sollte, zur ganzen Geschichte zu werden, und dass »sein Werdegang sich am effektivsten durch den vermeintlich trivialen Nachlass und nicht die großen öffentlichen Verlautbarungen rekonstruieren lässt« [5]. Er fährt fort mit der Behauptung, dass Trotzkis veröffentlichte Autobiografie ein unaufrichtiger Versuch sei, die Wahrheit seines Lebens zu verschleiern, und dass »die Auslassungen und Hinzufügungen uns erzählen, was er anderen unterschlagen wollte« [5]. Diese Aussagen stehen beispielhaft für eine Methode der Verfälschung, die eine Variante der von McNeal ziemlich präzise umrissenen stalinistischen Methode darstellt.

Die von Service angewandte Methode ist mit der politischen Sicht verbunden, die seinem Schreiben zugrunde liegt. Services Abscheu gegenüber Trotzki ist das Spiegelbild seiner Bewunderung für Stalin. Wenden wir uns nach Services höhnischer und abwertender Charakterisierung Trotzkis der Einschätzung Stalins durch den Herrn Professor zu. In der 2005 veröffentlichten Stalin-Biografie beschreibt Service ihn als einen »hervorragenden

---

5   Studies in Contemporary Communism, Jg. X, Nr. 1 & 2, 1977, S. 10, aus dem Englischen.

Redakteur von in russischer Sprache verfassten Manuskripten«[6]. Service zitiert kein einziges Manuskript, das solch außerordentliche Qualitäten belegt. Er erwähnt auch nicht, dass Stalin als Diktator seine Redaktionsarbeit mit Vorliebe mittels einer Gewehrkugel verrichtete. Stattdessen geht die Lobhudelei weiter: »In der Tat«, schreibt Service, »war Stalin ein flüssiger und wohlüberlegter Schreiber, auch wenn er kein Mann des Stils war.« [Stalin, S. 221] Keine Meinung. Eine Tatsache! Dies steht in scharfem Widerspruch zu Trotzki, von dem Service erzählt, er habe »geschrieben, was immer ihm gerade in den Sinn kam«. Ja, Stalin war ganz bestimmt nicht perfekt. »Er war ein psychisch besessener Massenmörder«, beklagt sich Service, aber »er dachte und schrieb als Marxist.« [Stalin, S. 379] Stalins »Grundlagen des Leninismus« war ein »gekonnt verdichtetes Werk«. [Stalin, S. 221] »Stalin«, so schreibt Service, »war ein nachdenklicher Mann und sein Leben lang bemüht, das Universum, so wie es sich ihm darbot, zu verstehen. Er hatte viel studiert und wenig vergessen ... Er war kein origineller Denker und auch kein herausragender Schriftsteller. Dennoch war er bis an sein Lebensende ein Intellektueller.« Alles zusammengenommen, schreibt Service am Ende der Biografie: »Auf jeden Fall war er herausragend. Er war ein wirklicher Führer. Er wurde sowohl vom Machtstreben, als auch von Ideen getrieben. Er war auf seine eigene Art ein Intellektueller und das Niveau seiner literarischen und redaktionellen Fähigkeiten war beeindruckend. Seine seelischen Eigenschaften werden immer Anlass zur Kontroverse bleiben.« [Stalin, S. 603]

Services Ziel beim Verfassen seiner Trotzki-Biografie war es, das positive Bild, das die früheren Biografien von Isaac Deutscher und dem französischen Historiker Pierre Broué gezeichnet hatten, zu zerstören. Services Stalin-Biografie bezweckt genau das Gegenteil. Während das Schreiben der Trotzki-Biografie für Service ein Werk des Hasses war, war die Stalin-Biografie ein Werk der Liebe. »Die Zeit war überreif, das bestehende Stalin-Bild infrage zu stellen«, schreibt er. »Dies Buch will zeigen, dass Stalin

---

6 Robert Service, Stalin: A Biography. Cambridge MA, 2005, S. 115, aus dem Englischen. (Im Folgenden in eckigen Klammern mit Verweis auf »Stalin«)

eine weitaus dynamischere und vielschichtigere Figur war, als allgemein angenommen wird.« [Stalin, S. x] Service räumt ein, dass Stalin »ein Bürokrat und ein Mörder« war. Aber »er war auch ein Führer und Herausgeber, (in gewisser Weise) ein Theoretiker, hatte etwas von einem Poeten (als er jung war), war ein Anhänger der Künste, ein Familienmensch und sogar ein Charmeur«. [Stalin, S. x] Vieles davon könnte, nebenbei gesagt, auch für Goebbels und Göring gelten, von Hitler ganz zu schweigen.

Vielleicht glaubte Service, dass er seinen Lesern ein nuanciertes Porträt, eine Mischung widersprüchlicher Eigenschaften, bietet. Aber was er in Wahrheit präsentiert, ist eine Variation der schlimmsten Kinoklischees: der Massenmörder, der seine Kinder zu Bett bringt und ihnen einen Gute-Nacht-Kuss gibt. Aber was hat er uns hinterlassen? Genau genommen ähnelt sein Porträt dem, das Michail Gorbatschow, der letzte sowjetische Führer, in seiner berüchtigten Rede zur Geschichte im November 1987 zeichnete:

Stalins Rolle in unserer Geschichte wird zurzeit viel diskutiert. Er war eine äußerst widersprüchliche Persönlichkeit. Um der historischen Wahrheit die Ehre zu geben, müssen wir sowohl Stalins unbestreitbaren Beitrag zum Kampf um den Sozialismus und für die Verteidigung seiner Errungenschaften sehen als auch die schweren politischen Irrtümer, den Machtmissbrauch durch ihn und die, die ihn umgaben, für die unser Volk einen hohen Preis bezahlt hat und die schwere Folgen für das Leben unserer Gesellschaft gehabt haben.[7]

Sowohl Service, als auch Gorbatschow geben zu, dass Stalin Verbrechen begangen hat. Aber die Betonung liegt auf seinen positiven Errungenschaften. Im ersten Absatz der Stalin-Biografie erklärt Service: »Obwohl Lenin die UdSSR gegründet hatte, war es Stalin, der die Struktur entscheidend stärkte und stabilisierte. Ohne Stalin wäre die UdSSR möglicherweise Jahrzehnte vor ihrer

---

7 Gorbachev on History; Revolution's Road from 1917 to Now: The Leader Takes Stock. The New York Times, 3. November 1987, aus dem Englischen.

Auflösung 1991 zusammengebrochen.« [Stalin, S. 3] Diese Worte könnten von einem Mitglied des sowjetischen Politbüros stammen! Es fällt schwer, sich eine nachdrücklichere Entschuldigung und Rechtfertigung der Politik Stalins vorzustellen. Stalin hat die Struktur der UdSSR *entscheidend* gestärkt und stabilisiert! Ohne ihn wäre sie zusammengebrochen, und das Jahrzehnte vor ihrer Auflösung 1991!

Mit diesen Worten werden Stalins Taten und Verbrechen allesamt begründet und gerechtfertigt: das Niederschlagen der Linken Opposition in den 1920er Jahren, die Gräuel der Zwangskollektivierung, die Moskauer Prozesse und der Terror der späten 1930er Jahre, die Desorientierung und der Verrat, der die Siege des Faschismus in Europa erleichterte, die Enthauptung der Führung der Roten Armee 1937–1938 und der Stalin-Hitler-Pakt, der zum unnötigen Tod von Millionen sowjetischer Menschen nach der deutschen Invasion im Juni 1941 führte, das Missmanagement der sowjetischen Wirtschaft und die Verdummung ihres Geisteslebens, der Mord an ihren besten Schriftstellern, Philosophen und Wissenschaftlern, das Wiederaufleben des Antisemitismus, die Beschmutzung des Marxismus und der sozialistischen Ideale innerhalb der Sowjetunion wie auch international. All dies wird von Service als notwendig für die Stabilisierung und Erhaltung der UdSSR legitimiert! Service übersieht die Tatsache, dass die Strukturen, die Stalin hinterließ, von einer Krise in die andere schlitterten, und dass die Generation von Bürokraten, die unter seiner Herrschaft an die Macht kam, während der Stagnation und des Zusammenbruchs der Sowjetunion das Sagen hatte.

Service versteigt sich zu der Behauptung, dass der Terror eine legitime Antwort Stalins auf die Gefahren darstellte, mit denen die Sowjetunion konfrontiert war:

Seine Hauptsorge galt der Sicherheit, und er machte keinen Unterschied zwischen seiner persönlichen Sicherheit und der seiner Politik, der Führung und des Staats. Molotow und Kaganowitsch behaupteten an ihrem Lebensabend, dass Stalin berechtigte Angst vor einer »fünften Kolonne« gehabt habe, die den Invasoren im Falle eines Kriegs zu Hilfe kommen würde. Stalin gab einige Hinweise in diese Richtung. Die Leichtigkeit, mit der General Franco im Spanischen Bürgerkrieg Anhänger hatte sammeln können, schockierte ihn. Es war seine erklärte Absicht, dies in der UdSSR niemals geschehen zu lassen. Solches Denken trägt einiges dazu bei zu erklären, warum er als Verfechter der Wirksamkeit staatlichen Terrors 1937–1938 auf intensive Gewalt zurückgriff. [Stalin, S. 347–348]

Service lässt die verlogenen Rechtfertigungen von Stalins Schlächtern Molotow und Kaganowitsch, die ihre Unterschriften in den 1930er Jahren unter Tausende von Hinrichtungsbefehlen setzten, als glaubwürdig gelten. Es gibt keine wie auch immer gearteten Beweise, dass Stalins Entscheidung, die bolschewistische alte Garde und einen großen Teil der revolutionären Intelligenz auszulöschen, irgendetwas mit »begründeter Angst« vor einem rechtsgerichteten Staatsstreich gegen die Sowjetunion zu tun hatte. Er vermittelt den Eindruck, dass die Ereignisse in Spanien – wo seit Langem mit der Rechten identifizierte weithin bekannte Armeeoffiziere gegen die republikanische Regierung putschten – Stalin antrieben, den Terror zu entfesseln. Damit legitimiert Service die monströsen Vorwürfe des Staatsanwalts Wyschinski gegen die in den Moskauer Prozessen angeklagten Alten Bolschewiki. Es muss deutlich darauf hingewiesen werden, dass die Pläne zur Vernichtung der Alten Bolschewiken zu der Zeit, als der Spanische Bürgerkrieg im Juli 1936 ausbrach, bereits weit vorangeschritten waren. Kirow war im Dezember 1934 ermordet worden. Sinowjew, Kamenew und zahllose andere saßen seit 1935 im Gefängnis. Die Vorbereitungen auf die Moskauer Prozesse waren seit Monaten im Gang. Sinowjew, Kamenew und andere inhaftierte spätere Angeklagte wurden unter extremen Druck gesetzt und gefoltert. Wenn es irgendein ausländisches Ereignis gab, das Stalin »inspirierte«, seine alten Genossen auszulöschen, dann war es nicht der rechtsgerichtete Putsch in Spanien. Wenn, dann war es die »Nacht der langen Messer« in Deutschland im Juni 1934 – das heißt, die Ermordung von Hitlers alten Parteigenossen in der Führung der SA-Sturmstaffeln.

Es ist wahr, dass Stalin den Terror entfesselte, um gegen die Gefahr vorzugehen, die seinem Regime drohte. Aber diese Gefahr ging nicht von der faschistischen Rechten aus, sondern von der sozialistischen Linken. Stalins Angst, dass die soziale Unzufriedenheit in der Sowjetunion zu einem Wiederaufflammen bolschewistischer Tendenzen führen könnte, vor allem der von Trotzki geführten, ist gut dokumentiert – insbesondere durch den brillanten marxistischen Historiker Wadim Rogowin. Es überrascht nicht, dass Rogowins sieben Bände umfassende Geschichte des Kampfs der sozialistischen Linken und der trotzkistischen Opposition gegen den Stalinismus keinen Eingang die Bibliografien zu Services Werken gefunden hat.

Services Verteidigung Stalins setzt sich in seiner Trotzki-Biografie fort. Er vermerkt missbilligend, dass »Trotzki Argumente geliefert hatte, die Stalin und seine Schergen in Verruf brachten, und dass es für andere Autoren nur allzu einfach war, sie gedankenlos als die eigenen zu übernehmen«. [Trotsky, S. 3] Service fährt fort:

> Trotzki irrte sich in vielen Hauptaspekten seiner Anklage. Stalin war kein Mann der Mittelmäßigkeit, sondern verfügte über eine beeindruckende Bandbreite an Fähigkeiten und ein Talent für Führerschaft. Trotzkis Strategie für kommunistischen Fortschritt hatte ohnehin wenig zu bieten, was die Vermeidung eines Unterdrückungsapparats anging. [3]

Was die unangenehmen Seiten von Stalins Herrschaft angeht, so lag die Ursache dieser Probleme bei Trotzki, dessen »Ideen und Handlungsweisen diverse Voraussetzungen für die Errichtung des stalinistischen politischen, ökonomischen, sozialen und sogar kulturellen Gebäudes schufen«. [3] Weiter hinten in der Biografie verfälscht Service ganz unverhohlen Trotzkis berühmtes literaturkritisches Werk »Literatur und Revolution«, und er unterstellt dem Autor Ansichten, die dem Inhalt des Buchs vollständig widersprechen: »Schließlich und endlich ... war es Trotzki, der die philosophischen Grundlagen für den kulturellen Stalinismus legte.« [318]

Services Verteidigung Stalins gegen Trotzkis Schriften ist außerordentlich scharfzüngig: »Was den Vorwurf betrifft, Stalin sei ein Erzbürokrat, so war dieser lachhaft, denn er kam von einem Ankläger, der sich in seinen Glanzjahren in unkontrollierter Machtvollkommenheit gesuhlt hatte.« [3] Die Tirade geht weiter:

> Selbst Trotzkis Behauptung, Stalin sei nicht an der Macht-übernahme von Kommunisten im Ausland interessiert gewe-sen, hält einer kritischen Prüfung nicht stand. Selbst wenn der Kommunismus in Deutschland, Frankreich oder Spanien in den Jahren zwischen den Weltkriegen gesiegt hätte, wären seine Bannerträger wohl kaum in der Lage gewesen, die Macht zu behalten. Und wenn Trotzki an Stalins Stelle der höchste Führer gewesen wäre, hätte sich das Risiko eines Blutbads in Europa drastisch erhöht. [3]

Wessen »kritische Prüfung«? Service selber unterzieht keinen ein-zigen revolutionären Konflikt – weder in Großbritannien, China, Deutschland, noch in Frankreich oder Spanien, um nur einige zu nennen – einer genauen Prüfung. Sie alle waren Gegenstand von Trotzkis Streitschriften während der zwanziger und drei-ßiger Jahre. Kein seriöser und aufrichtiger Historiker könnte jemals eine solche Aussage treffen! Die zerstörerische Rolle des Stalinismus in dem »zutiefst verlogenen Jahrzehnt«[8], das dem Zweiten Weltkrieg vorausging, die vernichtende Wirkung sei-ner doppelbödigen, zynischen und mörderischen Aktivitäten in der europäischen und internationalen Arbeiterbewegung haben sich im Bewusstsein einer ganzen Generation eingebrannt, die die schrecklichen Ereignisse der 1930er Jahre durchlebte. George Orwells berühmtes »Mein Katalonien« ist nur ein Bericht von vie-len über diesen stalinistischen Albtraum.

Es gibt zahllose Bücher, in denen die stalinistische Zersetzung der spanischen Revolution, die Unterdrückung der Linken und der Mord an POUM-Führer Andres Nin, historisch dokumentiert sind. Die Verwandlung der Kommunistischen Internationale in ein korruptes Instrument der sowjetischen Außenpolitik, geführt von Funktionären, die vom Kreml ausgesucht und kontrolliert

---

8 W. H. Auden, 1. September 1939. [http://www.poemdujour.com/Sept1.1939.html]

wurden, ist eine zur Genüge belegte geschichtliche Tatsache. Der Siebte Kongress der Komintern von1935 verpflichtete die nationalen kommunistischen Parteien auf »Volksfront«-Allianzen mit liberalen und »demokratischen« bürgerlichen Parteien, die ihrem Wesen nach Klassenkollaboration darstellten. Service versäumt es, diesen Kongress zu erwähnen, von dem Trotzki voraussagte, dass er die formelle Auflösung der Komintern einleiten werde. Später bemerkte der Historiker E. H. Carr in einem berühmten Buch, in dem er Stalins Außenpolitik einer eingehenden Analyse unterzog:

> Bezeichnenderweise wurde kein weiterer Kongress und keine weitere wichtige Sitzung des EKKI (Exekutivkomitee der Kommunistischen Internationale) mehr einberufen. Die Komintern erfüllte weiterhin untergeordnete Funktionen, während die Aufmerksamkeit des Publikums in eine andere Richtung gelenkt wurde. Trotzkis Urteil, dass der Siebte Kongress der Komintern als »Kongress der Auflösung« in die Geschichte eingehen würde, war nicht ganz ungerechtfertigt. Der Siebte Kongress wies den Weg zum *dénouement* im Jahr 1943 [der formalen Auflösung der Komintern 1943].[9]

Neben seinen offenen Verfälschungen stellt Service Behauptungen ex cathedra auf, deren unsinniger Charakter jedem aufmerksamen Leser klar werden muss. Woher weiß er, dass »die Bannerträger« des Kommunismus die Macht vermutlich nicht hätten halten können, wenn in den Jahren zwischen den Kriegen in Deutschland, Frankreich oder Spanien die Revolution gesiegt hätte? Worauf gründet sich diese Einschätzung? Wenn die Arbeiterklasse tatsächlich in zwei der wirtschaftlich und kulturell am weitesten fortgeschrittenen Länder in Westeuropa an die Macht gekommen wäre und dazu die Macht auf der strategischen Iberischen Halbinsel behalten hätte, wie hätten diese revolutionären Regimes gestürzt werden sollen? Durch die Anstrengungen eines

---

9   E. H. Carr, Twilight of the Comintern, 1930–1935. New York, 1982, S. 427, aus dem Englischen.

kapitalistischen Großbritanniens, geführt von Winston Churchill? Glaubt Service, dass die englische Arbeiterklasse – deren Opposition gegen die anti-bolschewistischen Bemühungen der imperialistischen Regierung von Lloyd George 1918–1920 erheblich zum Überleben Sowjetrusslands beitrug – eine Militärkampagne zur Wiederherstellung des Kapitalismus in Frankreich, Deutschland und Spanien unterstützt hätte?

Eine weitere wichtige Frage wird von Service nie gestellt: Was wäre die Wirkung eines solchen revolutionären Vorstoßes durch die Arbeiterklasse in den großen europäischen Zentren des Kapitalismus auf die Entwicklung in der Sowjetunion gewesen? Trotzki hat immer betont, dass die Niederlage der revolutionären Bewegung in Westeuropa der entscheidende Faktor war in der Entwicklung der stalinistischen Diktatur. Die Zurückweisung des revolutionären Internationalismus, den die erste bolschewistische Regierung nach der Revolution vertreten hatte, und seine Ersetzung durch die Stalin-Bucharin-Theorie vom Sozialismus in einem Land war eine politische Anpassung an die Rückschläge in Westeuropa, insbesondere in Deutschland. Umgekehrt ging Trotzki davon aus, dass ein Neuaufleben des revolutionären Kampfs in den kapitalistischen Zentren die politische Situation in der UdSSR verändern würde. 1936 schrieb er:

Schon der erste Sieg der Revolution in Europa wird wie ein elektrischer Schlag durch die Sowjetmassen fahren, sie aufrichten, ihren Unabhängigkeitsgeist heben, die Traditionen von 1905 und 1917 wecken ... und für die Vierte Internationale von nicht geringerer Bedeutung sein als die Oktoberrevolution für die Dritte.[10]

Service erklärt nie direkt, wie Trotzki die Beziehung zwischen dem Schicksal der Sowjetunion und der Entwicklung der Weltrevolution verstand. Aber seine Biografie ist nicht das Werk eines politisch neutralen Wissenschaftlers. Das allein wäre dem Werk nicht notwendigerweise abträglich. Schändlich aber macht die

---

10   Trotzki, Verratene Revolution. S. 282 f.

Biografie, dass die politischen Ansichten und Absichten, die hinter dem Werk stehen, historische Verfälschung verlangen. Services Hass auf Trotzkis Perspektive der Weltrevolution und seine Unterstützung für Stalins nationalistisches Programm sind für alle ersichtlich, die den pro-stalinistischen Subtext erkennen, der die Trotzki-Biografie durchdringt. Service schreibt:

> Trotzki bildete sich etwas darauf ein, sowjetische und internationale Angelegenheiten von einem realistischen Standpunkt aus zu betrachten. Er täuschte sich. Er hatte sich in Vorurteile verrannt, die ihn davon abhielten, die Dynamik zeitgenössischer Geopolitik zu verstehen. [3]

Für Service sind die Revolution und der marxistische Internationalismus »Vorurteile«. Die »Dynamik zeitgenössischer Geopolitik«, wie Service sie (Stalin nicht unähnlich) begreift, geht vom Primat des Nationalstaats und seiner Interessen sowie von der Unzerstörbarkeit des Kapitalismus aus.

Kehren wir zur bizarrsten aller Annahmen zurück, zu Services Behauptung, »wenn Trotzki an Stalins Stelle der höchste Führer gewesen wäre, hätte sich das Risiko eines Blutbads in Europa drastisch erhöht«. Man ist gezwungen, sich die Frage zu stellen: Was in aller Welt hätte Trotzki anstellen können, das den Verlust menschlichen Lebens in Europa schlimmer hätte machen können, als er ohnehin war? Außer den Gräueltaten, die Stalin innerhalb der UdSSR beging, setzte seine Politik – beginnend mit der Niederlage der deutschen Arbeiterklasse 1933 – eine Kette von Ereignissen in Gang, die in dem sehr realen Blutbad des Zweiten Weltkriegs ihren Höhepunkt fanden. Der Krieg kostete ungefähr fünfzig Millionen Menschen in Europa das Leben, darunter 27 Millionen Russen, sechs Millionen Deutsche, sechs Millionen Juden und drei Millionen Polen. Service scheint zu argumentieren, wie verquer auch immer, dass noch viel mehr Millionen gestorben wären, wenn Trotzkis Perspektive der sozialistischen Revolution sich durchgesetzt hätte. Der tatsächliche Verlust an Menschenleben durch das Scheitern der Revolution, den Sieg des Faschismus in Deutschland und den Ausbruch des Zweiten Weltkriegs soll geringer gewesen sein als die vermutete Opferzahl im

Falle eines Siegs der sozialistischen Revolution. Service fordert seine Leser zu der Schlussfolgerung auf, dass bei der Wahl zwischen einem Sieg der sozialistischen Revolution und einem Sieg des Faschismus Letzterer das kleinere Übel darstellt.

Dieser Position liegt die Behauptung zugrunde, dass Trotzki ein gewalttätiger Mensch war, gleichgültig gegenüber menschlichem Leid, und bereit, zahllose Leben für die Sache der Revolution zu opfern. Wie Service am Ende seiner Biografie feststellt, kämpfte Trotzki »für eine Sache, die weitaus destruktiver war, als er sich das je vorgestellt hatte«. [501]

Service stellt Trotzki als kaltblütigen Fanatiker dar, der menschlichem Leben gegenüber auf brutale Weise gleichgültig war, und liefert gleich ein Beispiel für die Ruchlosigkeit seines Studienobjekts. »Trotzki«, so schreibt er, »zeigte seinen vollständigen moralischen Gleichmut, als er seinem amerikanischen Bewunderer Max Eastman in den frühen 1920ern erzählte, dass er und die Bolschewisten gewillt waren, ›ein paar Tausend Russen zu Asche zu verbrennen, um eine wirklich revolutionäre amerikanische Bewegung zu schaffen‹. Russlands Arbeiter und Bauern hätten sicherlich gern von dem Massenopfer gewusst, über das er da nachdachte.« [313] Diese Passage zielt berechnend darauf ab, dem Leser einen kalten Schauer über den Rücken zu jagen. Was für ein Monster, muss er sich fragen, würde so eine Tat in Erwägung ziehen?

Aber hat Trotzki das wirklich gesagt? Und wenn ja, in welchem Zusammenhang? Warum wurde Max Eastman, obwohl er von diesem schrecklichen Plan hörte, in den zwanziger Jahren ein ergebener Anhänger Trotzkis? Der Absatz, den ich gerade zitiert habe, erscheint auf Seite 313 von Services »Trotsky«, im 33. Kapitel, das die Überschrift »An der Kulturfront« trägt. Service führt als Quelle Max Eastmans »Love and Revolution: My Journey through an Epoch« an. Und tatsächlich finden wir auf Seite 333 von Eastmans Buch den Bericht über seine Diskussion mit Trotzki.

Eastmans Geschichte wird wunderbar erzählt. Sie dreht sich um sein erstes Treffen mit Trotzki 1922 in Moskau, während des Vierten Kongresses der Kommunistischen Internationale. Eastman schildert, wie er einem Gespräch mit Trotzki über ein

Thema, das ihm seit einiger Zeit am Herzen lag, entgegenfieberte. Die amerikanische sozialistische Bewegung wurde von russischen Immigranten beherrscht. Sie monopolisierten die Führung der jungen kommunistischen Partei. Während einer Sitzung des Kongresses ergab sich für Eastman die Möglichkeit, Trotzki anzusprechen. Eastman war überrascht, dass Trotzkis Erscheinung sich so grundlegend von den allseits bekannten teuflischen Karikaturen in den Zeitungen unterschied. »Trotzki«, so erinnert sich Eastman, »glich eher einem frisch herausgeputzten Jungen aus einer Sonntagsschule als Mephisto.«[11] Eastman bat um einen Termin, den Trotzki umgehend gewährte. Sie trafen sich am nächsten Tag in Trotzkis Büro im militärischen Revolutionskomitee.

Trotzki, wie Eastman ihn humorvoll beschrieb, »war mit Sicherheit der gepflegteste Mensch, der je einen Aufstand angeführt hat«. Aber was Eastman besonders überraschte, war Trotzkis »innere Ruhe«. Zeitungsberichte, die ihn als nervös und leicht erregbar beschrieben, so Eastman, »schienen fast wie eine Verleumdung gegenüber dieser liebenswürdigen Person, die mit solcher Höflichkeit dem schlechten Französisch lauschte, in dem ich meine Ideen darzulegen versuchte«. Eastman erklärte Trotzki, dass die dominierende Rolle, die die russischen Sozialisten spielten, »es unmöglich mache, eine amerikanische revolutionäre Bewegung in Gang zu bringen«. Schlimmer noch, die meisten von ihnen seien vor dem Oktober 1917 Menschewiki gewesen und »glaubten, die Oktoberrevolution sei ihr Verdienst«. In scherzhaftem Ton verglich Eastman die posierenden Ex-Menschewiken mit einem jungen Hahn, der »in lautem Falsett kräht, weil irgendeine Henne, alt genug, seine Großmutter zu sein, ein Ei gelegt hat«. Trotzki, so erinnerte sich Eastman, amüsierte sich über dieses Bild. Dann machte er auf Französisch die Bemerkung, die Eastman später wortgetreu erinnerte: »*Mais nous sommes prêts à brûler quelques milliers de Russes afin de créer un vrai mouvement révolutionnaire américain.*« Eastman setzt die englische Übersetzung in Klammern: »Aber wir sind bereit, ein paar Tausend Russen zu

---

11 Max Eastman, Love and Revolution: My Journey Through an Epoch. New York, 1964, S. 332, aus dem Englischen.

verbrennen, um eine wirklich revolutionäre amerikanische Bewegung zu schaffen.«[12]

Es ist eindeutig, dass Service die von Trotzki gemachte Bemerkung in boshafter Absicht falsch darstellt. Er scherzte mit Eastman, dem klar war, dass Trotzki nicht zur Verbrennung russischer Arbeiter und Bauern aufrief, sondern zur Verringerung des Einflusses aufgeblasener, ex-menschewistischer Immigranten in der amerikanischen sozialistischen Bewegung. Darüber hinaus fügt Service in der Absicht, seiner Lüge Nachdruck zu verleihen, Worte hinzu, die sich in Eastmans Text nicht finden. Die Worte »zu Asche« erscheinen nicht im Original. Auf diese Weise hat Service eine Anekdote, an die Eastman sich viele Jahrzehnte später erinnerte und die Trotzki als geduldigen, humorvollen und kultivierten Mann in positivem Licht erscheinen lässt, in ein Beispiel der schaurigen Unmenschlichkeit eines revolutionären Fanatikers verwandelt.

Ist dies ein trivialer oder gar harmloser Fehler? Wohl kaum. Diese Art der Fälschung hat Folgen. Sobald die Fälschung sich einmal der Entdeckung entzieht, wird sie zum Bestandteil der akzeptierten historischen Berichterstattung und wird in Aufsätzen und Büchern ein ums andere Mal wiederholt. Mit der Zeit wird es immer schwieriger, die Lüge aufzudecken, ganz zu schweigen vom Lügner, der sie in Umlauf gebracht hat.

Services Biografie ist ein schändliches und schamloses Kompendium von Verzerrungen und Verfälschungen. Es genügt ihm nicht, die Ideen, für die Trotzki lebte und für die er starb, falsch darzustellen. Er versucht, den Menschen herabzuwürdigen und ihn so darzustellen, als verdiene er die Verachtung des Lesers. Er wiederholt dieselben Beleidigungen immer wieder. Auf Seite 336 beschreibt Service Trotzki als »äußerst selbstgerecht«. Auf Seite 381 schreibt er von Trotzkis »unvergleichlicher Selbstgerechtigkeit«. Selbst Trotzkis Schriften werden verspottet. »Die Mischung aus Demagogie und Schlüpfrigkeit«, schreibt Service, »wurde in der ›Geschichte der Russischen Revolution‹ beibehalten«. [466] Er drückt sein Erstaunen aus, dass die Men-

---

12 Ebd. S. 332 f.

schen Trotzkis Schilderung seines Kampfs gegen Stalin »automatisch geglaubt« haben. »In Wahrheit war die Kluft zwischen dem Politbüro und der Opposition nie so groß, wie er vorgab.« [356] Service serviert diese völlig unbegründete Aussage nicht als seine eigene Interpretation. Er erklärt sie zur Tatsache und entzieht sie damit jeglicher Diskussion! Deshalb findet Service es »überraschend«, dass sehr viele Menschen, »die nichts für den Kommunismus übrighaben«, nichtsdestoweniger »die Idee akzeptierten, dass die UdSSR unter Trotzkis Herrschaft keine totalitäre Tyrannei gewesen war«. [356]

In den widerwärtigsten Passagen seines Buchs verweist Service mit Verachtung auf die liberalen und sozialistischen Intellektuellen, die sich während der Moskauer Prozesse zu Trotzkis Verteidigung zusammentaten und seinen Ruf nach einer Untersuchungskommission unterstützten. Ihre Position, stellt Service fest, »spiegelte ihre Naivität wider. Sie waren blind für Trotzkis Verachtung ihrer Werte. Sie übersahen den Schaden, den er ihrer Art von Gesellschaft antun wollte, wenn man ihm jemals die Chance dazu gab. Wie Zuschauer in einem Zoo, verspürten sie Mitleid mit einem verwundeten Tier.« [466]

Ich habe bereits gezeigt, dass Service seinen Beruf inkompetent und unaufrichtig ausübt. Diese Zeilen entlarven ihn als einen Mann ohne jeden Respekt für demokratische Prinzipien. Trotzkis Recht, seinen Anklägern zu antworten und sich zu verteidigen, war nicht abhängig von einer positiven Haltung zu den politischen Institutionen der USA. Service wäre gut beraten, die Worte zu lesen, in denen John Dewey, der große liberale amerikanische Philosoph, die Daseinsberechtigung der Anhörungskommission erläuterte, deren Vorsitz er übernahm. Leo Trotzki, so erklärte Dewey, war durch das höchste Tribunal der Sowjetunion schrecklicher Verbrechen für schuldig erklärt worden. Trotzki hatte verlangt, dass die sowjetische Regierung um seine Auslieferung ersuchen sollte, die ihm ermöglicht hätte, entweder vor einem norwegischen oder einem mexikanischen Gericht zu den Vorwürfen Stellung zu beziehen. Diese Forderung war von der Sowjetunion ignoriert worden. Was ergab sich aus dieser Situation? Dewey stellte fest:

Die schiere Tatsache, dass wir hier sind, zeigt, dass das Gewissen der Welt sich in dieser historischen Frage noch nicht zufriedengibt. Dieses Weltgewissen verlangt, dass Herr Trotzki nicht endgültig verurteilt wird, bevor ihm nicht die Gelegenheit gegeben wurde, alle Beweise in seinem Besitz vorzulegen, um auf das Urteil zu antworten, das in einem Verfahren gegen ihn gefällt wurde, bei dem weder er noch ein Vertreter von ihm zugegen war. Das Recht einer Anhörung vor einer Verurteilung ist ein solch elementares Recht in jedem zivilisierten Land, dass es uns absurd erschiene, es zu bekräftigen, wären da nicht die Bemühungen, zu verhindern, dass Herr Trotzki gehört wird, und die Bemühungen, die jetzt unternommen werden, um die Arbeit dieser Untersuchungskommission zu diskreditieren.[13]

In einer weiteren öffentlichen Erklärung antwortete Dewey offensichtlich aufgebracht auf die Forderungen, dass Trotzki wegen seiner politischen Ansichten nicht verdiene, verteidigt zu werden.

In den Fällen von Tom Mooney in San Francisco und Sacco und Vanzetti in Boston haben wir uns daran gewöhnt, von den Reaktionären zu hören, dass diese Männer ohnehin gefährliche Ärgernisse seien, so dass es besser wäre, sie wegzuschließen, ob sie nun der Dinge, deretwegen man sie angeklagt hatte, schuldig waren oder nicht. Ich hätte niemals gedacht, dass ich den Tag erleben würde, an dem bekennende Liberale zu solchen Argumenten greifen würden.[14]

Services Feindseligkeit gegenüber der Kommission ist offensichtlich. Er schreibt kein Wort über die internationale stalinistische Kampagne, um die Kommission zu sabotieren und zu diskreditieren, die bis zur Androhung von Gewalt gegen öffentliche Unterstützer der Anhörung ging. Deweys Familie fürchtete um

---

13   John Dewey (Jo Ann Boydston, Hg.), The Later Works, 1925–1953; Bd. 11, 1935–1937, Essays and »Liberalism and Social Action«. Carbondale und Edwardsville, 1991, S. 307, aus dem Englischen.

14   Ebd. S. 317.

das Leben des 78-jährigen Philosophen. Service schreibt, als ob etwas daran auszusetzen sei, dass Dewey Trotzkis »erste Wahl als Vorsitzender« [466] war und dass »sie sich darauf verständigten, auf eine Untersuchung der allgemeinsten Fragen in Hinblick auf die politische und moralische Geschichte Trotzkis zu verzichten«. [467] Er lobt den Rücktritt des Journalisten Ferdinand Lundberg von der Kommission vor ihrer ersten Sitzung. »Lundberg war berechtigterweise zu der Erkenntnis gelangt, dass Trotzki ein Hauptarchitekt der Unterdrückung der Bürgerrechte in der UdSSR war, über die er sich jetzt als Opfer beschwerte.« [467]

Service zitiert nicht eine einzige Zeile aus dem Transkript der Anhörungen der Kommission, die im April 1937 in Mexiko stattfanden. Er ignoriert Trotzkis berühmte Rede, mit der die Anhörung endete und die bei den Mitgliedern der Kommission einen überwältigenden Eindruck hinterließ. Service schreibt, dass die Kommission »eine Woche lang dauerte, bis Dewey das Gefühl hatte, abschließend zum vereinbarten Urteil kommen zu können. Niemand hatte ernste Zweifel daran, wie es wohl aussehen würde. Trotzki wurde entlastet.« [467] Dies ist eine Trivialisierung und eine Verleumdung der Arbeit der Kommission. Kein »vereinbartes Urteil« wurde in Mexiko gefällt. Dewey und die anderen Kommissionsmitglieder waren als Mitglieder der »vorläufigen Kommission« nach Mexiko gereist, um eine *vorläufige Untersuchung* durchzuführen, die die Befragung Trotzkis und die Zusammenstellung relevanter Dokumente, die sich in seinem Besitz befanden, beinhaltete. Nachdem sie Mexiko verlassen hatten, bereiteten sie einen vorläufigen Bericht vor, welcher zu dem Ergebnis kam, dass Trotzki »genug Material zusammengetragen hat, um weitere Untersuchungen angemessen erscheinen zu lassen«.[15] Die vorläufige Kommission sprach die Empfehlung aus, dass die Untersuchungskommission ihre Arbeit fortsetzen sollte. Erst im Dezember 1937, acht Monate nach Trotzkis Befragung in Mexiko, gab die Dewey-Kommission ihr Urteil bekannt, erklärte Trotzki für unschuldig und die Moskauer Prozesse zu einem abgekarteten Spiel.

---

15 Ebd. S. 315.

Als er den Bericht der vorläufigen Kommission vorlegte, sagte Dewey:

> Die Nachforschungen haben erst begonnen. Diverse Vorgehensweisen sind eingeschlagen worden und müssen fortgesetzt werden, bis alle verfügbaren Tatsachen auf dem Tisch liegen. Ein endgültiges Urteil kann erst dann gefällt werden, wenn alle Untersuchungen abgeschlossen sind.[16]

Zur Erläuterung der Prinzipien, die der Arbeit der Kommission zugrunde lagen, bemerkte Dewey, dass »Ergebenheit gegenüber der Wahrheit über der Ergebenheit gegenüber Individuen und Interessengruppen steht«. Er bestand darauf, dass die Untersuchungskommission »nur einem einzigen Ziel verpflichtet war: Der Aufdeckung der Wahrheit, soweit dies menschenmöglich war. Es wurden klare Linien gezogen zwischen der Ergebenheit gegenüber der Gerechtigkeit und der Zugehörigkeit zu Interessengruppen, zwischen einem fairen Verfahren und einem Hang zur Verdunklung, der reaktionär ist, egal unter welcher Fahne er daherkommt.«

Dewey fasste zusammen, um was es im Kampf zur Verteidigung der historischen Wahrheit gegenüber Lügen geht. Unsere Partei verwendet viel Zeit und Mühe auf die Entlarvung und Zurückweisung der Versuche, Trotzkis Leben und die Geschichte der Epoche, in der er gelebt hat, zu verfälschen. Wer auch nur die geringsten Zweifel hat, warum wir das tun, dem empfehle ich dringend, Deweys Worte, die auch in unserer Zeit eine so große Bedeutung haben, zu lesen und sie sich durch den Kopf gehen zu lassen und sie - so hoffe ich - zu seinem eigenen Credo zu machen.

Trotzkis Ermordung durch den stalinistischen Agenten Ramon Mercader am 20. August 1940 in Coyoacán, Mexiko, jährt sich nun zum siebzigsten Mal. Dass Trotzki noch immer Gegenstand heftiger Kontroversen ist, ist nicht ungewöhnlich. Das ist das Schicksal aller wirklich wichtigen historischen Figuren. Unge-

---

16 Ebd. S. 314.

wöhnlich allerdings ist die Tatsache, dass er so viele Jahre nach seiner Ermordung Gegenstand solcher unablässigen Falschdarstellungen, Verzerrungen und hemmungslosen Verleumdungen bleibt. Die Geschichte wird vermerken, dass die sowjetische Bürokratie Trotzki nie formell rehabilitiert hat (im Gegensatz zu Services Behauptung, der sogar in diesem Fall danebenliegt). Auch Michail Gorbatschow, der eine pro-kapitalistische Politik verfolgte, die in weniger als vier Jahren zur Auflösung der Sowjetunion führen sollte, erklärte öffentlich:

> Der Trotzkismus war eine politische Strömung, deren Ideologen sich hinter linker pseudorevolutionärer Rhetorik versteckten, während sie in Wirklichkeit eine defätistische Position einnahmen. Im Wesentlichen stellte dies einen Generalangriff auf den Leninismus dar. Es ging wirklich um die Zukunft des Sozialismus in unserem Land, um das Schicksal der Revolution. Unter den gegebenen Umständen war es von größter Bedeutung, den Trotzkismus vor dem gesamten Volk zu widerlegen und seinen antisozialistischen Inhalt aufzudecken.[17]

Service steht nur am Ende einer langen Reihe anti-trotzkistischer Verleumder, die seit mehr als 85 Jahren im Dienst der politischen Reaktion am Werk sind. Die konservative Reaktion auf das revolutionäre internationalistische Programm der Oktoberrevolution begann 1923 unter dem Banner des Kampfs gegen den Trotzkismus. In der Mitte der dreißiger Jahre hatte dieser Kampf die Form systematischer physischer Ausrottung aller überlebenden Vertreter der marxistischen politischen und intellektuellen Tradition in der Sowjetunion angenommen. Und jenseits der Grenzen der UdSSR wurden die Trotzkisten in den imperialistischen Ländern verfolgt – sowohl den faschistischen, als auch den demokratischen. Hitler, wie ich bereits erwähnte, bekam einen Wutanfall, wenn Trotzkis Name erwähnt wurde. In den Vereinigten Staaten

---

17 Gorbachev on History; Revolution's Road from 1917 to Now: The Leader Takes Stock. The New York Times, 3. November 1987, aus dem Englischen.

organisierte die Roosevelt-Administration Anklagen gegen Führer der trotzkistischen Bewegung und warf diese ins Gefängnis. Und wenn es auf der Welt jemanden gab, der Trotzki noch mehr hasste als Stalin, dann war es Winston Churchill. 1937 veröffentlichte Churchill ein Buch mit dem Titel »Große Zeitgenossen«. Ein Kapitel war Hitler gewidmet, über den Churchill mit unverfrorener Bewunderung schrieb. Er setzte damals noch große Hoffnungen in den deutschen Führer. Aber ein anderes Kapitel beschäftigte sich mit Trotzki. Die Sprache war außer Kontrolle. »Wie eine Krebszelle«, schrieb Churchill, »wuchs er, nährte er sich, folterte und schlachtete in Erfüllung seines Wesens.«[18] Es sei gesagt, dass Churchills abscheulichste Verleumdungen gegen Trotzki als Mensch von Service aufgenommen und ausgearbeitet werden.

Hitlers Wut, Churchills Schmähungen und Stalins sadistische Rachsucht sind leicht zu verstehen. Sie waren Trotzkis Zeitgenossen, seine *ihm unterlegenen* Zeitgenossen. Sie standen im Kampf auf Leben und Tod gegen die revolutionäre Sache, die er, mehr als irgendeine andere Person zu seiner Zeit, repräsentierte und verkörperte. Man lese die Zeitungen jener Zeit. Wie oft findet man auf den Titelseiten unter den Schlagzeilen über das eine oder andere spektakuläre Ereignis der dreißiger Jahre eine kleinere Titelzeile, in der es heißt: »Trotzki sagt …« oder »Trotzki sagt voraus …« Die Presse informierte ihre Leser auf diese Weise über Trotzkis Antworten auf große Tagesereignisse. Aber woher das Interesse an der Reaktion eines einzelnen Mannes? Weil dieser eine Mann die maßgebliche Stimme der sozialistischen Weltrevolution war. Trotzki war die Revolution im Exil. Am 31. August 1939 – am Vorabend des Ausbruchs des Zweiten Weltkriegs – berichtete die französische Zeitung »Paris-Soir« über eine Diskussion zwischen Hitler und dem französischen Botschafter Coulondre. Hitler äußert sein Bedauern, dass der Krieg unvermeidlich sei. Coulondre fragt Hitler, ob er schon erwogen habe, dass im Falle eines Kriegs der wirkliche Sieger Trotzki sei. »Haben Sie

---

18   Zitiert in: Irving H. Smith (Hg.), Trotsky, Great Lives Observed. Englewood Cliffs, 1973, S. 86, aus dem Englischen.

darüber nachgedacht?« fragte er. Und Hitler antwortete: »Ich weiß.« Als er diesen Bericht las, schrieb Trotzki: »Diese Herren ziehen es vor, dem Gespenst der Revolution einen persönlichen Namen zu geben.«[19]

Services Trotzki-Darstellung greift ausschließlich auf die Verleumdungen derer zurück, die im Lager der Reaktion standen, sowohl im Lager des Stalinismus als auch des Imperialismus. Er kann es sich nicht erlauben, auch nur eine Zeugenaussage anzuführen, die der Karikatur, die er seinen Lesern präsentiert, widerspricht. Darüber hinaus verlässt sich Service darauf, dass es so viele Jahre nach seinem Tod niemanden mehr gibt, der den »Alten«, als der Trotzki vielen seiner Anhänger bekannt war, wirklich noch kennt, respektiert und liebt. Ich hatte das Glück, Zeitzeugen aus Trotzkis Leben kennenzulernen: Arne Swabeck und Al Glotzer, die beide Anfang der dreißiger Jahre Wochen mit Trotzki in Prinkipo verbrachten, den belgischen Revolutionär Georges Vereeken, den deutschen Revolutionär Oskar Hippe und den Chef von Trotzkis Leibwache in Coyoacán, Harold Robins. Nicht alle diese Männer blieben Trotzkisten. Aber seine Größe und Menschlichkeit haben sie nie angezweifelt. Selbst Jahrzehnte später sahen sie die Zeit, die sie mit Trotzki verbracht hatten, als die wichtigste Periode ihres Lebens an.

Ich habe selbst Überlebende des stalinistischen Terrors kennengelernt, die aus erster Hand die Gräueltaten der konterrevolutionären nationalistischen Pogrome der Bürokratie gegen die wahren Repräsentanten des Bolschewismus erlebt haben, so wie Rebekka Michailowna Boguslawskaja, Tatjana Iwarowna Smilga and Soria Leonidowna Serebrjakowa, deren Väter Mitglieder der Linken Opposition waren und 1937 und 1938 erschossen wurden. Sie trafen Trotzki, als sie noch Kinder waren, und er schien in ihren Augen wie ein Gigant. Sie erinnerten sich, wie ihre Väter – Michail Boguslawskij, Iwar Smilga and Leonid Serebrjakow – respektvoll und voller aufrichtiger Zuneigung von »Lew Dawidowitsch« sprachen. Obwohl Tatjana Smilga and Soria Serebrjakowa

---

19   Leo Trotzki, Wieder und noch einmal über den Charakter der UdSSR, in: Verteidigung des Marxismus. S. 36.

noch leben, wurden sie nicht von Service befragt. Nadeschda Joffe war die Tochter von Adolf Joffe, Trotzkis engem Freund, der im November 1927 Selbstmord beging, um gegen Trotzkis Ausschluss aus der Kommunistischen Partei zu protestieren. Sie war Trotzki zum ersten Mal als Kind in Wien vor der Revolution 1917 begegnet. Sie spielte zusammen mit Trotzkis Sohn Leon Sedow. Im Gegensatz zu Services Darstellung Trotzkis als eines lieblosen Vaters erinnerte sich Nadeschda an einen Mann, der Kinder liebte und mit endloser Geduld ihre kleinen Streitigkeiten schlichtete. Obwohl Service Joffes Memoiren zitiert, erwähnt er ihre persönlichen Erinnerungen an Trotzki nicht.

Es gibt eine ganze Anzahl wichtiger literarischer Portraits von Trotzki, in denen seine außergewöhnliche Persönlichkeit anschaulich dargestellt wird. Der amerikanische Schriftsteller James T. Farrell reiste im April 1937 zusammen mit John Dewey nach Mexiko. Jahre später, in den Fünfzigern, schrieb er einen Bericht über diese Reise. Farrell hatte Trotzki in der Woche, in der er stundenlang die Fragen der Mitglieder der vorläufigen Kommission beantwortete, aus der Nähe beobachtet. Trotzki stand unter immensem politischem und persönlichem Druck. Ihm war das Grauen, das sich in Moskau entwickelte, nur allzu gegenwärtig, wo seine alten Genossen bereits ermordet worden waren oder auf ihre Hinrichtung warteten. Sein jüngster Sohn Sergej war bereits verschwunden. Trotzki war gezwungen, Fragen in einer Sprache zu beantworten, die nicht die seine war. Trotzki, so erinnerte sich Farrell,

> vermittelte den Eindruck großer Schlichtheit und außergewöhnlicher Selbstkontrolle. Er war eine entschlossene und kontrollierte Person. Er sprach mit bemerkenswerter Präzision. Sein Verhalten und seine Kleidung waren untadelig, und er hatte Charme. Seine Gesten waren sehr ästhetisch. Er war außerordentlich aufmerksam. Manchmal machte es den Eindruck, als ob sein ganzer Organismus seinem Willen untergeordnet sei. Seine Stimme war alles andere als harsch ...
> Er saß aufrecht wie ein gespannter Bogen. Ein Bogen, der nicht losgehen, aber beim leichtesten Atemzug vibrieren würde. Sein Temperament war lebhaft. Er war ein Mann von enor-

mem intellektuellem Stolz und Selbstbewusstsein. Er duldete keine Dummheit oder das, was er für Dummheit hielt, und seine Schlichtheit und außergewöhnliche Liebenswürdigkeit schienen durch Erfahrung erworben. Er war ein genialer Mann des Willens und der Ideen. Man könnte ihn auch den Archetypen eines zivilisierten, kultivierten Westeuropäers nennen. Er war ein Mann des Westens, im Gegensatz zur Mehrheit der Männer, die gegenwärtig in der Sowjetunion an der Macht sind. Seine marxistische Überzeugung war ein Glaube an Ideen. Wir können unumwunden sagen, dass Trotzki ein großer Mann war.[20]

Farrell schilderte Trotzkis Zeugenaussage wie folgt:

In Mexiko, so stellte Dewey fest, habe Trotzki acht Tage lang gesprochen und nichts Törichtes gesagt. Und was Trotzki sagte, enthüllte eine Welt des Grauens, der Tragödie, der Erniedrigung des menschlichen Geistes. »Wenn Menschen sich an das Grauen gewöhnen«, schrieb der russische Dichter Boris Pasternak, »dann bildet dies die Grundlage des guten Geschmacks.« Das Grauen der Geschichte war grundlegender Bestandteil von Trotzkis Stil. Seine meisterhafte Ironie ist, wie alle große Ironie, ein Protest, weil das Grauen der Geschichte sich im Angesicht des menschlichen Verstands so ungeheuerlich auftürmt. Und er war ein Mann der Geschichte in einem Sinne, in dem die meisten von uns es nicht sind und nicht sein können ... Und während er sprach, gaben sein Stil, seine Denkweise, seine Ironie der Anhörung eine Note, die die Wirkung der Gräuel der Geschichte, die enthüllt wurden, reduzierten – die Geschichten des Kriegs, der Revolution, vom Idealismus, der sich in Zynismus verwandelt, des Zerbrechens mutiger Männer, des Bruchs von Ehre, Wahrheit und Freundschaft, die Verdrehungen der Wahrheit, die Leiden von Familien und der Unschuldigsten, die Enthüllung, wie die Revolution und die Gesellschaft, die

20   James T. Farrell, Dewey in Mexico, in: Reflections at Fifty. New York, 1954, S. 108 f., aus dem Englischen.

für so viele im Westen zur Hoffnung geworden war, sich in Wirklichkeit in eine Barbarei verwandelt hatte, die ihresgleichen in der jüngeren Geschichte sucht. Man lese seine Aussagen schwarz auf weiß, und all das wird klar. Einige von Trotzkis interpretierenden und kausalen Erklärungen mögen von unseren abweichen, aber die Tatsachen, die Enthüllungen, die Gräuel sind alle da. Und während Trotzki sprach und die volle moralische Verantwortung für all seine Handlungen während seiner Zeit an der Macht übernahm, verlieh sein Stil seiner Zeugenaussage einen fast künstlerischen Charakter.[21]

Ich habe diese Passage so ausführlich zitiert, weil Sie sie einfach hören müssen. Sie haben ein moralisches und ein intellektuelles Recht darauf. Die junge Generation ist intellektuell weitgehend von den revolutionären Erfahrungen des zwanzigsten Jahrhunderts abgeschottet. Wir haben jahrelang in einem Umfeld politischer und intellektueller Reaktion gelebt. Die Ereignisse des vergangenen Jahrhunderts werden verfälscht oder, was fast genauso schlimm ist, nicht besprochen oder beschrieben. Es besteht die große Gefahr, dass die jungen Generationen, die in den ersten Jahrzehnten des einundzwanzigsten Jahrhunderts heranwachsen, nicht wissen, was sie über die großen Ereignisse des zwanzigsten Jahrhunderts, seine Revolutionen und Konterrevolutionen, wissen müssen. Über die Kriege und die Bemühungen, sie zu beenden. Und sie werden nichts von den großen Stimmen der Vergangenheit erfahren und ihre Worte nicht hören.

Wir treten in eine neue Epoche des revolutionären Kampfs ein. Dafür gibt es wachsende und immer deutlichere Anzeichen. Die Kluft zwischen den wenigen Wohlhabenden, deren Vermögen sich jenseits aller Vernunft und allen Verstandes bewegen, und der großen Masse der Menschheit, wird immer größer. Das Wirtschaftssystem, das den Wohlstand der Reichen sichern und vermehren soll, nimmt vor unseren Augen einen immer irrationaleren Charakter an. Die globalen Probleme breiten sich krebsartig aus und schaffen gesellschaftliche und ökologische Kata-

---

21 Ebd. S. 111 f.

strophen. Die Handlungsweisen privater Konzerne gefährden in immer offensichtlicherer Weise das Überleben des Planeten. Das zunehmende Bewusstsein um diese Gefahren, die Wut über Ungleichheit und Ungerechtigkeit wachsen. Eine Änderung im Bewusstsein der Massen hat eingesetzt. Aber die Entwicklung dieses Bewusstseins muss mit den Lehren der Geschichte verknüpft werden. Die großen Stimmen der Vergangenheit, einschließlich der Leo Trotzkis, müssen wieder zu uns sprechen, damit wir von ihnen lernen und inspiriert werden können.

Personenregister

Mehring Verlag

Leo Trotzki
Stalin. Eine Biografie

Ende der dreißiger Jahre arbeitete Leo Trotzki an der Biografie Josef Stalins. Er entfaltet in ihr vor den Augen des Lesers die Persönlichkeit Stalins in ihrer Beschränktheit und ihrer Ablehnung systematischer theoretischer Arbeit, die es ihm zeitlebens verwehrt hat, sich die weitgespannte Weltanschauung des Marxismus zu Eigen zu machen. Er zeigt, dass Stalin keine tragende Rolle in der Vorbereitungszeit der Oktoberrevolution von 1917 inne hatte, sondern dem Prozess der Ideengebung und Auseinandersetzung nur aus dem Abseits folgte. Stalins Zeit begann erst nach dem Ende des Bürgerkriegs, nach der Konsolidierung der Macht, die zusammenfiel mit Niederlagen der internationalen Arbeiterbewegung. Der wachsende Apparat im Staat fand in Stalin den Kopf, der weder moralische Skrupel noch ideologische Vorbehalte kannte, und seine charakteristische Ablehnung inhaltlicher Auseinandersetzung vervollständigten Stalins Eignung zum Vollstrecker des Thermidor.

Die ersten sieben Kapitel behandeln die Jugend Stalins, seinen Anschluss an die Sozialdemokratie, die Zeit von Krieg und Verbannung und Stalins Rolle im Jahr 1917. Die weiteren Kapitel wurden aus den hinterlassenen Notizen und Fragmenten Trotzkis von Charles Malamuth, einem Übersetzer von Trotzkis Schriften ins Englische, zusammengestellt und veröffentlicht. Leo Trotzki konnte diese Biografie Stalins nicht vollenden, denn im August 1940 wurde er durch einen Agenten der stalinschen Geheimpolizei GPU in Mexiko ermordet.

505 Seiten

Nadeschda A. Joffe
Rückblende. Mein Leben, mein Schicksal, meine Epoche

Nadeschda A. Joffe ist die Tochter Adolf Abramowitsch Joffes, des Bolschewiki und Mitglieds der Linken Opposition, der sich im Jahr 1927 aus Protest gegen den Ausschluss Leo Trotzkis aus der Kommunistischen Partei der Sowjetunion das Leben nahm. Auf den ersten Seiten vermittelt sie einen äußerst lebendigen Eindruck des Alltagslebens der sowjetischen Jugend, die unmittelbar nach der Revolution heranwuchs. Vor allem jedoch schildert das Buch den Alptraum ihres Schicksals in den Händen der stalinistischen Bürokratie, die sie im Jahr 1929 erstmals als Oppositionelle verhaften und für mehrere Jahre nach Sibirien deportieren ließ. Ihre zweite Verhaftung und Deportation in die Region Kolima in Nordost-Sibirien, die 1936 erfolgte, leitete eine noch höllischere Periode ein.

285 Seiten

Leo Trotzki
Die Balkankriege 1912/13
Die Kriege, die in den Jahren 1912 und 1913 auf dem Balkan tobten, enthielten im Keim alle jene Spannungen und Gräuel, die den Ersten und Zweiten Weltkrieg prägen sollten. Erstmals in deutscher Sprache.

580 Seiten

Europa im Krieg
Trotzki untersucht den Ersten Weltkrieg in all seine Aspekten: die politischen Ursachen, die technische Entwicklung, den Kriegsverlauf und die psychologischen Auswirkungen. Die Berichte zeigen die Gräuel in den Schützengräben, die entsetzlichen Erlebnisse einzelner Soldaten. Erstmals in deutscher Sprache.

594 Seiten

Europa und Amerika
360 Seiten

Literatur und Revolution
517 Seiten

Fragen des Alltagslebens
268 Seiten

Porträt des Nationalsozialismus
Ausgewählte Schriften 1930–1934.
397 Seiten

Über Lenin
Material für einen Biografen
3. Auflage, 172 Seiten

Die permanente Revolution
Die Theorie der permanenten Revolution stützt sich auf die Grundtatsache der modernen Wirtschaft, ihren internationalen, grenzüberschreitenden Charakter.
285 Seiten

Die Dritte Internationale nach Lenin
Dieses Buch enthält Trotzkis vernichtende Kritik am Programmentwurf Stalins und Bucharins für den sechsten Kongress der Kommunistischen Internationale.
334 Seiten

Das Übergangsprogramm
Das Gründungsprogramm der Vierten Internationale.
298 Seiten

Verteidigung des Marxismus
242 Seiten

Verratene Revolution
3. Auflage, 348 Seiten

Geschichte der Russischen Revolution
2 Bände, 1119 Seiten

Wadim S. Rogowin
Gab es eine Alternative?
Seit Ende der achtziger Jahre arbeitete der 1998 verstorbene russische Soziologe und Historiker Wadim S. Rogowin an der Untersuchung der politischen Konflikte in der Kommunistischen Partei der Sowjetunion und der Kommunistischen Internationale zwischen 1922 und 1940. Sie stützt sich zu einem großen Teil auf erstmals zugängliches Archivmaterial und auf eine Vielzahl von neuen Memoirenquellen. Der Autor, Professor am Soziologischen Institut der Russischen Akademie der Wissenschaften, war während seiner gesamten Laufbahn ein linker Gegner des Stalinismus.

Band 1 Trotzkismus
Die Entstehung der Linken Opposition im Kampf mit der stalinschen Bürokratie.
454 Seiten

Band 2 Stalins Kriegskommunismus
Die Opposition gegen das stalinsche bürokratische Regime wächst in den Jahren 1928–1932 trotz Isolation und Illegalität weiter an. Der Bürgerkrieg, den Stalin mit der Zwangskollektivierung gegen die Bauernschaft entfesselt, führt bei Vielen zur Einsicht, dass Trotzki und die linke Opposition mit ihrer Einschätzung Stalins und der herrschenden Bürokratie die einzige Alternative bieten. **443 Seiten**

Band 3 Vor dem großen Terror – Stalins Neo-NÖP
Die gesellschaftlichen Veränderungen in der Sowjetunion der Jahre 1934–1936 werden aufgedeckt, die den großen Terror möglich und für die herrschende Bürokratie notwendig machten. **475 Seiten**

Band 4 1937 – Jahr des Terrors
Wirkungsweise und Mechanismen des stalinschen Terrors in den Moskauer Prozessen werden eingehend beleuchtet. **592 Seiten**

Band 5 Die Partei der Hingerichteten
»Die große Säuberung von 1936 bis 1938 war kein irrationaler, sinnloser und krankhafter Gewaltausbruch. Es handelte sich vielmehr um präventiven Bürgerkrieg gegen jene sowjetische und ausländische Kommunisten, die potentiell oder tatsächlich eine Alternative zu Stalins totalitärem Regime boten.« *Wadim Rogowin* **582 Seiten**

Band 6 Weltrevolution und Weltkrieg
Im Mittelpunkt steht der Hitler-Stalin-Pakt, der dem Nazi-Regime den Weg zum Zweiten Weltkrieg ebnete. Bevor Stalin mit Hitler paktieren konnte, musste er die Kommunisten ausrotten, die der Tradition der Oktoberrevolution verbunden waren. **399 Seiten**

Weitere Informationen: www.mehring-verlag.de